W0095654

Michael Haas

KRITISCHE MASSE
Ein Parlamentsroman

EDITION OUTBIRD

Impressum

1. Auflage: Juli 2021
© Edition Outbird, Gera
www.edition-outbird.de

Umschlaggestaltung: Hannah Hoffmann
Lektorat: Tristan Rosenkranz
Buchsatz: Roland Adelmann
Herausgeber: Tristan Rosenkranz & Peter Peukert

ISBN: 978-3-948887-14-8
Preis: 14,90€
Alle Rechte vorbehalten.

Für Lothar,
meinen wunderbaren Freund,
und
für Louis Antoine Léon de Saint-Just,
der mich immer daran erinnert:
„Keine Freiheit den Feinden der Freiheit."

„Die Regierungskunst hat nur Monster hervorgebracht."
Louis Antoine Léon de Saint-Just

„Nichts wird so fest geglaubt, wie das, was am wenigsten
bekannt ist."
Michel de Montaigne

„Das Ärgerlichste in dieser Welt ist, dass die Dummen todsicher
und die Intelligenten voller Zweifel sind."
Bertrand Russell

Inhalt

Dieser Roman ist rein fiktiv und gründet nicht auf wahren Begebenheiten. Die geschilderten Handlungen, Ereignisse und Personen sind frei erfunden und ohne Bezug zur Realität. Jede Ähnlichkeit mit lebenden oder toten Personen wäre rein zufällig und überdies verstörend. Oder, um Oscar Wilde zu zitieren: „In Wirklichkeit spiegelt die Kunst den Beschauer, nicht das Leben", d. h. jede Leserin und jeder Leser sieht bei ihrer/seiner Lektüre nur, was sie oder er, aufgrund individueller Konditionierungen und/oder persönlicher Präferenzen, erkennen kann respektive zu sehen wünscht.

Politik, als Schaubühne der Staats*kunst* verstanden, ist vielleicht, mehr noch als jeder Parlamentsroman, ein absurdes literarisches Abenteuer, in dem sich alle Akteure und Themen zu einer dadaistischen Parodie vereinen.

Der Dadaismus des politischen Alltags aber besteht aus flüchtigen Episoden, Szenen und Anekdoten, an die sich in der Regel niemand länger als eine Woche erinnert. Wer in semantischen Wüsten lebt, kennt nur Vergängnis, keine Vergangenheit.

Vielleicht sehnen wir uns deswegen – in diesen erschreckenden Zeiten der Pandemie mehr noch als sonst – nach charakterstarken, integren Politikerinnen und Politikern, an die zu erinnern sich lohnt. „Der größte Staatsmann ist derjenige, der am humansten ist", sagt Anselm Feuerbach, und wer wollte ihm widersprechen?

Vorwort

Literatur ist ein langsames Medium. Bis gesellschaftliche Ereignisse in Worte verpackt werden, kann es oftmals dauern. Ganz besonders, wenn Bücher politische Themen behandeln. Politische Bücher gibt es viele. Aber nicht alle sind fesselnd und gut. Politische Romane werfen einen Blick über den Tellerrand, regen zum Nachdenken an, sind teils witzig, teils tragisch, teils fiktional, teils auf wahren Begebenheiten beruhend. Der Roman „Kritische Masse" von Michael Haas ist rein fiktional und sehr lebendig und ansprechend geschrieben.

Die pointierte Analyse steht hier nicht im Vordergrund. Aber schon auf den ersten Seiten wird deutlich, dass das politische Buch wie ein Seismograf ist. Es nimmt fast unmerklich etwas auf, was unter der Oberfläche grummelt: Das Leben der Mächtigen und solcher, die es werden wollen. Komme, was wolle. Um jeden Preis. Ein Leben, in denen auch Satyrn eine Rolle spielen, dämonenhaft zügellos, widerlich und abstoßend. Und immer wieder ein Leben jenseits der Moral, geprägt von Gier, Neid, Bosheiten. Wer hätte es gedacht: einfach asozial.

Die Welt, die es draußen vorzufinden gibt, spiegelt sich auch im Kleinen wider, mit allen Facetten, hier im vorgeblichen Landeszentrum der Macht in Sternheim, das der Romanschreiber äußerst geschickt und mitreißend in seiner sprachlich geschliffenen und angenehm intellektuellen Art, Schicht um Schicht, entlarvt und freilegt.

Bei aller Fiktionalität wird klar, dass es dennoch Verweise gibt, wenn auch ungewollt, auf die landespolitische Szene Baden-Württembergs der 2010er-Jahre. Es ist die Zeit, als die CDU nicht mehr den Ministerpräsidenten stellt, die Grünen in die Regierungszentrale einziehen und SPD und FDP massiv an Bedeutung verlieren, und mit der AfD die Rechtspopulisten in der zweiten

11

Hälfte der zweiten Dekade in diesem Jahrhundert in das Parlament gelangen.

So mancher Romanschreiber ist eigensinnig und lässt sich nicht gern etwas abverlangen. Er lässt sich auch nicht etwas vorschreiben, weil er seinen Stoff selber sucht. Und den fand der Autor unmittelbar und hautnah und ohne lange Suche: Zum Stoff ist er durch seine frühere Arbeit bei einer Landtagsfraktion gekommen. Er gewann hier die tiefen Einblicke, die nicht fehlen dürfen, um einen Roman besonders gut nachvollziehbar werden zu lassen.

Dass Politik sich manchmal als Realsatire darstellt, ist leider so und macht es umso interessanter und in der überspitzten Erzählmanier, wie im vorliegenden Fall, auch absolut amüsanter. Hier setzt der Autor beim Leser an, in dem er ihn unmerklich beim Miterleben der Szenen und Szenerien zum Nachdenken auffordert. Haas selbst sagt: „Dieser Roman ist nicht nur Satire, Sittengemälde und kritisches Manifest, er appelliert auch an die Leserinnen und Leser, mit wachen Sinnen ihre Politiker – deren Arbeit, Motive, Ziele und Intentionen – kritisch zu reflektieren: im Idealfall konstant und nicht nur eine Woche, bevor die nächste Wahl stattfindet. Wir alle sind Korrektiv und Richter über die Akteure der politischen Welt. Wir sollten sie nach dem bewerten, was sie tatsächlich unternehmen, um das Leben der Menschen zu verbessern, und wir sollten wachsam sein, heute mehr denn je", betont Haas.

Biografische Züge gibt es in dem Roman nicht. Aber der Autor transportiert so manches Erlebte. Er zieht seine Kreise immer weiter, wenn er seine Sicht der Dinge in Form der Hauptfigur des David Davidson erzählen lässt, den er als Salonbolschewisten bezeichnet. Dieser wisse, dass nur jene die Welt verändern, die selbst Initiative entwickelten, und genau das sei ihm nicht gegeben, so der Autor. Für ihn ist das Buch eine Art Befreiungsschlag. „Während meines Gastspiels in der baden-württembergischen Landespolitik wurde mir von verschiedener Seite vorgeworfen, ich sei viel zu sehr Bohemien, um mich für die Niederungen der Politik zu begeistern. Dieser Vorwurf ist berechtigt. Ich hoffe sehr, nie wieder Menschen nahezukommen, deren Ego sich über ihre hierarchische Stellung im Politikbetrieb definiert. Oder über die Ambition, eine höhere Stellung zu bekleiden."

So darf der Leser David Davidson bei seiner Arbeit im fiktiven Sternheimer Landtag begleiten und erfährt, welch überaus buntes Menschenvölkchen heutzutage ein Parlament ausfüllt und wie es arbeitet. Denn: Wie in jeder Branche gibt es sie auch in der Politik, die „intrigierenden, selbstverliebten Zwerge, die glauben, ein großer Schatten verleihe ihnen die Macht von Riesen". Die Macht ist aber nur auf Zeit vergeben und kann bei der Neuwahl abrupt beendet werden.

Die Einblicke in den Sternheimer Landtag dürfen, ja, sie müssen aufrütteln. Denn, wie sagt man, das Leben schreibt die besten Geschichten. Und derlei Erlebtes ist so verrückt, dass es keiner besser erfinden könnte. Michael Haas jedenfalls gelingt es mit seinem Roman und seiner fiktiven Wirklichkeit, dem Leser einen Spiegel vorzuhalten. Und demnach scheint das Zentrum der Macht nicht immer ein Vorbild zu sein, denn es tummeln sich auch Menschen in ihm, die sich Politiker nennen, aber leider kein Zoon politikon sind, ein auf die Gemeinschaft hin bezogenes soziales Wesen, sondern ein teils irrwitziges Streben nach Schlagzeilen an den Tag legen, wann immer sie wollen, egal, ob Feiertag ist oder nicht.

Hier kann der Leser nur begrenzt teilnehmen, denn derlei Blicke hinter die Kulissen sind nicht jedem vergönnt und seien sie hier auch nur fiktiv nachgezeichnet. Dennoch scheint auch schon genug vom Wesen und Wollen so mancher Politiker durch, etwa bei Pressekonferenzen, die man im Fernsehen verfolgen kann oder im Zuschauerbereich des Landtags.

Den Irrwitz aber – auch im politischen Alltag – wird es wohl immer geben. Nicht immer ploppt er hoch an die Oberfläche. Der

Roman von Michael Haas aber hilft den Blick zu schärfen für die Realsatire, die Tag für Tag auch politisch vorgelebt wird. Und für die Satyrn, die es auch in Sternheim und anderswo gibt.

Wohl dem Autor, der mutig die Skrupellosigkeit solcher Machtgefüge entlarvt, weil er noch Moral, Prinzipien und Anstand besitzt und dieses wertvolle Gut auch für sich erhalten möchte. Trotz aller Enttäuschungen über das machtversessene Verhalten von Politikern hat er den Glauben an schönere Gestaltungsmöglichkeiten im Interesse der Menschen, der Freiheit und der Gerechtigkeit noch nicht verloren, jenseits des Provinztheaters in Sternheim und anderswo.

Oliver Schmale
Freier Journalist

Prolog

Nennen Sie mich ruhig einen Salonbolschewisten. Ja, ich lebe privilegiert, doch ich balle die rechte Faust zum Arbeitergruß, wenn auch mit einem Lächeln, das meine wahren Motive verbirgt. Wer mich kennt, weiß, wie sehr ich darunter leide, ein Mann dieser Zeit zu sein. Kokett zu sein ist heute verpönt. Der ungute Ernst macht sich breit und mit ihm die Attitüde der Technokraten. Es geht mir gewiss nicht um Hammer und Sichel. Der Kommunismus ist für mich keine Verheißung. Nichts läge mir ferner, als eine Apologie für Lenin oder Väterchen Stalin zu verfassen. Für einen beherzten Kommunisten fehlt mir die sittliche Reife. Dennoch, diese sentimentale Schwäche muss ich einräumen, beginne ich immer kurz vor den Wahlen mit der MLPD zu sympathisieren. Der Grund mag Sie überraschen, denn er berührt nur den Wahlkampf oder, um es auf den Punkt zu bringen, die Wahlkampfplakate. CDU/CSU, SPD, BÜNDNIS 90/DIE GRÜNEN, FDP und DIE LINKE plakatieren die Welt mit sinnfreier Banalität, die AfD mit Hetze, und das unter Preisgabe jeder Ästhetik. Die MLPD jedoch besticht mit schönen, semiotisch geglückten Plakaten. Unter finanzieller Mithilfe eines exzentrischen Industriellen, der, fraglos aus anderen Ambitionen als ich, damit flirtet, ein Arbeiterfreund zu sein, entstehen symbolische Stillleben in Rot und Gold, die an unser soziales Gewissen und Herz appellieren. „Werde Teil der Revolte" oder „Jetzt radikal links" sind Parolen, die selbst ein verzagtes Poetenherz in Flammen setzen. In solchen Augenblicken imaginiere ich mir ein staubiges Gesicht, schwielige Hände und das entbehrungsreiche Leben eines Arbeiters, der nach einem harten Tag an den Werkbänken des entfesselten Kapitalismus' schweigsam sein karges Abendmahl verzehrt. Dieser einfache, wackere Mann sitzt, müde und in sich gekehrt, an der Stirnseite eines schlichten Tisches, inmitten zahlreicher Kinder, welchen die Armut die Augen verdunkelt. Sie sehen, meine Phan-

15

tasien sind eher frivol, umso mehr, als mein Großvater, ein Maschinenschlosser und aufrechter Sozialist, eben zu jenen linken Garden zählte, die dem Nationalsozialismus mutig die Stirn geboten haben.

Westdeutschlands große Nachkriegsschande zeigt sich auch darin, dass sich bis heute niemand bemüßigt fühlt, an jene aufrechten Sozialisten und Kommunisten zu erinnern, die in KZs zugrunde gingen, weil sie es wagten, den Nazis mit mehr als nur Worten zu trotzen. Dietrich Bonhoeffer, der alte, aufrechte Christ, wird als Held verehrt, Otto Kropp, der junge, aufrechte Kommunist, ist vergessen. An diesen tapferen, achtbaren Mann, der trotz wochenlanger Folter keinen Kameraden verriet, erinnert ein schmuckloser Stolperstein. Denkmäler gibt es keine für den rheinischen Widerstandskämpfer, der mit 30 Jahren in Plötzensee für seine Freiheitsliebe ermordet wurde. Kaum jemand kennt seinen Namen, kaum jemand ehrt ihn für seinen Mut. Im Westen der Republik wurde den Antifaschisten, auch *nach* dem verlorenen Krieg, nur selten Respekt erwiesen. Nahezu jeder Kommunist oder Sozialist wurde zu einer *persona non grata* für alle westlich der Spree geborenen Deutschen. Selbst Galionsfiguren der Sozialdemokratie wie Kurt Schumacher, der die Kommunisten entschieden *nicht* mochte, finden bis heute wenig Gegenliebe. Sie lebten und litten für ihre Überzeugungen, doch wen hätte das jemals in einem Deutschland mit historischer Amnesie gekümmert? Schumacher verbrachte zehn Jahre in einem KZ und auch nach 1945 nahmen die Repressalien kein Ende. Sein Überleben war noch unwahrscheinlicher, als es heute vielen erscheinen mag. Dennoch hat er nur selten Anerkennung erfahren. Männer wie Konrad Adenauer aber, die opportunistisch und machtbesessen agierten, werden noch immer als Nachkriegshelden verehrt. Besäße ich nicht die Überheblichkeit, Politik als verzichtbar zu begreifen, ich hätte mich längst in die Riege der Anarchosyndikalisten und Bolschewisten eingereiht. Mein Bolschewismus ist jedoch in etwa so glaubhaft wie die Freude von Angela Merkel an einer Koalition mit der SPD. Tatsächlich sympathisiere ich weit mehr mit dem immer sanften, poetischen Doktor Schiwago als mit Strelnikov, dem russischen Robespierre, der in Pasternaks raumgreifendem Roman nur technokratische Antworten auf die Fragen der Liebe findet. Pasternasks Revolutions-Epos ist, trotz seiner schwülstigen Opulenz, sehr ernüchternd. Der Roman hat nahezu tausend Seiten und die Hoffnung, alles könne gut enden, stirbt bereits auf der ersten Seite. *Das* nenne ich couragiert und verschwenderisch. Tausend Seiten wollen geschrieben sein, und doch: Hat nicht Tolstoi gesagt, dass sich mit etwas Fleiß ein Roman wie *Krieg und Frieden* in zwei Jahren schreiben lasse, sofern der Autor die Disziplin aufbringe, jeden Tag zwei Seiten zu verfassen?

Mein Roman ist weit bescheidener ausgefallen und ergeht sich auch nicht in Bildern romantischer Schönheit. Wie sollte – wie *könnte* er? Die Dramaturgie unserer Zeit folgt keiner Inspiration, wie sie noch Tolstois Epoche leidenschaftlicher Kämpfer, Moralisten und Ideologen erfüllte. Tolstois Bücher leuchten wie seine Helden. Napoleon hatte noch eine Vision von Europa und Talleyrand liebte den Frieden weit mehr als französische Siege mit zahllosen Toten. Der Citoyen sollte nicht sterben, der Bourgeois jedoch war verzichtbar und der *Code Napoléon* die Hoffnung der Ärmsten, die Welt würde sich – *endlich* – ihrer erbarmen.

Der unterdrückte, *politisierte* Arbeiter, der im Herzen Europas schließlich die Fackel der Freiheit entfachte, um die Reichen Lektionen der Demut zu lehren, ist heute eine verblasste Erinnerung ohne Leben. Tatsächlich gibt es längst keine Arbeiter mehr, die diese stolze Bezeichnung verdienten. Welcher Boni-verwöhnte Arbeiter Baden-Württembergs dürfte sich schmeicheln, jenen Männern zu gleichen, die vor hundert Jahren Gerechtigkeit wollten und *streitbar* waren? *Der Arbeiter* wurde bereits vor langer Zeit von einem blutleeren Avatar seiner selbst abgelöst und zerstört. Der Kapitalismus zerstörte am Ende die Klassen und gebar eine immer größer werdende Kaste. Eine Paria-Kaste entrechteter, bitterarmer Menschen, die in einer Welt entfesselter Finanzmarkt-Kapitalisten niemals die Möglichkeit erhalten, sich zu erheben und, unter einem symbolischen Banner vereint, *gemeinsam* für ihre Freiheit zu kämpfen. Die heute entrechtete Masse ist keine Klasse, sondern ein bisweilen heterogenes, bisweilen amorphes Gefüge frustrierter Singularitäten. An ein politisch geeintes Kollektiv ist so wenig zu denken wie an eine *Kritische Masse*, die gegen ihre Ausbeuter agitiert.

Die anonymen Ausbeuter unserer Zeit neigen dazu, sich hinter ihren willfährigen Prokuristen aus Industrie und Wirtschaft zu verstecken; für ein zweistelliges Millionenhonorar zieren sich Manager selten, die hässliche Fratze des Kapitalismus' zu sein. Über sie empört sich dann der redliche Bürger und vergisst dabei, dass unsere Welt längst nicht mehr von gut dotierten Vorstandsmarionetten beherrscht wird, die durch die Medien geistern. Wer immer hinter dem undurchdringlichen Nebel agiert, der einen Kosmos virtueller Finanztransaktionen verbirgt, wird sich nie zu erkennen geben. Ausgenommen jener kleinen Anzahl nachgeordneter Kreaturen, die, wie Friedrich Merz, kaum begreifen, was sie bei *BlackRock* für Aufgaben wahrnehmen, wird sich niemand finden, den wir verklagen könnten. Wir scheitern bereits daran, unsere Regierung darauf zu verpflichten, Milliarden Euro-Beträge im Interesse jener einzusetzen, die diese gewaltigen Summen, weitgehend freiwillig, zur Verfügung stellen. Sie fragen sich, wer gemeint ist? Gemeint sind Sie selbst, gemeint ist der Bürger, Verzeihung, gemeint sind die Bürgerinnen und Bürger. Die Gesellschaft wird gendergerecht, ohne Ansehen des Geschlechts, der Person, der Religion, der Herkunft und des Alters, kollektiv geplündert. Die Jungen werden jedoch am meisten zur Kasse gebeten. Ihnen ist es vorbehalten, Hunderttausende von Pensionisten mit Steuergeldern zu alimentieren, die ihre Beamtenpfründe auch dann behalten, wenn das Houellebecqsche Armageddon bereits eingetreten ist. Was schert es den frühberenteten Lehrer, wenn seine Schüler die Zeche für seine Annehmlichkeiten zahlen?

Derweil sich die letzten Spuren von Zivilisation im sinnfreien Bundes- und Landtagsdiskurs verlieren, fabulieren noch immer Scharen selbsternannter Finanzexperten von „Opportunities" und „Fails". Eben lese ich, Europas Banken wollten ein neues „Alert-System implementieren", um wieder mehr Kontrolle über die Finanzmärkte zu erlangen. Sobald die Vokabel „implementieren" fällt, weiß ich, die letzte Bastion der Vernunft ist genommen. Das Broker-Neu-Sprech ist ein sicheres Indiz dafür, dass alles verloren ist. Auf den globalen Kapitalmärkten noch jemanden oder etwas kontrollieren zu wollen, ist die gern bemühte Fiktion der Betrüger, die wissen, welche Wege nach El Dorado führen. In dieser Charade sind die Betrogenen doppelt betrogen, denn ihre Hoffnung wächst, je mehr sie betrogen werden. Die Illusion der Ahnungslosen ist gefährlicher, als wir glauben. Wer ihr erliegt, sucht Schutz bei jenen, die ihn verraten. Er umarmt sein Verhängnis, ist glücklich und dankt noch von Herzen, betrogen zu werden.

Einen *glücklichen* Ahnungslosen durfte ich vor der letzten Bundestagswahl kennenlernen, als ich an einem lauen Spätsommerabend durch die Innenstadt schlenderte. Angezogen von den markanten Klängen der *Internationalen*, wandte ich meine Schritte einem kleinen Platz zu, an dem sich vielleicht dreißig Menschen versammelt hatten, um einem älteren, schlecht gekleideten Mann zuzuhören, der mit rauchiger Stimme Klage erhob gegen die plutokratischen Imperialisten des Westens. „Es ist nicht zu dulden", sagte der haarlose Volkstribun aus den Tagen marxistischer Jünger, „dass die Arbeiterschaft hungert und die Reichen sich mästen. Es ist an der Zeit", rief der Mann, „endlich aufzusteh'n und unseren Brüdern zu helfen".

Ich hatte mich in die erste Reihe gestellt, um den Redner besser zu sehen, und war erstaunt über das Pathos seiner Worte und

Gesten, die einen Glauben erkennen ließen, den ich vor vielen Jahren verloren hatte. Hier stand ein Mann, nahe der sechzig, der naiv und entschlossen Chimären jagte. Dieses hübsche Bild hatte jedoch auch eine traurige Seite. Mir schien, als appellierte ein Arbeiter der Stirn, gehüllt in eine Gloriole ideologischer Selbstverblendung, an eine Umwelt, die den Materialismus in einer Dialektik vollendet hatte, die Marx gewiss nicht gefallen hätte. Mir schien, als kombinierte ein Kleinkind Klötzchen der Logik zu einem dadaistischen Kunstwerk, und ich war glücklich, dabei zu sein. Schon sehr früh habe ich mir zum Prinzip gemacht, immer dann glücklich zu sein, wenn das Absurde triumphiert. Was mich neugierig machte, war sein Hinweis auf „unsere Brüder".

„Unsere Brüder? Welche Brüder meint er?", bat ich meinen Nebenmann um Aufklärung. Er mochte, wie der Redner, etwa sechzig sein. Ein mit Informationsmaterial der MLPD bestückter Jutebeutel verriet den Parteigänger einer toten Religion; auch ohne diese Werbematerialien wäre es schwer geworden, seine Weltanschauung zu ignorieren. Sein Pullover präsentierte das Konterfei von Lenin im heroischen Stil.

„Er meint unsere Arbeiterbrüder in Indien und Pakistan", antwortete der Lenin-treue MLPD-Mann mit Überzeugung. Er sprach leicht stotternd und lächelte dabei ein entrücktes Evangelistenlächeln. Ich fühlte mich an die Präraffaeliten erinnert, freilich nur, was das Lächeln betraf. Die übrige Erscheinung war eher ein schlampig ausgeführter Cézanne.

„Arbeiterbrüder? In Indien und Pakistan?", hakte ich, bemüht, nicht zu grinsen, nach.

„Ja, natürlich, Bruder. In Indien geht's schlimm zu. Viel Arbeit, kein Geld, keine Zukunft. Not und Hunger, verstehst du, Bruder? Hier. Nimm das, Bruder."

Er reichte mir eine kleine Broschüre, die auf ihrem Titel eine Vielzahl traurig blickender Inder und Europäer zeigte, die sich auf einem großen, rot getünchten Platz umschlungen hielten. Sie wirk-

20

ten alle kräftig und muskulös und trugen Helme mit Grubenlampen, ganz so, als gingen sie einem Broterwerb unter Tage nach. Die Rückseite präsentierte mehrere fette Industrielle, die an einer mediterranen Küste, es mochte Nizza oder Cannes sein, aus bauchigen Gläsern Cognac tranken, Zigarren rauchten und mit sardonischem Grinsen in die Kamera glotzten. Die Botschaft war von bestechender Schlichtheit: Die internationale Bruderschaft der Arbeiter schuftete für eine kleine, bevorzugte Kaste degenerierter Geldsäcke ohne Gewissen und Moral. Die Überschrift war nicht überraschend, doch einprägsam und weit subtiler als die Bildkompositionen auf den ersten Blick vermitteln mochten: „Arbeiter, dein Lohn ist der Reichtum anderer. Steh' auf. Fordere deine Rechte. Internationale Solidarität." Ich wurde angesprochen, direkt, umweglos und dabei, wie es den Wünschen vieler Menschen entsprach, mit präzisen Handlungsanweisungen versorgt. Es bedurfte keiner komplizierten Erklärungen oder indirekten Appelle; ich wurde nicht getadelt oder gegängelt, sondern auf meine Möglichkeiten hingewiesen, dem bestehenden System kämpferisch zu begegnen.

Es war lange her, dass mich jemand Bruder genannt und noch länger, dass ich mich mit der Situation indischer Grubenarbeiter auseinandergesetzt hatte, die, zumindest bisher, für mein Leben ohne Belang gewesen waren. Mein Widerspruchsgeist begann sich zu regen und ich fragte mit strenger Stimme: „Und wie haltet ihr es mit Stalin? Meines Wissens wird er von euch nicht kritisiert oder irre ich mich?"

Mein Nachbar musterte mich nervös. Möglicherweise witterte er einen Arbeiterfeind. „Stalin hatte seine Zeit. Jetzt ist eine andere", antwortete er zurückhaltend. „Und es gibt ein Buch. Da steht alles drin."

Ich horchte auf. Ein Buch, in dem alles stand? Das klang verheißungsvoll.

„Wirklich alles?", fragte ich amüsiert, doch ohne zu lachen.

21

„Glaub' mir, Bruder, das Buch hat es in sich. Keine Lügen. Nur die reine Wahrheit. Der Genosse, der es geschrieben hat, war ein berühmter Arbeiter. Der kannte die Antwort auf jede Frage." Mein Nachbar strahlte. Es schien, als habe er endlich wieder seinen Mut gefunden. Jede Unsicherheit war verflogen. Er lachte fröhlich, legte kurz seine schwammige Hand an meine Wange und sagte, als verrate er mir ein Geheimnis: „Wer das Buch liest, wird einer von uns."

„Verrätst du mir den Namen des Autors?", bat ich freundlich, mühsam den Ekel verdrängend, den der unappetitliche Wangentätschler bei mir hinterlassen hatte.

Was ich erhielt, war eine vage, verwirrende Antwort: „Sein Name hat etwas Französisches. Auch Russisch klingt mit. Und Italienisch. Genau weiß ich es nicht mehr, doch es steht alles drin."

„Kennst du den Titel des Buches?" Ich gab mich nicht geschlagen.

„Den Titel?", fragte mein Nachbar zurück.

„Ja, den Titel."

„Der Titel ist leicht zu merken. Etwas mit Mensch, Menschlichkeit oder so", stotterte der Genosse und es war offensichtlich, wie sehr er sich schämte, mir nichts Genaues sagen zu können.

„Lass es gut sein", beschwichtigte ich den armen, ratlosen Mann, „ich finde es auch so".

Dieses Geheimnis, so dachte ich mehr bedauernd als hämisch, wird sich kaum lösen lassen. Ohne Autor und Titel ein Buch zu finden, ist ähnlich erfolgversprechend wie der Versuch, in Rom nach einem Katholiken zu fahnden, von dem wir weder Namen noch Aussehen kennen. Der indische Arbeiter, das wusste ich bereits jetzt, würde genauso auf dieses Buch verzichten müssen wie ich. Indien war groß, seine Demokratie noch jung und Bildung ein seltenes Privileg. Warum jedoch eine pluralistische Gesellschaft unfähig schien, ihr Wissen schriftlich zu *konzentrieren*, blieb mir ein Rätsel. Ja, es ärgerte mich, zu denken, die Unwissenheit eines Altstalinisten könne als Beweis dafür gelten, dass ein autokratischer Zentralstaat unserer Demokratie überlegen sei. In einer Diktatur, das stand außer Frage, würde der Titel eines vorgeblich alles erklärenden Buches jedem bekannt sein. Föderalistische Staaten hingegen, die ihre Macht verteilen, berauben sich ihres Informationsmonopols. Ihre Souveränität endet dort, wo regionale Parlamente regieren, auch in der Nachrichtenwelt. Nichts ist verletzbarer als das ungesicherte Terrain einer Demokratie, die nicht zentral verwaltet und gesteuert wird. Ein loser, föderaler Verbund weitgehend autonomer Regionen kann sich des Angriffs radikaler Kräfte nur schwer erwehren. Frankreichs von den Deutschen gern und oft geschmähter Zentralismus ist jedem föderalen System überlegen. Der Zentralismus unseres laizistischen Nachbarlandes ist vielleicht nicht in allen Bereichen effektiver, doch in jedem Fall *dekorativer* als unser kirchenfreundlicher Bundesstaat. In Emmanuel Macrons mondäner Präsidialmonarchie kennt die Peripherie ihr Zentrum.

Macron ist nicht immer erfolgreich, doch kultiviert. Selbst wenn sich Tausende Menschen mit Zeter und Mordio durch die Gassen der französischen Metropole schieben, um für ihre Privilegien, Rechte und Renten zu trommeln, bewahrt er sich seine Benevolenz. Nein, er ist kein Mann des Volkes, doch ein Mann *für* das Volk ist er gewiss. Seine Weltläufigkeit ist bezeichnend, für ihn, den Élysée-Palast und ganz Paris. Paris ist immer das Zentrum, der Rest Peripherie und Provinz.

In Deutschland jedoch existiert weder Zentrum noch Peripherie, in Deutschland wird das politische Leben in seinen Landtagen marginalisiert. Im vagen Mischmasch belangloser Gremienarbeit und Landtagsdebatten dominiert das Geschacher um Posten und Pfründen. Europäische Werte und Ziele sind dort noch bedeutungsloser als die livrierten Saaldiener, die dem ganzen Landtagsspektakel, was die Platzierung seiner Akteure und Gäste betrifft, ein wenig Ordnung verleihen.

Unsere Eliten tun das ihre, jede weitreichende Entscheidung mit spitzen Fingern weiterzureichen. Die gewählten Staatsakteure versinken im Treibsand der Indifferenz und pflegen dabei eine semantisch entkernte Sprache. Nur selten geben sich Sprache, Sinn und Bedeutung ein Stelldichein, wenn unsere Parlamentarier streiten. Für grelles Sprachkolorit sorgen allein die blau-roten Nazis, die sich mit Lärm und Geschrei zu „wahren Patrioten" erklären und Deutschlands braune Vergangenheit neu definieren. Mit ihnen begann, was lange unmöglich schien. Wer die AfD kennt, vernimmt die Stimme reaktionärer Dreistigkeit. Noch steht die AfD allein, doch wie lange noch? Das Thüringer Dramolette mit Kemmerich und Konsorten lässt erkennen, wie weit es bereits gekommen ist. „Die Republik ist gefährdet", sagen die einen, „die Demokratie gibt sich auf", rufen die anderen, doch nichts geschieht.

Rot, Grün, Schwarz und Gelb können derweil beliebig rochieren, koalieren, gewinnen und verlieren. Rot, Grün, Schwarz und Gelb sind die Farben im Farbenspiel farbenblinder Akteure, die davon Abstand nehmen, ernsthaft zu differenzieren. Der Glaube, Mandatsträger agierten auf Basis von Integrität und Moral, ist noch naiver als die Behauptung, es gebe Redlichkeit unter Hyänen.

Meine Zeit als Pressesprecher einer Fraktion im Stuttgarter Landtag lehrte mich, was Politik und ihre Protagonisten sind, und mehr noch, wie diese sein sollten. Mein Roman ist gewiss kein Tagebuch der Monate, die ich dort verbracht habe. Mein Roman ist eine Parabel – ein *Sittengemälde* – der Politik in Zeiten weitgehend uniformer Parteiprogramme, die nahezu keine Überzeugungen, Passionen oder gar *konstruktive* Willensbekundungen erkennen lassen.

Das denglische Getöse – wer propagiert, ohne zu erröten, *German Mut*? – und die geistige Leere einer konsumgesteuerten FDP, die Merkelsche Nivellierungsmaschinerie der CDU, die bis zur Unkenntlichkeit entstellte, charakterschwache SPD, die reglemen-

24

tierungswütige Biedermannkolonne der Grünen, die xenophobe Truppe der AfD und eine LINKE Bewegung, die auf unsympathische Weise jeden Bezug zur Gegenwart leugnet, sind nur einige, wenn auch einprägsame Indikatoren für den Mangel an Anstand und Phantasie, der in unserer Gesellschaft herrscht. Es gehört heute fast schon zum guten Ton, Helmut Schmidts fragwürdiges Bonmot, wer Visionen habe, möge besser den Arzt aufsuchen, immer dann zu zitieren, wenn tatsächlich ein kluger Kopf seine Vision einer besseren, schöneren Welt öffentlich macht und zur Diskussion stellt.

Wer wäre ähnlich beschämend für das Politiker-Establishment wie jene junge Schwedin, die eine privilegierte Kaste alternder Ignoranten daran erinnern muss, was es bedeutet, die Welt ihrer Kinder verderben zu lassen? *How dare you?*

Eine größere Dummheit als den Rat, seine Phantasie *nicht* zu gebrauchen, kenne ich nicht. Eine größere Dummheit, als kluge Gedanken in Trumpscher Manier mit dem Hinweis auf schwächelnde Industrien und Absatzzahlen zu verwerfen, kommt mir nicht in den Sinn. Doch Politik ist kein Spielfeld für kluge, sensible und phantasiebegabte Menschen. Politik bedingt eher Qualitäten wie Blind- und Taubheit, Ignoranz, Beharrungsvermögen und Volkstümlichkeit. Eine Schwalbe macht noch keinen Sommer, ein Macron keinen Neubeginn, der mehr ist als ein Versprechen für den Augenblick.

In den Monaten meiner fragwürdigen Tätigkeit in einem fragwürdigen Provinztheater habe ich gelernt, dass der Cäsarenwahn dort am meisten verbreitet ist, wo die Möglichkeiten eher bescheiden sind. Jenseits der Landtagsmauern etwas zu bewirken, ist für Landtagsabgeordnete weder möglich noch erforderlich. Sie leben in ihrer kleinen, hermetisch abgezirkelten Welt, erregen sich an und über sich selbst und hoffen auf einen Abdruck in Zeitungen, die immer weniger Leser finden. Der Landtag lebt nur, weil es noch Journalisten gibt, die über ihn berichten. Eine maßlose

Übertreibung? Wohl eher eine nüchterne Zustandsbeschreibung. Der geneigte Leser möge sich fragen, wie viele Ministerinnen und Minister seines Landtags er namentlich kennt. Eine oder einen? Gar zwei? Drei wären eine Sensation und ab vier Ministern unterstelle ich meinem geschätzten Leser, dass er im oder für den Landtag, als Journalist oder in einer Landesorganisation tätig ist. Alles andere wirkte in hohem Maß suspekt. Warum auch sollte er einen Minister kennen? Der Landtag hat nahezu keine Funktion, vertilgt jedoch hunderte von Millionen an Steuergeldern, nur, „um den Betrieb aufrecht zu erhalten". Die Landtagsabgeordneten aber, die offiziell die Politik ihres Landes gestalten, reproduzieren meist nur, was ihr Beraterstab nach Gutdünken für sie erstellt. Der parlamentarische Betrieb ist ein Moloch, der Gelder verschlingt und politische Agenden gebiert, die mehr dem Zufall oder der Willkür als der Vernunft geschuldet sind.

Intriganz, Machtgier und ein stetes Hauen und Stechen um Einfluss, Posten, Beamtenstatus und Zusatzalimentierungen sind in Wahrheit die einzigen Stimuli vieler Abgeordneter, sich politisch zu engagieren. Ämter, nicht Überzeugungen, lassen die Herzen dieser Menschen höherschlagen, die nahezu jedem Exoten den Zutritt in ihre patriarchal organisierten Zirkel verwehren. Die Emanzipation sei längst Realität, hörte ich oft in Männerrunden die schlimmsten Männer höhnen, und sie höhnen zu Recht, denn auch die Landtage demonstrieren: Lehrer und noch mehr Leere findet man dort, wo das Volk – *der Souverän* – sich gut vertreten sehen sollte. Doch Frauen? Selten, und wenn, dann meist die falschen.

Mein Roman ist weder Tagebuch noch Retrospektive oder Tatsachenbericht. Er porträtiert nicht das authentische Personal des schwäbischen Landtagstheaters. Dafür besteht keine Notwendigkeit. Die Damen und Herren im Landtag sind selten mehr als beliebige Variationen bestimmter Politiker-Archetypen. Ihr Unterhaltungswert endet rasch, wenn sie uns nahekommen. Seit

Bestehen des Parlaments haben sich die Namen, doch selten die Charaktere verändert, die dort regieren. Mir ist daran gelegen, dem Leser eine Vorstellung davon zu geben, was für ein Menschentypus damit betraut wurde, seine Interessen im Parlament zu vertreten.

Montaigne, mein Vorbild, der sich, in seiner Weisheit, mit ergrauten Schläfen dem Weltengetöse auf charmante Weise entzog, hat das Geheimnis des Überdauerns von Institutionen ohne öffentlichen Nutzen in einen brillanten Aphorismus gegossen: „Nichts wird so fest geglaubt, wie das, was am wenigsten bekannt ist." Wäre es anders, die Pforten vieler Landtage wären vor langer Zeit geschlossen und für immer versiegelt worden. Denn wer wäre willens, für etwas zu zahlen, das nur der Hab- und Geltungssucht egomanischer Menschen dient? „Nicht der Mangel, sondern vielmehr der Überfluss gebiert die Habsucht", sagte einst der kluge Montaigne, dem es sehr widerstrebt hätte, Volksvertreter mit Geldern und Privilegien zu überschütten, die keinen Nutzen brachten.

Lebe im Verborgenen, zeige dich machtlos, Horaz, Montaignes antiker Bruder im Geiste, wusste, warum er ein kleines Landgut dem Kaiserhof vorzog. Jeder, der glaubt, seine Macht müsse wachsen, jeder, der zu lange dem Versucher lauscht und denkt, er sei unverzichtbar, verliert seinen klaren Blick auf die Welt, wird korrupt und zum Opfer einer launischen Clique, die er selbst geschaffen hat, um das eigene Fortkommen sicherzustellen.

Ein kluger Journalist, der seit Jahrzehnten den taktlosen Tanz landespolitischer Protagonisten betrachtet, sagte mir unlängst, mit einem sibyllinischen Lächeln: „Die Politik ist nicht gut oder schlecht. Die Politik ist ein Spiegel, der tausendmal hört: Bin ich der Schönste im ganzen Land? Und immer nur eine Antwort kennt: Ganz gewiss nicht. Hässlich bist du, dessen sei versichert." Der Journalist wusste, wovon er sprach, und mehr noch, er war sich sicher, dass Politik keinen verschonte, der bereit war, sich professionell einem Metier zu widmen, das jeden verunstalten musste. „Glauben Sie mir, niemand, der längere Zeit in der Politik tätig ist, bleibt ohne Deformationen. Selbst ein nobler Charakter nimmt Schaden. Leider sind es nicht die Besten, die in der Politik tätig werden. Meist sind es Typen, deren Geltungssucht weit über der Norm liegt, derweil ihre Talente eher bescheiden sind, d. h. die Folgen sind immer doppelt schrecklich." Der Journalist scherzte nicht und dennoch lachten wir beide. Er kannte kein besseres Mittel, Distanz zu halten. Wenn es stimmt, dass es ein Zeichen von Weisheit ist, oft und viel zu lachen, bin ich ein Schüler, der zwar Fortschritte macht, doch noch lange lernen muss, ehe er Meisterschaft erlangt. Was ich versuche ist, höflich zu bleiben, auch wenn es schmerzt. Was ich versuche ist, ehrlich zu bleiben, auch wenn die Lügen unablässig an meine Ohren branden. Was ich versuche ist, milde zu sein gegen alles und jeden, dem ich vielleicht in bescheidenem Maß zu helfen vermag.

Über Delphi stand „Erkenne dich selbst", über jedem Parlament aber sollte in unauslöschlichen Lettern stehen: „Diene den Bürgern, nicht deinen Interessen."

Wenn niemand mehr existiert, der sich der Korruption verweigert, wer sollte uns schützen? Wenn nur noch jene regieren, die keine Skrupel kennen, die glauben, das Falsche sei richtig und das Richtige falsch, wer sollte gerechte Gesetze beschließen? Längst scheint es, als werde zur Norm, was unsere Demokratie gefährdet. Wer den Parlamentarismus schätzt, sollte ihn schützen. Doch wir schweigen selbst dann, wenn ihn Nationalisten, Demagogen und amoralische Karrieristen mit Polemik und Hetze zersetzen. Landtagstheater, deren Schauspiel nur der Selbstinszenierung talentloser Parlamentarier dient, braucht niemand. Vielleicht wäre es klug, sie zu schließen? Zumindest solange, bis wieder der Anstand regiert, wo sich heute oft jedes Niveau verliert.

28

1. Schlaftrunkene Tiger

Manche Tage sind schlaftrunkene Tiger. Ihr lauter Atem dringt in die schwirrende Atmosphäre erwachender Vögel und zieht eine Grenze zwischen jetzt und später. Erwachen und wach sein sind sich fremder als Tag und Nacht. Erwachen bedeutet, den Traum zu verlängern, wach sein, den Traum zu verleugnen. Es ist selten angenehm, zu erwachen. Die langen Stunden des Wachseins drohen bereits mit Verpflichtung und Arbeit. Jeder Augenblick ist einer Aufgabe zugewiesen, jede Aufgabe ein Bekenntnis, immer das Tun dem Müßiggang vorzuziehen. Die letzten Träumer flüchten sich in die Mimikry eifriger Bienen und hoffen, niemand entlarve sie als arbeitsscheues Gesindel. Wer immer sagt, er wolle am liebsten die Tage verträumen, begibt sich auf gefährliches Terrain. Nichts macht uns suspekter, als Muße der Arbeit vorzuziehen, die alle Lebensbereiche unserer pathologischen Welt beherrscht und normiert. Jeder weiß das, jeder scheut den Verdacht, ein Träumer zu sein. Die meisten verleugnen sich selbst und nehmen Zuflucht zu Plattitüden und Resignation oder beidem.

Wer heute eine Stellenanzeige liest und ernst nimmt, ist reif für die Psychiatrie. In den Personalabteilungen unseres Landes arbeiten Menschen, deren Sprache jeden Anstand negiert. Schon was sie sagen, ist entsetzlich, doch erst wie sie es sagen, macht aus einem gedankenlosen Affront einen Skandal gegen die guten Sitten. Die Nachrufe vieler Unternehmen geben Zeugnis davon, dass heute nur noch hirn- und schamlose Kreaturen Firmentexte verfassen: „Herr Müller-Karst", las ich unlängst in den Todesanzeigen meiner heimischen Prawda, die ihre Leser, in großen Versalien, auf ihrer Titelseite daran erinnert, eine unabhängige Zeitung zu sein, „hat sich um die Gummidichtungsfertigung bleibend verdient gemacht. Mit Tatkraft und Witz ist es Herrn Müller-Karst gelungen, unseren Dichtungen internationales Renommee zu verleihen. Selbst in lettischen Pipelines sind unsere Dichtungen Standard. Herr Müller-Karst hat hierbei großartige Arbeit geleistet und wird uns fehlen", ich bin versucht zu ergänzen, „in Ewigkeit, Amen".

Doch ehe den Müller-Karsts gehuldigt wird, müssen sie akquiriert werden, auch das mit Wortkaskaden des Widersinns: „Sie sind hoch motiviert, total engagiert und ein Macher. Für Sie gibt es keine Probleme, nur Lösungen", das habe ich wirklich und wahrhaftig gelesen, das und: „„Geht nicht, gibt's nicht" ist Ihre Lebensmaxime, mit der Sie sich und andere immer ans Limit führen. Ihr Minimum ist maximale Leistungsbereitschaft."

Gefangen im ewigen Dilemma, eine eben noch erträgliche Balance zwischen Tristesse- und Entlohnungsprinzip in meinem Arbeitsleben herzustellen, habe ich mich vor kurzem auf eine ähnlich absurde Anzeige beworben und das „Bewerbungsverfahren erfolgreich durchlaufen".

Wie die Frauen eroberter Städte fühle ich keine Euphorie, „genommen zu werden". Es ist ohne Bedeutung, wem ich meine Lebenszeit für kargen Lohn übereigne. Was das Arbeitsleben betrifft, bin ich längst illusionslos. Ich habe den Job bekommen und stehe auf der Schwelle zu einem neuen Labyrinth unbekannter Leiden.

2. VDP

Meine künftige Chefin kennt weder Maß noch Mitte. Sie opponiert gegen die Welt, unerbittlich, wutbeseelt und ohne jedes Gefühl für Etikette. Dabei ist ihre Bauernschläue beträchtlicher noch als ihr Ehrgeiz, denn sie kennt ihre Grenzen und akzeptiert sie. Doch innerhalb dieser Grenzen agiert sie autokratisch und mit stalinistischer Strenge.

Wie viele andere Karrieristen im politischen Umfeld hat sie die Ochsentour durchlaufen und ihren Wahlkreis, Dorf für Dorf, über viele Jahre hinweg erobert. Als beamtete Verwaltungsfachwirtin besaß sie Spielraum genug, sich dieser zeitzehrenden Aufgabe zu widmen. Heute, im Zenit ihrer Möglichkeiten angekommen, hat sich ihre letzte Höflichkeit verbraucht. Wer ihr dient, dient einem Ego, das keine Freunde kennt. Sie misstraut allem und jedem und sich selbst wohl auch.

Nichts bereitet ihr Freude. Sieg und Niederlage sind die Antipoden ihres Denkens. Umso erstaunter bin ich, dass sie mich, einen „kritischen Geist", meinen parteibuchbewehrten Mitbewerbern mit Konformismus-Garantie vorgezogen hat. Vielleicht dachte sie, mein fragwürdiger Charme könnte ihre Grausamkeit, ihre Misanthropie und Geltungssucht etwas relativieren. Niemand weiß, was krankhafte Egozentriker ab und an veranlasst, sich entgegen jeder Logik Ärger ins Haus zu holen. Exoten sind oft nützliche Instrumente für jene, die das Spiel von Macht- und Einflussnahme mit unerbittlichem Ernst betreiben. Sie kennen weder Moral noch Zweifel und was sie ersehnen, dient nur ihrem Selbst. Je bedeutungsloser ihr Handeln und Tun, desto größer und lärmender das Gewese um seine Bedeutung.

Schon das Gesicht dieser Frau hätte mich auf der Stelle vertreiben müssen. Zwei eng zusammenstehende Augen, die ihr Gegenüber mit Argwohn betrachten, dominieren das ordinäre Gesicht. Die Brauen formen beharrlich ein gleichschenkliges Dreieck der

Skepsis und auch die tief gefurchte Stirn lässt wenig Gutes ahnen. Sie ist ein Mensch, in dessen Nähe nie Wohlbefinden entsteht. Ihre Kolleginnen und Kollegen bilden gemeinsam mit ihr, der Galionsfigur der Fraktion, ein schauriges Zerrbild unserer Gesellschaft. Selten sah ich ähnlich dünkelhafte Leute. Die Damen tragen meist Kostüm in beige oder mauve; die Negation von Eleganz, Chic und Weltläufigkeit. Offensichtlich gehobene Konfektionsware, bieder, knielang geschneidert, und dazu die üblichen Pumps deutscher Machart, ohne jede Finesse und mit Absätzen mittlerer Höhe. Alles scheint dem Bestreben zu dienen, ein unaufgeregtes, *klientelkonformes* Auftreten sicherzustellen. Handwerk, Mittelstand, aber auch Großindustrie und geltungssüchtige Parvenüs sollen sich wiedererkennen. Eleganz ist tabu und teure Garderobe verpönter als teurer Wein an gewöhnlichen Tagen. Nur liederliche Hedonisten verwöhnen ihre Gaumen auch dann, wenn kein Festtag den Luxuskonsum offiziell erlaubt. *Bildungsbürgerliche* Vorlieben oder gar *Prätentionen* sind diesen Frauen ein Gräuel. Die männlichen Abgeordneten hingegen suchen die Provokation, um ihre Wähler zu überzeugen. Sie demonstrieren auch modisch Selbstbewusstsein und Geschmacklosigkeit. Obwohl ihre Anzüge schrecklich sind, glauben die Herren der Partei *Vermögen durch Produktivität* (VDP) ihre Garderobe verleihe ihnen Respekt. Ihr fehlgeleitetes Modebewusstsein verführt sie dazu, ihre Garderobe nur in *gediegenen* Kaufhäusern zu erwerben. Gleiches gilt für das Schuhwerk. Klobiges, braunes Schuhwerk zumeist, das nach dem Erwerb nie gepflegt wird und in der Regel rasch eine fleckige Patina annimmt. Nach einigen Wochen des Tragens kommen noch schief getretene Absätze und Risse im Oberleder dazu, die den traurigen Anblick vollenden. Was die Farben von Oberhemden und Westen betrifft, tendieren viele zu kühnen Varianten. Bezeichnend für alle älteren Abgeordneten ist eine stutzerhafte Vorliebe für protzige Manschettenknöpfe. Allen gemein ist die Marotte, unablässig an Manschetten zu zerren, die dem gewünschten Abstand zum Rande des Anzugsärmels sperrig entgegenstehen. *Le dernier cri* sind bunt gemusterte Krawatten, um dem Grau des Alltags entgegenzuwirken. Oscar Wilde würde neuerlich sterben, sähe er dieses modische Elend.

3. Provinz

Die Provinz verrät viel über den Charakter und das Seelenleben eines Landes. In der Habsburger Monarchie besaß noch das kleinste böhmische Dorf etwas Mondänes. Ein charmantes Kaffeehaus, barocke Fassaden, Tabaktrafiken, ein Konzerthaus oder hübsche Plätze, die mit einem charmanten Augenzwinkern davon erzählten, dass Wien auch seine kleinen Geschwister nicht vergessen hatte. Die Provinz war keine Diaspora, sie war ein Zitat jener Schönheit, die allen vertraut war. Ganz gleich, ob ein beliebiger Habsburger Untertan je über die Ringstraße flanieren würde, waren der Glanz und die Schönheit der Metropole für ihn erfahrbar und auf beruhigende Weise allgegenwärtig.

Hier aber, im Zentrum der südwestdeutschen Puritaner, war wenig Glanz zu finden. Hier herrschten nicht Schönheit und Geist, hier tobte der Streit gegen alles, das Menschen im Schönen eint. Eine Elite phantasieloser Technokraten und Wirtschaftsmagnaten gab sich alle erdenkliche Mühe, jedes Ornament zu zerstören. Sternheim stand, das wusste ich längst, abseits der Schönheit. Stattdessen regierte ein dumpfer Bürgerdünkel die Stadt, die nüchtern davon erzählte, was es bedeutet, wenn jene die Herrschaft erhalten, die glauben, Verzicht sei die Zierde des Lebens und Reichtum ein Privileg ohne Wert. Sternheims Bewohner sind – nach langen Jahren, die ich unter ihnen verbracht habe, darf ich das sagen – oft Opfer ihres lustvollen Lustverzichts. Ihre verwirrende Freude daran, sich jeder Möglichkeit zu berauben, das Leben leicht und schön zu gestalten, ist anders nicht zu erklären. Das Sternheimer Leben gleicht den Straßen der Stadt; beengt, lieblos gestaltet und kalt, vermitteln sie selten den Eindruck, es ginge um Schönheit.

Nicht nur Sternheim, ganz Europa ist ein Armenhaus der Ästhetik geworden. Die Menschen lieben Mode und damit normative Vorgaben. Exklusivität ist für sie eine Frage des Geldes, nicht des

Wertes, und so verröchelt, eingepackt in die Plastiktaschen von *Louis Vuitton*, die letzte Erinnerung an Stil und Geschmack ihren Geist.

Ob ein Volk Geschmack besitzt, kultiviert und schönheitsbezogen lebt, lässt sich auch daran erkennen, ob es Räume öffnet oder zerstört, und in Sternheim werden öffentliche Räume hermetisch versiegelt und langsam methodisch erstickt.

Das Geschrei um den Sternheimer Bahnhof ist vielleicht noch verständlich, wenn man die Kosten bedenkt; irritierend jedoch ist die libidinöse Bindung zu einem Bahnhofstrakt.

Während nur wenige Meter weiter, im Herzen der Stadt, der Brutalismus monströse Bauten gebiert, ohne dass es zu Klagen käme, trauert die Menge um ein Gebäude, das niemanden zuvor interessierte. Die Bevölkerung beklagt nicht etwa den Vandalismus zynischer Architekten im Herzen der Stadt, sie beklagt den Niedergang eines Bahnhofs, der nie mehr war als eine urbane Banalität. Zehntausende organisieren Massenaufmärsche, Bürgerinitiativen und Sitzstreiks für betonummantelte Gleise. Als gälte es, Rom gegen Barbarenhorden zu verteidigen, formieren sie sich, an jedem Mittwoch neu, zu einer Legion verbitterter Veteranen. Ihr Aktionismus wäre erträglicher, wenn er mehr Geist und weniger Starrsinn erkennen ließe. Doch davon ist nichts zu spüren, davon und von der Sehnsucht, Straßenzüge in Alleen und Alleen in Ströme urbanen Lebens zu verwandeln; in Sternheim, gewinnt man den Eindruck, endet jede Straße in einer Mausefalle.

Die Fähigkeit, einer Stadt ein Antlitz zu schenken, ist in einem Jahrhundert verlorengegangen, das seine Könige guillotinierte. Der Niedergang dieser royalen Kaste bekümmert mich nicht. Was wir mit ihnen verloren, ist wenig genug. Die fragwürdige Majestät dieser Herren vernichtete mehr, als sie schuf, doch die Ästhetik der Städte verdankte ihr viel. Mit dem Tod ihrer Fürsten verlor sich der Einfluss jener seltenen Männer, die Paläste und Schlösser mit souveräner Geste entwerfen konnten. Louis Le Vau und Jules

Hardouin-Mansart waren noch frei, ihr Genie zu entfalten. Wenig später jedoch wurden Baumeister zu Bürgern und jeder Bürger wurde ein Bauherr, der in Beschränkungen dachte. Das egalitäre Prinzip ersetzte das königliche *Car tel est notre bon plaisir*. König Ludwig wurde Bürger Capet und das Bauen wurde zu einer kollektiven Angelegenheit. Louis XVI. verlor mit seiner Krone die Autorität über das Land und die Menschen, doch das Land und die Menschen verloren mit Louis das Anrecht auf prächtige Bauten und Städte.

Als Louis' rundlicher Kopf in den Weidenkorb hinter der Guillotine fiel, wurde mit der Monarchie auch die Architektur um ihren *Spiritus Rector* gebracht. Der große Mäzen war tot und hinterließ eine architektonische Waise. Die Ästhetik verlor ihren Vater, die Schönheit verlor, was ihr Dauer verliehen hatte.

Aus Schlössern wurden Palais, aus Palais Bürgerhäuser und aus Bürgerhäusern charakterlose Behausungen. Louis XVI. war gewiss kein kluger, kultivierter Mann, doch er hätte Paris nicht phantasielosen Stümpern überlassen, deren Handwerk es ist, dem rechten Winkel in Stahl und Beton ein Denkmal zu setzen. Der rechte Winkel ist eine Obsession unserer Zeit, die funktionale Transparenz beschwört, doch nur hässliche Fenster in hässlichen Häusern verbaut. Wer das nicht sieht, wird kaum erfassen, dass jede *gefeierte* Transparenz einer Lüge dient.

4. My Generation

Meine Generation ist dem Alter näher als der Jugend. Das macht nichts besser, doch erklärt vielleicht, warum sie schweigend dabeisteht, wenn die Politik Eliten hofiert, die sich nicht für die Zukunft der Jüngeren interessieren.

Die Habituierungen wirken, auch in meiner Generation, die seit Jahrzehnten hört, es gebe nichts Wichtigeres als das Wohl und Wehe der Industrie. Kollateralschäden, auch in der Umwelt, so der gängige Tenor, ließen sich nie vermeiden. Ganz ohne Zerstörung gebe es keinen Fortschritt und nur der Fortschritt garantiere den Wohlstand des Westens. Was die Zukunft der Kinder betreffe, sei nichts zu befürchten; schon immer habe die Natur sich verändert und nur weil es wärmer werde, bedeute das nicht, die Welt sei verloren.

Wahrscheinlich akzeptiert meine Generation selbst die dreistesten Lügen, weil sie schon früh gelernt hat, mit Paradoxa zu leben. Manche von uns ermüden an der steten Absurdität ihres Handelns. Manche von uns verübeln sich ihre Schwäche und wünschten, sie wären Moby Dick, der weiße Wal, der seine Freiheit bewahrt, weil er seine Jäger zur Stecke bringt. Doch Rebellion ist nichts, das dem Wesen meiner Generation entspräche; unsere Melodie bleibt dem Metronom der Unterwerfung verpflichtet. Ich selbst habe keinen Anlass, mich besser zu fühlen oder zu glauben, mein Handeln sei Ausdruck von Charakterstärke. Je genauer ich sehe, was um mich herum geschieht, desto mehr begreife ich, wie mein Innerstes sich versklaven ließ, aber auch selbst versklavte. Wir sind nicht nur Opfer der äußeren Welt, sondern auch ihre gedankenlosen Urheber: Das zu vergessen, ist sehr verlockend.

Menschen meines Alters regieren die Welt, bestimmen die Regeln, teilen zu und aus, und haben selten Bedenken, anderen Privilegien vorzuenthalten, die ihnen selbstverständlich erscheinen.

Etwas zu teilen, ist ihnen fremd. Großmut und Humanismus wird gepredigt, doch nur selten den Armen zuteil.

Als ich unlängst auf dem Wege zum Sternheimer Parlament einem Bettler, der mich freundlich grüßte, etwas Geld gab, erklärte mir ein Kollege verärgert, als hätte ich ihn brüskiert: „Wie kannst du das tun? Glaubst du wirklich, der Bettler hat dir einen schönen Tag gewünscht, weil es ihm ernst war?" Mein Kollege nahm mein Almosen tatsächlich persönlich. Er würgte an seinem Zorn, ehe er fortfuhr, mich über das *wahre* Wesen der Bettelei zu belehren. Jedes seiner Worte wurde zu einem Kläger: „Sein herzlicher Gruß war eine Täuschung", zischte er böse. „Es ging ihm nur darum, an dein Geld zu kommen. Nichts weiter. Das ist widerlich. Und du belohnst so etwas auch noch."

Je mehr er sich empörte, je mehr offenbarte er sich, seinen Charakter und den Geiz, der seine Seele zersetzte. Es kostete ihn sichtlich Mühe, nicht laut zu werden, es kostete ihn sichtlich Mühe, den Bettler nicht fortzujagen, der ohne etwas zu *leisten* eine Spende empfangen durfte. Es gelang meinem Kollegen nicht, einem Armen etwas zu gönnen.

Dieser prächtig alimentierte Mann verkörpert die Missgunst in Perfektion. Obgleich er viel besitzt, ist ihm das Viele zu wenig. Sein Beamtenstatus schenkt ihm nicht Frieden, sondern schürt seinen Neid. Er lebt in ständiger Sorge, zu kurz zu kommen. Seine Angst, er werde um etwas gebracht, ist so pathologisch wie seine Eifersucht grenzenlos. Allein der Gedanke, es könne ihm verwehrt bleiben, was jemand anderes *grundlos* erhält, entfacht seinen Neid. *Futterneid* ist den meisten Menschen eigen, wenn auch in abgemilderter und damit erträglicher Form. Sobald er jedoch das Verhalten eines Menschen vollständig beherrscht, wird aus einer natürlichen Disposition eine widernatürliche Mutation.

Es ist oft schwierig, meinen Kollegen und seine Reflexionen über Sein und Zeit auf Distanz zu halten. Er beschwert sich immer, zumal über Fremde. Jede Person aus dem Süden des Kontinents, die es wagt, Europa anders als deutsch zu denken, ist ein Fall für den *Rechtsstaat*. Heimat ist nicht länger eine Metapher für vertraute Traditionen, sondern Symbol für die wieder erwachte Sehnsucht, dem *Vaterland* ikonographischen Status zu geben. Wer es wagt, dieses Vaterland ohne Einladung zu betreten, wird folgerichtig dem Rechtsstaat überstellt. Diese Rechtsstaatsfixierung verbirgt nur unzulänglich, was dieser deutsche Kollege ersehnt. Seine *Idiosynkrasie* fordert Sanktionen, wann immer das Fremde zu Menschen wird, die ihm nahekommen.

„Die deutsche Jugend ist in Deutschland bald heimatlos. Überall Araber, Türken, Fremde. Nur wir werden täglich weniger. Unsere Kultur, unsere Lebensart, unsere Zukunft, alles ist bedroht. Und wir geben uns wehrlos preis. Unsere Nation stirbt. Uns bleibt kein Raum für uns selbst." Seine dunklen Ahnungen haben in Deutschland eine lange Tradition. „Volk ohne Raum", Hans Grimms völkisches Epos, war in den 1920er- und 1930er-Jahren ein Kassenschlager, der dann auch in der Realpolitik begeisterten Zuspruch fand. Spätestens als ein arbeitsloser Kleinbürger aus Braunau am Inn begann, seine kranken Phantasien in Soldaten mit schwarzen Uniformen zu übersetzen, wurde Deutschland zu einem Land, das jede Grenze missachtete: erst moralisch, dann räumlich und ökonomisch. Hitlers wütende Henker, an deren Revers silberne Runen blitzten, waren die Avantgarde eines Weltkriegs, in dem die deutschen Akteure *bedingungslos* glaubten, Berge, Seen und Flüsse ließen sich germanisieren, ihrem Willen verpflichten und unterjochen. Wie wir heute wissen, scheute der „Führer" in seinem zwölf Jahre währenden 1000-jährigen Reich kein Mittel, um die Raumfrage endgültig zu klären. Der Ausgang seiner raumgreifenden Eroberungszüge im Osten ist bekannt, die Lehre aus seiner semantisch-moralischen Leere hinlänglich diskutiert und erörtert.

Des Deutschen liebstes Kind heißt jedoch weniger Krieg, Expansion und Zerstörung, als vielmehr Xenophobie.

Mein Kollege, ein diplomierter Wirtschaftsjurist, betrachtet „exogene Elemente" als persönliche Provokation. Jeder Fremde, der in Deutschland Asyl beantragt, ist ein Attentat auf ihn, seine Gegenwart und Zukunft. Es ist ihm unmöglich, von sich selbst zu abstrahieren. Seine Sozialisation in Ostberlin ist ihm Grund genug, zu glauben, er wisse, was es bedeute, aus einem Krisengebiet zu kommen. „Die DDR war ein Unrechtsstaat. Die geeinte Bundesrepublik ist ein Rechtsstaat. Daran ändert auch nichts, dass die Öko-Sozialen ihn kapern wollen. Die grün gefärbten Weltenretter benötigen dringend einen Dämpfer." Wer meinen Kollegen hört, versteht recht schnell, was sein Denken beherrscht. Seine Überzeugungen sind monomanisch. Rechtsstaatsfixierung und Freiheit sind für ihn Synonyme. Die einzige Freiheit – die Freiheit des Individuums – ist ihm suspekt. Nur das Eigentum ist ihm heilig. Rechtsstaatsfixierte Puritaner definieren Eigentum als einzigen Freiheitswert, den zu bewahren sich lohnt. Bei der Durchsetzung *ihrer* Freiheitsrechte sind Puritaner unerbittlich.
Bereits mein erster Arbeitstag sollte mich lehren, unter welchen Kreaturen und Karikaturen ich die nächsten Monate verbringen würde, dort, wo Politiker glauben, ihre Egozentrik diente der Wohlfahrt des Landes.

5. Naiver Glaube

Der erste Tag war bezeichnend für das, was folgen sollte. Mein naiver Glaube, es könne sich um eine Aufgabe handeln, die normalen Regeln folgte, wurde rasch und irreparabel zerstört. Kaum hatte ich mich den neuen Kollegen präsentiert und meinen Computer gestartet, wurde mir klar, was mich erwarten würde, in jeder Minute meines der VDP übereigneten Lebens. Beklommen blickte ich auf den Bildschirm meines Laptops und las die erste Botschaft, die mich von Tamara Troll erreichte: „Offenbar scheinen Sie den Schlaf der Gerechten zu schlafen. Offenbar fehlt Ihnen die Fähigkeit, relevante Meldungen zu erkennen. Offenbar sind Sie noch nicht angekommen. Das muss sich ändern. Heute, nicht morgen."

Diese Frau, dachte ich, interessiert sich nicht für die Realität. Diese Frau, dachte ich, wird dich quälen, weil sie jeden quält, der ihr nahekommt.

Ihr Misstrauen nährte sich täglich an sich selbst. Dünkel, Zorn und Verachtung wucherten über ihr Leben wie Efeu entlang alter Mauern. Es kümmerte sie nicht, ob ihre harsche Kritik, ihre Wut und erbitterten Klagen begründet waren. Troll suchte keine Legitimation. Sie glaubte, was sie wollte, und negierte, was ihr missfiel: Sie war eine hässliche Querulantin. Grundsätzlich, in allem und immer. Die Vorsitzende lebte einen binären Code. Ja/nein, richtig/falsch, schwarz/weiß. Abstufungen gab es keine, so wenig es in ihrer Welt Freunde gab. Ihre Welt war erfüllt von Feinden, und die Allianzen, die sie von Zeit zu Zeit in Erwägung zog, dienten allein dem Ziel, ihren Feinden zu schaden, ohne sich jemandem zu verpflichten.

Die Vorsitzende lachte selten und wenn, so nur, um ihrer Hyänenfreude Ausdruck zu geben, dass einer ihrer Konkurrenten zerfleddert wurde. Die Vorsitzende ließ niemanden gelten, ausgenommen jene Menschen, deren Einfluss ihr dienten, den ihren zu steigern. Sobald sich der Einfluss jener Menschen verloren hatte, wurde eine radikale Zäsur gesetzt. Geheuchelte Konzilianz wandelte sich dann zu Gehässigkeit, Verbindlichkeit in Bosheit und Häme. Nur einmal hatte sie eine Ausnahme gemacht und einer Frau die Treue gehalten, die wider Erwarten gescheitert war. Diese machtbewusste, zu allem entschlossene Frau war ihr lange ein Vorbild gewesen. Ihre Protektion hatte ihr manche Wege geebnet. Selbst ein Ministeramt war zum Greifen nah gewesen, ehe das Glück ihre Freundin verließ. In blinder Hybris hatte die Dame vergessen, dass ihre Macht nur so lange währte, wie ihr Amt sie beschützte. Leidige Affären wurden öffentlich. Das Unheil ließ sich nicht länger kaschieren und entfachte einen Sturm der Empörung. Schließlich eskalierte die Situation und entzog sich ihrer Kontrolle. Trolls Freundin wurde hektisch, sprach zu viel mit den Falschen und beging schließlich Fehler, die keine Korrektur mehr erlaubten. Politische Verfehlungen sind nicht alle Verbrechen, doch Gesetze zu beugen, ohne die Konsequenz zu bedenken, ist politischer Dilettantismus und der wird selbst dort sanktioniert, wo die Einfalt regiert. Es kam, wie es kommen musste. Jeder Versuch, sich zu exkulpieren, führte zu immer neuen Verdachtsmomenten. Korrespondenzen gerieten in Umlauf, die Trolls Freundin kompromittierten; im Hintergrund begannen sich ihre langjährigen Kritiker in der Partei zu formieren, forderten ihren Abschied und gaben der Presse genug belastendes Material, um ihr Renommee endgültig zu zerstören.

Tamara Troll hatte Glück gehabt, nicht im Sog des Skandals ihrer Patronin politisch zugrunde gegangen zu sein. Es gelang ihr unter großen Mühen, von sich abzulenken und die Schuld zu delegieren. Andere mussten die Zeche zahlen für ihren Balanceakt am Abgrund der Korruption. Troll hatte seitdem nur noch offizielle Feinde. Offizielle Freunde, deren Protektion sie gefährdete, waren ein Luxus, auf den sie gut verzichten konnte.

Trolls Gesicht zeigte meist die Miene einer grämlichen Marktfrau, die in Momenten, da sie sich unbeobachtet fühlte, zu einer hässlichen Fratze gerann. Die Menschheit war ihr ein Gräuel, Mitgefühl zuwider und jeder freundliche Zeitgenosse animierte sie nur, böse Tiraden anzustimmen.

Ihr hölzernes Kinn reckte sich dann mürrisch nach vorn, durchstieß die Luft und gab den Blick frei auf zwei dunkle, unbewegte Augen, in welchen die Bosheit glänzte. Ihre Gestik war eckig, grotesk und geprägt von dem Zwang, ihren Zeigefinger heftig den Feinden entgegenzustrecken. Bisweilen schien es, als hoffte sie fast, das könne genügen, ihre Widersacher zu erdolchen. Bei Parlamentsdebatten, wenn sie sich über die vermeintliche Dummheit ihrer Gegner *erregte*, überschlugen sich ihre Stimme und Gesten in krampfhaftem Wechselspiel. Ihre Bewegungen wirkten selten synchronisiert, es schien, als habe sie Spasmen.

Oft hatte ich Gelegenheit, ihrem lautstarken Pöbeln von der Gästetribüne des Parlaments zuzuhören. So sehr sie sich dagegen verwahrte, mit den Rechtspopulisten etwas zu tun zu haben, so sehr erinnerte sie in ihrem Auftreten an eine Karikatur Lina von Ostens. Trolls Gezeter war berüchtigt und kulminierte meist in einem Abschlussakkord aus Hysterie und Sarkasmus. Troll vertraute, wie jede Provinzdemagogin, auf Bosheit, Polemik und Übertreibung; ihr Agitationstalent war ihrem Machtanspruch jedoch nie gewachsen. Sie blieb ein keifendes Weib, das vergeblich um Zuspruch für ihre oft kruden Thesen heischte. So sehr sie sich mühte, Parteigänger zu finden, so wenig bewirkten ihre Appelle bei jenen, denen sie galten. Troll erreichte nur eine kleine Schar unbedeutender Egomanen, die wie sie keine Skrupel erkennen ließen, andere auszunutzen.

Trolls gehässige Wortkaskaden wussten bisweilen zu unterhalten, doch nie zu fesseln. Und was ihr Verhältnis zu Männern betrifft, so war sie wohl nur für einen extrem masochistischen Männertypus reizvoll, der mit dieser Megäre erotische Phantasien ausleben mochte. Phantasien, die besser niemals niedergeschrieben werden. Tamara Troll war kein *Attraktor* für Männer, Troll war das hässliche Gegenstück zu Empathie und charmanter Verführung. Als fleischgewordene Negation jeder Empfindsamkeit war sie selbst ihren Unterstützern von Grund auf unsympathisch. Ihre Gier, sich zu inszenieren, wurde dadurch noch gesteigert.

Troll war jedes Publikum willkommen. Was das betraf, ließ sie sich von keinen Vorlieben leiten und differenzierte nur, wenn sie musste. Die Dramaturgie ihrer Auftritte blieb ohne Überraschungsmoment. Sie lebte allein für den kurzen Effekt. Um Menschen im klassischen Sinn zu werben, war ihr wesensfremd. Meist verlor sie sich gegen Ende ihrer Beschimpfungen in geschmacklosen Zoten. Das Publikum ihrer Reden, missmutige Abgeordnete mittleren Alters, ließ es sich selten nehmen, hämisch zu lachen, wenn ihre Ausfälle neue Höhen der Niedertracht erklommen. Ihre Kolleginnen und Kollegen von der VDP hingegen klatschten oft ostentativ laut und anerkennend, wenn Troll mit schriller Stimme Regierungsmitglieder als skrupellose Glücksritter, Blender und Heuchler diffamierte. Ihre skandalumwitterten Ausbrüche schenkten ihr kurze Augenblicke des Friedens, die sie sonst nicht kannte. Mir schien, als kanalisiere sich in Trolls Reden ein lang genährter Hass gegen die Welt in einem Affekte-Ausstoß, der, wäre unsere Zeit eine andere, üble Folgen nach sich gezogen hätte.

Vor meinem imaginären Auge nahm ich Trolls Auftritten häufig die Farbe und betrachtete sie im verwaschenen Braun-Grau der Wochenschauen der 1930er und 1940er Jahre. Dann war es nur noch ein kleiner Schritt, Troll auch in der braunen Uniform reichstreuer Maiden gegen harmlose Menschen wettern und hetzen zu sehen.

Troll war, wie viele Soziopathen, nicht dumm, doch ohne Instinkt für zwischenmenschliche Bezugsfelder. So erinnere ich mich an eine der ersten Dienstreisen, die ich mit ihr antreten musste. Die Reise nahm um vier Uhr morgens ihren Auftakt und verhieß nichts Gutes. Troll hatte sich im Fond ihres Dienstwagens, ein PS-potentes Gefährt des namhaften Sternheimer Autoherstellers, platziert. Ich selbst saß rechts von ihrem Fahrer und blickte mit müden Augen auf die noch nachtgrau verschleierte Bundesstraße. Mir drohte eine Reise ins Ausland und damit auch die Gewissheit, längere Phasen allein mit Troll zu verbringen.

Angekommen am Flughafen, ließ Troll den Fahrer ihren sperrigen, stahlbandbewehrten Koffer aus dem Auto hieven, ehe sie ihm, kurz angebunden, den Auftrag erteilte, sie zur Gepäckaufnahme zu begleiten. Herbert Schmitz, Trolls Fahrer, wurde erst bei der Gepäckaufnahme verabschiedet, mit dem mürrischen Hinweis, er möge nicht vergessen, übermorgen, Punkt 18 Uhr, im Ankunftsbereich von Terminal 6 zu sein. Trolls Fahrer nickte ergeben, wandte sich ab und verließ, mit gebeugtem Kopf und hängenden Schultern, hastigen Schritts die erweiterte Troll-Zone.

Schmitz war, das wusste ich schon, eine arme, gebeutelte Kreatur, die schicksalsergeben und stoisch Trolls Launen ertrug, weil sie es musste. Fünf schulpflichtige Kinder und eine noch lange abzuzahlende Doppelhaushälfte zwangen ihn in ein Leben aus Unterwerfung und Qual. Schmitz war ein sanfter, feinfühliger Mensch, sehr diskret, höflich und auf scheue Weise humorvoll. Er kannte seine Abhängigkeiten viel zu gut, um noch zu glauben, er könne sich aus der bestehenden Knechtschaft befreien. Schmitz meditierte viel und trainierte täglich Qigong. Er unternahm alles, sich nicht von den Bosheiten seiner Chefin affizieren zu lassen. Dennoch fuhr er an manchen Abenden, nachdem er seinen herrischen Dämon in dessen Anwesen abgesetzt hatte, seelisch erschöpft auf einen nahegelegenen Waldweg. Das schussanlagengesicherte, grell beleuchtete Domizil Trolls im Rücken erbrach er sich dann, als folge er einer inneren Programmierung, in wohldosierten Schüben, mehrmals mechanisch. Seine geistige Gesundheit bedurfte dieser Katharsis und so tat er, was ihn befreite, und wartete, bis der Ekel wieder ein Niveau erreicht hatte, das es ihm erlaubte, nach Hause zu fahren, ohne darüber nachzudenken, wie er seinem Leben am besten ein Ende setzte. Der Gedanke, in die heimische Garage zu fahren, den Motor laufen zu lassen und am nächsten Morgen endlich davon erlöst zu sein, seine Provinz-Agrippina abzuholen und Ewigkeiten durch die Lande zu kutschieren, war sehr verführerisch.

Schmitz balancierte, an jedem Tag neu, ungesichert auf dem Dachfirst seines schreckensreichen Berufslebens, immer gefährdet, in einer dunklen Stunde, weniger konzentriert als sonst, die Schritte falsch zu setzen, abzugleiten und zu fallen. Schmitz war sich dessen immer gewahr. Diese Einsichten zu erhalten, war nicht sonderlich schwer. Wo Troll war, wurde das Leben jener kontaminiert, die ihren Anweisungen ausgeliefert waren, und je sensibler und intelligenter sie waren, desto größer ihre Qualen. Politiker jeden Geschlechts sind in der Regel so ignorant wie brutal, denn sie kennen nichts als den eigenen Vorteil. Tamara Troll jedoch war noch schlimmer. Was sie, zu allem Elend, auch noch umgab, war ein Odium widernatürlicher Grausamkeit, die nur deswegen ab und an amüsante Züge besaß, weil ihr brutales Machtstreben an den Grenzen ihrer regionalen Bedeutsamkeit endete. Es hätte sie nichts gekostet, ihren Fahrer höflich zu behandeln, doch es hätte ihr auch nicht genützt und so benahm sie sich garstig. Schenke einem Briefträger die Möglichkeit, einen Trupp Rekruten zu befehlen, und er wird sie missbrauchen. Wer daran Zweifel hegt, möge Erich Maria Remarque lesen. *Im Westen nichts Neues* erzählt auch davon, warum sich Menschen jeder Menschlichkeit entkleiden, sobald sie ein Dienstgrad ermächtigt, Befehlsgewalt auszuüben.

Schenke einem Provinzpolitiker die Chance, über fünf oder zehn Mitarbeiter nach Gutdünken zu verfügen, und er wird sie missbrauchen. Er wird es nicht nur tun, um sich, seine Umwelt und Lohnsklaven an die eigene Wichtigkeit zu erinnern, er wird es tun, schlicht und ergreifend, weil er es kann.

46

6. Frankreich Rhapsodie I

Als ich gemeinsam mit Tamara Troll meine Reise nach Nantes antrat – wir flogen von Straßburg aus, weil von dort ein Zwischenstopp entfiel –, verlor ich rasch jede Hoffnung, die Peinlichkeiten blieben noch zählbar. Schon Trolls Gebaren bei der Gepäckaufnahme ließ mich beschämt die Blicke senken. Ihr Koffer war weit größer dimensioniert als sonst bei Reisegepäck üblich. Er überragte das gewöhnliche Maß um fast das Doppelte und war nicht dafür gemacht, über ein automatisiertes Abfertigungsgerät, das Standardgepäck zugrunde legte, bearbeitet zu werden. Wieder und wieder verweigerte der Mechanismus seine Bereitschaft, den gewaltigen Koffer aufzunehmen; schrille Laute und hektisch flackernde Leuchtdioden signalisierten, dass der Vorgang keinen Abschluss finden würde.

Troll verfolgte mit bösen Augen diesen Prozess des Scheiterns. Anfangs bewahrte sie noch nach außen Haltung, doch nach dem dritten Anlauf schlug sie fluchend mit geballten Fäusten auf ihren Koffer ein; mit brachialer Gewalt presste und schob sie ihn in den Abfertigungsschacht, bis dieser es aufgab, sich der barbarischen Angriffe zu erwehren, und schließlich den Dienst quittierte. Seine Hydraulik hatte, asthmatisch keuchend, kapituliert.

Mittlerweile waren drei Flughafenangestellte herbeigeeilt, um Troll von weiteren Gewalttaten abzuhalten. Keuchend vor Zorn brüllte sie, ihr Gesicht hatte sich zwischenzeitlich violett verfärbt: „No function, no function." Mehr Englisch war ihr nicht gegeben, mehr konnte sie, außer sich vor Wut, nicht mehr sagen. Die hübsch uniformierten Angestellten waren sichtlich angewidert, wahrten jedoch die Form und baten Troll gestisch, sich zu beruhigen.

Troll, noch immer außer sich, stampfte mehrmals heftig auf, zischte böse Beschimpfungen, gestikulierte wild und wies mit ausgestecktem Zeigefinger auf mich: „He is my assistant. My assistant, understand? He must do." Die drei Uniformierten starrten mich ungehalten an, als erwarteten sie von mir eine Antwort auf diese peinlichen Vorgänge. Ich lächelte unverbindlich, nahm meine Schultern etwas zurück, als bereitete ich mich darauf vor, Boxschlägen federnd auszuweichen, und schaute dem ältesten Uniformierten, unverfroren, als sei er ein alter Bekannter, in sein sorgengefurchtes Gesicht. Der Mann mochte 50 Jahre oder auch älter sein. Sein grau meliertes Haar war schon weit gelichtet, seine Augen wirkten müde und sein Mund schlug eine Parabel des Missmuts. Offensichtlich war ihm die Situation zuwider, offensichtlich hatte er kein Verlangen, mit Troll eine Kontroverse auszutragen, die in einen Eklat münden musste, eben weil Trolls cholerisches Naturell keine anderen Lösungen zuließ. *Das* hatte der Uniformierte längst erkannt und so ließ er meine Blicke gewähren, gab seinem Körper Spannung und bat mich, in formvollendetem Deutsch, um eine kurze Aufklärung.

Troll zitterte noch immer vor Zorn. Sie schnaubte, grollte und schmähte weiter, gut hörbar, das Flughafenpersonal mit deutschen Schimpfworten.

„Ihre Chefin wäre gut beraten, jetzt besser zu schweigen", erklärte der ältere Uniformierte mit ruhiger Stimme, der jedoch ein leichtes Tremolo unterlegt war. Der Beiklang ließ unschwer erkennen, welche Selbstdisziplin und Überwindung es den Uniformierten kostete, Trolls Auftritt nicht zu sanktionieren. „Sagen Sie ihr", fuhr der beherrschte Mann nahezu tonlos fort, „dass wir ihr Problem lösen. Sagen Sie ihr, sie möge sich bitte beherrschen."

Nun mischte sich auch einer der jüngeren Uniformierten ein, dem es sichtlich noch größere Mühe bereitete, Trolls Verhalten zu tolerieren.

„Ja, und sagen Sie dieser Person", es klang, als speie er das Wort *Person* angeekelt aus, „sie ist hier nicht in Deutschland". Der junge Mann, blondgelockt, sehr schlank, athletisch und gut trainiert, verbarg seinen Unmut kaum, als er ergänzte: „Bei uns

48

gelten andere Gepflogenheiten. Ein gutes Benehmen ist für uns in Frankreich selbstverständlich."

Der vielleicht 25-jährige Adonis sprach mit mir, als sei Troll nicht anwesend. Er wählte die indirekte Form der Ansprache, um jeden Kontakt zu Troll zu vermeiden, aber auch, davon war ich überzeugt, um Troll vor Augen zu führen, wo sie hier war und *wer* sie hier war: ein Niemand mit schlechten Manieren, der Abscheu erregte.

Troll, erbost von dem vornehmen Widerstand zweier Wachmänner, schäumte, hielt jedoch an sich und zischte mit halblauter, gurgelnder Stimme: „Davidson, ich erwarte, dass Sie das alles klären. Hören Sie, Davidson? Ich will, dass die Dinge hier laufen." Trolls hässliche Stimme überschlug sich. Es lag für sie außerhalb ihrer Vorstellungswelt, dass ihre Anliegen weniger bedeutend sein sollten als die Anliegen jener Menschen, die nicht das Privileg besaßen, Tamara Troll zu sein.

Meine Blicke wanderten unstet zwischen Troll und den Uniformierten umher; immer darauf bedacht, keine bestimmte Person zu fixieren, wartete ich nervös darauf, was als Nächstes geschehen würde. Es war schließlich der dritte Uniformierte, dem ich einen Ausweg verdanken sollte. Er hatte bislang verlegen die Troll-Affäre betrachtet, schweigsam und ohne sich einzumischen. Sein wenig markantes Gesicht – es war etwas aufgedunsen, sommersprossig und leicht gerötet – deutete auf ein Alter von 20, maximal 21 Jahren. Er war mit Abstand der jüngste Wachmann und hatte wohl erst vor kurzem damit begonnen, auf dem Flughafen Sicherheitsaufgaben wahrzunehmen. Er räusperte sich vernehmlich und ließ im hübschen, nasalen Singsang der Elsässer wie *en passant* eine Frage fallen, die Trolls absurdem Theater mit entwaffnender, kindlicher Klugheit ein Ende setzte; auch er beherrschte das Deutsche exzellent.

„Wir sollten jetzt alle eine Pause machen und Sie", er trat bis auf einen Meter an mich heran und insistierte liebenswürdig, „küm-

49

mern sich um den Rest, nicht wahr? Hätten Sie die Freundlichkeit?" Es war offensichtlich, er wollte keinen Eklat, er wollte Ruhe.

Trolls hitziges Temperament war kaum noch aufzuhalten und so lächelte ich verbindlich, gab meiner Dankbarkeit mimisch Ausdruck und erwiderte nur: „Gern, sehr gern."

Seine Kollegen blickten ihren Jüngsten in amüsiertem Einvernehmen an. Ganz offensichtlich hatte er bei ihnen an Respekt gewonnen.

„Gut", ließ der Graumelierte sich, etwas lauter als notwendig, vernehmen, „kümmern Sie sich um den Rest".

Ich nickte freundlich, dankte wiederholt für das bewiesene Verständnis, betrachtete Troll, dann ihren Koffer, dann wieder Troll, und wusste, was jetzt geschehen würde. Trolls schlecht frisierter Schädel zuckte wütend. Ihr riesiges Gesicht zerfloss in Hass. Ein mäandernder Strom ungezügelter Aggressionen ging wie Wetterleuchten über ihre Züge hinweg, die einen Veitstanz zeigten, dessen Anblick eine schwangere Frau ihr ungeborenes Leben gekostet hätte.

„Davidson", schrie Troll jetzt ganz außer sich, „ich bin ihre Chefin! Nicht diese Typen! Ich! Sonst niemand! *Ich, ich, ich*! Sie müssen tun, was *ich* will, nicht was die sagen! Verstehen Sie das, Davidson, verstehen Sie das? *Ich* allein bin Ihre Chefin! *Ich* ganz allein! *Ich, ich, ich*!"

Ihre egomanischen Wiederholungen griffen mich körperlich an und schlugen mir auf den Magen; sie stießen mir auf. Ich würgte an ihnen, wie ich an Trolls Betragen würgte; dennoch ließ ich Troll gewähren und ging wortlos, ihren monströsen Koffer im Schlepptau, der Gepäckaufnahme für Sondergepäck entgegen, die ich zwischenzeitlich erspäht hatte. Troll folgte mir mit klappernden Staccato-Schritten.

Die Uniformierten hatten sich endgültig abgewandt, bis auf den

50

Jüngsten, dessen Blicke mir mitfühlend folgten. Das half freilich wenig und tröstete kaum.

Die Gepäckaufnahme war nur der erste Schritt auf dem langen, etappenreichen Weg zu Trolls Reiseziel. Das Trollsche Schreckensfloß der Medusa würde noch genug Elend auf brüchigen Planken durch die Fluten des Tages tragen, ehe es unterging, dessen war ich sicher.

7. Frankreich Rhapsodie II

Als wir das Gate erreichten, waren alle Plätze besetzt. Troll war, einmal mehr, fassungslos. Sie ließ ihrem Unmut freien Lauf und begann lauthals zu lästern: „Die Franzosen sind zu nichts zu gebrauchen. Frankreich ist wirklich ein Scheißland. Nichts funktioniert. Nichts. Wirklich nichts. Nicht einmal Sitzplätze gibt es bei den Schneckenfressern." Trolls Organ hatte jeden in einer Entfernung von hundert Metern phonetisch erfasst. Die Aufmerksamkeit aller Mitreisenden galt ungeteilt ihr. Offensichtlich war ein Großteil des Deutschen mächtig, denn viele taxierten uns mit unverhülltem Widerwillen.

„Was wollen Sie denn in unserem Land, wenn es hier so schrecklich ist?", fragte eine Dame mittleren Alters, die in allem erkennen ließ, dass sie ein weltläufiges Leben führte. Es war offensichtlich, Trolls Chauvinismus hatte bei ihr einen neuralgischen Punkt berührt. Nur mit Mühe verzichtete sie auf eine Rüge und beließ es bei ihrer Frage. Ihr Leben, das sah ich, verwahrte sich jeder Übertreibung. Troll starrte sie wortlos an. Ihr Cortex verlor sich in einer Gedankenkaskade aus Unverständnis und Aversion. Das Gefühl, in eine unkontrollierte Situation geraten zu sein, ließ sie verstummen.

„Ja, Sie haben mich schon recht verstanden, Madame aus Deutschland", hakte die Dame, provoziert von Trolls verständnislosen Blicken, wider Erwarten nach. „Niemand hat Sie gerufen. Und das Elsass ist längst nicht mehr deutsch. Gott sei Dank". Sie seufzte tief und dieses Seufzen animierte auch andere Passagiere im Wartebereich, Troll in die Schranken zu weisen.

„Die Dame hat vollkommen recht", empörte sich jetzt lautstark ein älterer Herr, der noch erlebt haben mochte, wie Wehrmachtssoldaten das Elsass besetzten. Er gestikulierte mit zitternder Hand in Trolls Richtung, als wolle er lästige Fliegen vertreiben. „Solche Leute wie Sie sind bei uns nicht willkommen. Die Zeiten, in denen Deutsche Franzosen ungestraft beleidigen durften, sind vorbei. Endgültig, verstehen Sie?"

Unvermittelt erhob sich eine jüngere Dame von ihrem Sitz. Ihre Augen blitzten, als sie die Distanz zu Troll mit wenigen Schritten durchmaß. Etwa einen Meter vor Troll blieb sie abrupt stehen, musterte abschätzig ihr Gesicht, holte tief Atem und spie ihr, der Zorn ließ sie zittern, die ganze Verachtung einer gekränkten Nation ins Gesicht: „Scheren Sie sich fort. Wir haben Sie nicht gerufen!"

Nun war es also wieder soweit, dachte ich mir. Eine deutsche Politikerin aus der Provinz hatte mit ihrem taktlosen Auftreten und dummen Geschwätz in einem Augenblick das zerstört, woran Männer wie Schmidt, Valéry Giscard d'Estaing, Mitterrand und Kohl Jahrzehnte gearbeitet hatten, mehr oder minder erfolgreich, doch ernsthaft bemüht, eine Freundschaft wachsen zu lassen, die Nationalismus und kriegsgenährten Hass überwinden würde. Das Große, Gute, geschlachtet auf dem Altar provinziellen Hochmuts und Dünkels.

Troll schien nicht zu verstehen, was hier geschah. Mit Medusenaugen starrte sie auf die junge, aufgebrachte Frau, knirschte vernehmlich mit den Zähnen und schrie: „Davidson, wie lange soll das hier noch weitergehen? Tun Sie endlich etwas. Für was bezahle ich Sie eigentlich?" Ihre hasserfüllten Augen konzentrierten sich auf mich. Einmal mehr. Davidson sollte helfen, Davidson sollte lösen, was keine Lösung kannte, und Davidson handelte, einmal mehr, intuitiv.

„Mesdames, Messieurs", wandte ich mich auf Französisch an alle Sitzenden im Wartebereich, „bitte, entschuldigen Sie die entstandene Situation", und weil ich wusste, dass Troll kein Französisch verstand, ergänzte ich noch, „diese Frau leidet an Tourette. Wenn sie etwas überfordert, wird sie ausfällig. Sie ist psychisch krank, sehr labil und", hier begann ich zu lächeln, „sie weiß nicht, dass Eleganz und Schönheit französische Wurzeln haben". Alle starrten mich an. Manche ungläubig, manche amüsiert, manche mitleidig und verständnisvoll. Offenbar hatte ich den richtigen Ton gefunden. Eine unwirkliche Stille hatte sich über die Protagonisten der Szene gelegt.

Die junge Dame fand als erste wieder in unsere Gegenwart zurück, wandte sich von Troll ab, trat auf mich zu und sagte so leise, dass nur ich es verstehen konnte: „Schaffen Sie diese Hexe aus unserer Mitte, Monsieur." Ihr Blick wurde weicher, als sie ergänzte: „Und geben Sie auf sich acht".

Die anderen Passagiere schienen zu ahnen, was vor sich ging. Wortlos signalisierten sie Einvernehmen, nickten mir zu und begannen, Troll zu vergessen. Die junge Dame hatte die Szene beruhigt. Der anfängliche Zorn vieler Mitreisenden war Desinteresse gewichen. Als sei nichts geschehen, widmete sich jeder wieder seinen eigenen Belangen. Troll war für dieses Publikum gestorben.

Troll, die nicht verstand, was um sie vorging, verlor die Geduld, eilte, trotz hoher Pumps, auf mich zu und keuchte mir stockend, als würge sie an einer unverdaulichen Speise, ins Gesicht: „Davidson, was geht hier vor? Und warum, Gott verdammt, suchen Sie nicht nach Sitzplätzen?"

„Warum ich nicht nach Sitzplätzen suche?", fragte ich, um Fassung ringend, zurück.

„Rede ich Chinesisch?", blaffte Troll. „Tun Sie endlich etwas. Oder muss ich mich selbst darum kümmern? Wozu sind Sie eigentlich gut?" Dann, als habe sie einen Geistesblitz, hielt sie kurz inne und höhnte: „Davidson, was immer Sie können, bleibt Ihr Geheimnis, für den Rest Ihres Lebens."

Dieser Satz war bezeichnend für Troll. Es genügte ihr nicht, Mitarbeiter zu rüffeln, sie musste ihrem Tadel auch einen ekligen Beiklang geben. Das entsprach ihrer pathologischen Persönlichkeit. Soziopathie war die Quelle ihres Handelns, das kalkulierten Zielen folgte, doch sofort in einen *affektiven Erregungsmodus* wechselte, wenn ihr Ego eine Kränkung fühlte, die sonst niemand erkennen konnte.

8. Rückkehr

Sie eilte an mit vorbei, grußlos, ohne den Blick zu heben, mit dem lärmenden Schritt eines Wehrmachtssoldaten, der sich anschickt, die Grenze nach Polen zu überschreiten. Ihr Oberkörper war leicht gebeugt, die Schultern waren zu Höckern gerafft und ihre Arme hielten den Rhythmus der Beine, die mit boshafter Vehemenz den Boden beharkten, als gälte es, ihn zu bestrafen. Sie wirkte, mehr noch als sonst, gehetzt und getrieben von einem Dämon. Das Gesicht verlor sich in einer ungezügelten Grimasse; ihre Physiognomie war außer Kontrolle. Es war offensichtlich: Die Vorsitzende hatte schlechte Laune und war gereizt. Maniker, sie ist ein Maniker, dachte ich, als ich ihr zusah, wie sie kantig, als folge sie einem heimlichen Mechanismus, ihre Schrittfolge absolvierte, ehe sie unvermittelt stehen blieb. Sie war vor der Tür ihres Büros angekommen und fixierte grimmig den elektronischen Drehknopf, der, um entsperrt zu werden, den Einsatz einer elektronischen Chipkarte erforderte. Hektisch presste sie ihren Atem durch Mund und Nase, als müsse sie einen größeren Widerstand überwinden. Ihre Hände zitterten vor Erregung und unterdrückter Wut.

„Dieser Dreck", begann sie zu keifen, „dieser elende Scheißdreck funktioniert nicht". Nach diesem für Trolls Verhältnisse moderaten Tadel folgten noch eine Reihe wüster Flüche, ehe sie mehrmals wütend gegen die Tür trat – dann nahm sie mich wahr. Unfähig, mich der Faszination dieses kuriosen Schauspiels zu entziehen, verharrte ich stumm an der Stelle, wo sie an mir vorbeigerannt war.

„Kommen Sie her, Davidson", befahl sie mürrisch, ohne peinlich berührt zu sein. Es störte sie nicht, dass ich Zeuge ihres Tobsuchtsanfalls gewesen war. Meine Gegenwart überraschte sie nicht, sie wurde vorausgesetzt. Ihre Cholerikattacken erstaunten mich nicht, sie waren ein Teil meines Alltags und damit Normalität. Wenn sie cholerisch Dinge und Menschen bestürmte, war ich weit eher alarmiert als erstaunt oder entsetzt. Auf eine perverse Weise waren wir *en famille*.

„Die Dreckstür lässt sich nicht öffnen", knurrte Troll bissig. Um zu demonstrieren, dass die Tür sich nicht ihrem Willen beugen wollte, rüttelte sie ungehalten an dem Drehknopf. „Und die Chipkarte funktioniert nicht." Troll wedelte mit einer *VISA-Card* vor meinen Augen umher.

„Sie müssen", erklärte ich ruhig, „die Karte der Verwaltung verwenden, dann lässt sich die Tür bestimmt öffnen".

Troll starrte mich an, als hätte ich sie dabei ertappt, in den Gang zu urinieren. Ihr Mund schloss und öffnete sich in Sekundenintervallen. Sie glich einem Fisch, der, aus dem Wasser gezogen, verzweifelt nach Luft ringt. Dann beruhigte sie sich ein wenig, griff in ihre überdimensionierte Handtasche und kramte fahrig nach ihrem Portemonnaie, das sie, schließlich fündig geworden, leise fluchend herausklaubte. Ohne aufzublicken, öffnete sie ihren sperrigen Geldbeutel von *Calvin Klein*, fingerte sich durch die Vielzahl der integrierten Fächer und zog, mit einem zischenden Laut des Unmuts, ihren Personalausweis heraus. Nach einem Moment der Frustration nahm sie den Ausweis, wischte ihn mehrmals kräftig über den blockierten Drehknopf, doch die Tür blieb versperrt. Eine rote Leuchtdiode signalisierte hartnäckig, dass sie auf diesem Weg nicht entsperrt werden würde.

„Warum geht das nicht? Das Drecksding soll endlich aufgehen." Wo zuvor noch Unmut geherrscht hatte, nahm jetzt ungezügelter Zorn von Troll Besitz. Trolls Geduld hatte sich verbraucht. „So eine Scheiße. SCHEISSE, SCHEISSE, SCHEISSE", schrie sie, wieder und wieder, und ich musste mich geraume Zeit gedulden, bis ihr Geschrei einer boshaften Stille wich. Trolls Zorn versickerte zögerlich im Sand einer Ruhe, der nicht zu trauen war.

Troll hatte, das zu erkennen bedurfte es keiner Analytiker-Ausbildung, ihre analsadistische Phase noch nicht überwunden. Sprach-

57

lich wühlte sie unablässig in Exkrementen. Lust war für Troll grundsätzlich UNLUST und Aggression die einzige Form, INTIMITÄT zu erzeugen.

Endlich kam ich zu Wort. „Ich glaube, es ist die falsche Karte. Die richtige Karte ist weiß und hat ein rotes Logo rechts oben", sagte ich leise, als spräche ich nur zu mir selbst. Troll starrte mich an. Stumm, reglos, als habe sie eine Eingebung. Dann griff sie wieder in ihr Portemonnaie, entnahm die richtige Karte, führte sie an den Drehknopf und hörte, wie sich die Tür entriegelte. Mit einem hässlichen Kehllaut stieß sie die Tür auf, betrat ihr Büro, keuchend vor Zorn und ohne ein Wort des Dankes. Sie hatte jedes Interesse an mir verloren, ließ mich stehen und stapfte an ihren Schreibtisch, wo sie sich eifrig zu schaffen machte. Nein, Troll hatte keine Umgangsformen. Sie trieb allein die krankhafte Sucht, sich vor Menschen zu inszenieren, wenn auch, im Idealfall, ohne mit ihnen zu reden. Sie war eine Misanthropin der Kategorie A oder, um die klinische Definition zu bemühen, eine komplexgesteuerte Soziopathin, die die Welt und ihre Bewohner hasste. Ihre Verblendung und Hybris ließen sie glauben, eben dieser Aspekt verleihe ihr Bedeutung und Weltläufigkeit. Sie sah sich, wenn auch entfernt, in einer Linie mit Margaret Thatcher und Julia Timoschenko, deren hartes Regiment sie begeisterte. Thatchers rigides Handeln entsprang einer tiefen Verachtung für jeden Anflug von Humanismus, Ethik oder Moral: Das beeindruckte Troll und ließ ihre Phantasien von Macht, Ruhm und Einfluss erblühen. Ihre Vorbilder waren allesamt krankhafte Charaktere, deren Niederträchtigkeit sie zu ungleich größeren Erfolgen geführt hatte, als Troll sie jemals für sich erwarten durfte.

Trolls Erfolge begannen und endeten an den Grenzen einer der hässlichsten Gemarkungen unserer Republik, der Troll unerbittlich, mit infantilem Trotz und übler Rhetorik, eine Bedeutung zu geben suchte, die selbst jenen grotesk erschien, die sonst willige Resonanzböden für ihre Propaganda bildeten. Je heimischer, vertrauter und kleiner das Umfeld wurde, in dem Troll sich bewegte, desto mehr verlor sich ihr letztes Bemühen, zumindest formal den Anstand zu wahren.

Troll liebte es, ihre Hasstiraden in geschützten Räumen anzustimmen. Ob Landtag, Regional- oder Gemeinderat – hier gab es keine Widersacher, die sie fürchten musste. Ob Freund oder Feind, alle konkurrierten nur im Ausmaß der Lächerlichkeit.

Nie hätte Troll damit kokettiert, ihren begrenzten durch einen größeren Wirkungskreis zu ersetzen. Dort, wo sie sich einen Namen gemacht hatte, galten die Erwartungen und Wünsche vulgärer Menschen, und diese konnte sie gut bedienen. Doch noch im Dunstkreis ihrer willfährigen Wählerschaft wünschten sich selbst ihre treuesten Anhänger, dass sie nicht jede Moral für eine geglückte Attacke, einen Kalauer, ein Hohn- und giftiges Schimpfwort verraten hätte; um sich einen Platz in den regionalen Medien zu sichern, gab Troll alles und jeden bedenkenlos preis, ohne Scheu und Bedauern. Troll verstand sich nur auf laute Polemik, die leisen Töne der Ironie waren ihr fremd. Was ihr entsprach, war radikal-boshaft. Ihr Genuss, Menschen zu kränken, war ähnlich groß, wie ihr Verdruss darüber, dass sie selbst auf lokaler Ebene nur jene kannten, die ihrer Partei nahestanden.

Ihr *Instagram*-Profil porträtierte sie treffend, wenn auch anders, als sie dachte. Die Motive waren noch schlechter als die Bildqualität ihrer Fotos. Verwaschene Szenen in Gemeindehäusern, Sportgaststätten, Kongress- und Messehallen, in welchen Troll vor geriatrischem Publikum Reden hielt, wurden abgelöst von Impressionen aus dem Privatleben. Kinder, Hunde, Katzen, Hasen, Ehemann, Pflanzen, Backwaren, rohe und gekochte Speisen, schadhaftes Werkzeug aus dem Garten, Schminkutensilien, Unterwäsche und Pantoffeln – alles fand einen Platz in der inflationären Flut von Fotos. Selbst Netzstrumpfhosen und Büstenhalter dienten Werbezwecken, wenn auch, ohne die gewünschte Wirkung zu erzielen. Der Ekel jener, die Trolls Panoptikum dilettantischer Foto- und Filmkunst besuchten, war nicht nur beträchtlich, sondern auch leicht zu verstehen. Trolls Mienenspiel entsprach ihren hässlichen Accessoires, die sie weit besser charakterisierten, als die vielen, meist harmlosen Karikaturen, die von ihr in Politikerkreisen kursierten.

Doch niemand aus ihrem engeren Umfeld hatte sich je getraut, ihr zu sagen, wie sehr sie sich mit ihrer fehlgeleiteten Selbstinszenierung in den Sozialen Medien blamierte. Niemand hatte sich je getraut, sie auf peinliche Fehlgriffe hinzuweisen. Troll hatte keine wirklichen Freunde, und jene Bekannten, die einen bescheidenen Ausnahme- und Vertrauensstatus bei ihr genossen, glichen ihr meist aufs Haar, waren ähnlich abstoßend und empathielos. Sie nahmen an keiner Trollschen Entgleisung Anstoß und waren, im Gegenteil, voller Bewunderung für Trolls Courage, jede verfügbare Waffe gegen politische Feinde einzusetzen.

„In der Politik kenne ich keine Freunde. Ich kenne nur jene, die mir nützen. Daran bemisst sich für mich der Wert eines Menschen. Gefühle sind dabei verzichtbar." Troll meinte, was sie sagte, und schon wie sie es sagte, ließ mich schaudern. Nein, Troll war niemand, dem man gern nahekam, auch nicht als Freund. Schon der Gedanke an eine Freundschaft mit Troll wirkte obszön. Wer auch nur einen Hauch von Anstand, Geschmack und Lebensfreude besaß, wandte sich hastig ab, wenn Troll nahte, nicht zuletzt, um ihrem qualligen Händedruck zu entgehen. Ihre ständig transpirierenden Hände hinterließen, dagegen ließ sich wenig tun, auf der eigenen Hand einen unangenehmen, schleimigen Film. Jeder, dem es nicht möglich war, einen Handschlag mit Troll zu vermeiden, rieb danach, wenn ihm ein Gang zur Toilette verwehrt blieb, mit verlegenen Blicken seine Hand diskret an Jacke, Rock oder Hosenbein trocken. Feuchte Hände, so meine ich mich zu erinnern, sind ein Symptom für Angst vor Kontakt, Nähe und Intimität. Der Betreffende überträgt, schenkt man Psychosomatik-Lehrbüchern Glauben, sexuelle Konflikte auf eine andere,

60

unbelastete Körperregion. Ruediger Dahlke hat es, im Rekurs auf Georg Groddeck, ungleich besser und präziser formuliert: „[F]euchte Hände sprechen für eine Verschiebung des Themas aus dem unteren sexuellen Bereich in den vermeintlich sauberen oberen, ähnlich wie Erröten die Verschiebung der Blutfülle von unten nach oben andeutet; hierfür würde die große Scham sprechen, die häufig mit diesen Symptomen einhergeht."

Davon ganz abgesehen, ist ein Handschlag fast immer ein fragwürdiges Pflichtritual und keine Vertrauensgeste von Wert. Die deutsche Angewohnheit, sich bei jedem Treffen die Hände zu schütteln, ist sicher einer der Gründe, warum bei uns zulande ungleich mehr Menschen in den Stoßzeiten kollektiver Seuchen erkranken als in Ländern, die ihre Höflichkeit nicht von hygienisch fragwürdigen Marotten abhängig machen.

Tamara Troll wollte das Malheur ihrer schweißigen Hände operativ beseitigen lassen, doch war die Versiegelung der schweißsekretierenden Drüsen gescheitert und so blieb Trolls Händedruck, was er immer gewesen war: der Alptraum jedes hygienebewussten Menschen. Obgleich sie selbst sich unablässig an ihrem Blazer zu schaffen machte, um dem Elend beizukommen, war jede Mühe zum Scheitern verurteilt. Troll war abstoßend und das schien, zumindest in Teilen, ein dunkler Instinkt ihr auch mitzuteilen.

9. Beliebtheit oder Leben im Separee

Als Troll in Wahlzeiten einmal daran erinnert wurde, dass sich Beliebtheitswerte für sie in der Bevölkerung nicht ermitteln ließen, weil ihr Bekanntheitsgrad zu gering sei, begann sie zu toben, wüster und hemmungsloser, als es selbst jene von ihr gewohnt waren, die ihre Launen bereits seit Jahren erduldeten. „Die Leute kennen mich! Alle! Und die, die mich nicht kennen, werden mich kennenlernen!", hatte sie, mit sich überschlagender Stimme gebrüllt, in guter deutscher Tradition, ohne zu erröten oder gar zu begreifen, welche Drohungen ihre Sätze mit sich führten.

Der Mitarbeiter, der damit beauftragt gewesen war, Trolls Beliebtheitswerte zu recherchieren, hatte sich, als binde ihn spanisches Hofzeremoniell, geduckt und buckelnd, mit dem Gesicht Troll zugewandt, aus ihrem Besprechungszimmer getrollt, totenbleich, ängstlich und voller Sorge, Troll könne ihm etwas gegen den Schädel werfen. Trolls bläulich verfärbte Züge hatten uns, die Statisten des Trollschen Ausbruchs, angewidert hoffen lassen, sie erleide gleich einen Schlaganfall. Doch die alte Regel, dass Hässliches immer überdauert und nicht die Choleriker, sondern die Sanftmütigen jählings sterben, hatte sich wieder als wahr erwiesen. Troll entfärbte sich langsam, grinste tückisch, als wüsste sie, dass in diesem Augenblick draußen auf dem Gang ein Mann, gebrochen und müde, zu weinen begann. In solchen Augenblicken schwelgte Troll in einem orgiastischen Glücksgefühl, das nur jene verstehen, die alles Menschliche hassen. Troll war, was sie war, weil das Politgeschäft sie gewähren ließ und jedes Korrektiv versagte. Troll hasste mit Leidenschaft, demütigte aus Passion und musste nichts befürchten. Die VDP fühlte sich ihr verwandt und hielt ihr die Treue. Der Rechtsstaat, der Liebling konservativer Parteien, versagte zumeist im Umgang mit jenen, die ihn vertreten sollten.

Parlamentarische Demokratie ist seit jeher ein Paradox ohne Lösung. Wer immer wenige Menschen dazu ermächtigt, ihre Affekte, unter dem Vorwand, gewählt zu sein, unkontrolliert auszuleben, wird erkennen, dass es illusorisch ist, dort ein Vernunftprinzip zu erwarten, wo kleine und große Despoten ihre Diadochenkämpfe austragen.

Jeder Gemeinderat, jedes kommunale Gremium, jeder Kreis- und Landtag ist nichts weiter als eine Aggregation oft fragwürdiger Persönlichkeiten, die glauben, dreißig Termine täglich wahrzunehmen, bedeute einer Arbeit nachzugehen, die diesen Namen verdient.

Lokal- und Landespolitiker leben ein hermetisches Leben, in dem Cliquen die Regeln setzen. Jedes Wort, jede Handlung und Geste erhält erst Bedeutung durch ein Referenzsystem sich ständig verstärkender Konkurrenz. Wer Präsenz zeigt, ist Teil der politischen Kaste, wer sich verweigert, verspielt seine politische Zukunft. Wer den Parcours verlässt, wer sein Zuhause dem Festzelt vorzieht, ist politisch tot.

Landespolitiker eilen in ihrem Wahlkreis von Grußwort zu Grußwort, von Häppchen zu Häppchen, von Bier zu Bier, bis sie einen Zustand erreicht haben, der ihnen Gewissheiten schenkt, die einer Psychose sehr nahekommen.

Wie sehr sich Politiker und Medienvertreter dabei bedingen und brauchen, ist bisweilen erschreckend. Ohne dass es noch einer Öffentlichkeit bedürfte, leben sie ein Dasein im Separee. Der Landtag interessiert nur jene, die in ihm agieren; für Menschen von außen ist er zwar existent, doch bedeutungslos.

Insbesondere Landespressekonferenzen, die vorgeblich Regierung und Opposition die Möglichkeit geben, ihre Politik – ihre Ansichten, Zielsetzungen, Maßnahmen, Ergebnisse oder Kritik – zahlreichen Journalisten darzulegen, dokumentieren die Phantasielosigkeit einer realitätsentkoppelten Kaste. Wie die Senatoren der Antike zu ihrer gekauften Wahlklientel besitzen auch viele

Parlamentarier keinen Konnex zur Lebenswirklichkeit ihrer Wähler.

Wer sich vor Augen führt, dass ein belangloser Landtagsparlamentarier monatlich eine sozialversicherungsfreie „Grundentschädigung" von über 8200 Euro erhält, ergänzt um eine steuerfreie Kostenpauschale von circa 2200 Euro und einen Beitrag in ähnlicher Höhe für seine Altersversorgung, wird sich fragen, wozu? Bürgernähe endet für jene, die sie so gern beschwören, bereits an der Pforte unserer kollektiven Rentenversicherungsanstalt. Derweil 54 Millionen Versicherte zwangsverpflichtet sind, in die staatlichen Rentenversicherung einzuzahlen, vertrauen die Volksvertreter doch lieber auf andere Kassen, die ein ungleich höheres Alterssalär versprechen. Nachdem bereits das Opfer gebracht werden musste, auf Staatspensionen zu verzichten, muss zumindest noch etwas Luxus bleiben. Der klassische Arbeitnehmer darf hingegen von einer „Respektrente" träumen, die ihm wenig mehr Gewissheiten schenkt als die eine: Altersarmut ist eine bittere Erfahrung, auch für jene, die nie etwas anderes kannten als Armut.

Parallel zu ihren Diäten steht jedem Volksvertreter eines Bundeslandes noch das gleiche Budget für zwei bis fünf Mitarbeiter zu, die keine andere Aufgabe haben, als in seinem Wahlkreis für ihn die Werbetrommel zu rühren. Ungeachtet ihrer zahlreichen Privilegien greinen und lamentieren die Abgeordneten allenthalben, fürchten um Zulagen, Provisionen, Spesen und Zusatzprämien, die sie sich gegenseitig neiden. Aufsichtsratsfunktionen sind sehr beliebt, beliebter noch als parlamentarische Würden, die in 2-Jahres-Intervallen fraktionsintern verteilt werden. Zusatzalimentierte Posten wie Fraktionsvorsitzender, Stellvertretender Fraktionsvorsitzender, Parlamentarischer Geschäftsführer oder Arbeitskreisvorsitzender werden mit harten Bandagen erstritten und, einmal erobert, erbittert verteidigt. Diese Funktionen schaffen die Basis, später, wenn aus der jetzigen Opposition die Regie-

64

rung geworden ist, zu avancieren, Staatssekretär oder gar Minister zu werden, *wenn ...*

Tamara Troll intrigiert jetzt seit über zwei Jahrzehnten im Hinterzimmer der Opposition, schreit, brüllt, pöbelt, empört sich und findet kein Ende der Infamien und dennoch verharrt sie im Schatten politischer Macht. Ihr Gehalt dafür, nichts weiter zu tun, als Menschen verbal zu attackieren, ist fürstlich und doch kennt sie nichts als Verdruss. Je lauter sie opponiert, tobt und zetert, desto mehr sinkt ihre Bedeutung und das Alter ist nah. Hinter ihrem Rücken rotten sich bereits ihre designierten Erben zusammen, wenn auch noch ohne den Aufstand zu proben. *Noch ...*

10. Hierarchien und Hyänen

Noch traut sich niemand, Trolls Kompetenzen öffentlich anzuzweifeln. Kritik an Troll wird heimlich und leise, nicht offen geäußert. Die Angst, sich zu früh mit Troll zu überwerfen, versiegelt vielen die Lippen. Niemand will sich, ohne Rückhalt und Unterstützung durch die Partei, exponieren. Troll ahnt, was sie erwarten könnte, doch sie weiß auch, wie sehr sie die anderen fürchten. Solange sie mich fürchten, denkt sich die intrigenerprobte Tyrannin, werden sie mich nicht stürzen. Tamara Trolls Kalkül ist klar: Ihre Kollegen sind feige und feige Menschen begehren nur auf, wenn der Kadaver des Gegners schon stinkt. Politiker sind achtsam und jagen wie Hyänen in Rudeln, nie einsam und ohne Gefährten. Wer Politiker kennt, weiß, sie warten verschlagen, bis der Rivale erlahmt, röchelt und stirbt, dann erst zerfleischen sie ihn. Oder, was häufig geschieht, sie zehren vom Aas jener Konkurrenten, die schon, am Rand des Weges, verendet sind.

Politiker sind in der Mehrheit charakterlose Gestalten. Bei Tamara Troll kam belastend hinzu, dass sie selbst jene mit Widerwillen erfüllte, die ihr Respekt dafür zollten, ein verdorbener Mensch zu sein.

Wäre das Parlament ein Querschnitt menschlicher Qualitäten, Talente, Fähigkeiten, Ängste und Sorgen, es wäre leichter, in ihm zu arbeiten. Das Parlament jedoch ist gefüllt mit Lehrern, Juristen und einer Vielzahl verbeamteter Egomanen, die in einer steten *folie circulaire* Sitzungen, Ausschüsse und Arbeitskreise besuchen oder Agenden erörtern und kommentieren. Wieder und wieder, ohne Ergebnis und froh über jede neuerliche Redundanz. Wiederholungen bedingen keine Überlegung, und wer seine Gelder gedankenlos entgegennimmt, ist politisch angekommen. Camus' charmanter Gedanke, wir müssten uns Sisyphos als glücklichen Menschen vorstellen, ließe sich, leicht variiert, auch für die Landespolitik übernehmen, deren Steine rollende Abgeordnete ihr Glück daraus beziehen, nichts von dem, was sie tun, infrage zu stellen. Sisyphos erfährt Freiheit und Glück in der Gewissheit, sein Schicksal zu kennen. Er akzeptiert, was ihm widerfährt, weil er nicht länger in Illusionen des *Werdens* schwelgt. Er ist, wer er ist, und handelt im Einvernehmen mit sich und ohne zu rebellieren.

Der Landespolitiker erfährt sein Glück darin, ständig Forderungen zu erheben, ohne sich je verpflichtet zu fühlen. Seine Wirklichkeit ist ein entkoppelter Solitär. Seine Wirklichkeit steht längst jenseits der Wirklichkeit jener Menschen, die er vorgeblich repräsentiert. Seine Wirklichkeit ist eine monströse Verirrung, geboren aus dem Ungeist der Hierarchien. Wo die Hierarchen regieren, herrscht auch die Egozentrik und mit ihr die Hybris entseelter Kreaturen. Gogol darf sich auch heute bestätigt sehen. *Tote Seelen* bevölkern die Bürokratie und Politik in allen Bereichen, als ständige Last und Beschwernis für jene zahllosen Bürgerinnen und Bürger, die diesen Staat am Leben erhalten.

Wer immer den Kosmos der Parlamente durcheilt, weiß, dass keiner dem anderen traut und dass keinem zu trauen ist. Egal, wer uns anspricht, er lügt. Selbst dann, wenn er glaubt, er sage die Wahrheit, spricht nur die Täuschung aus ihm.

11. Anfänge

Unlängst wurde publik, die Anfänge der Menschen lägen nicht in der afrikanischen Steppe, sondern auf dem Balkan. Offenbar gab es in Europa vor 3,8 Millionen Jahren höher entwickelte Primaten als im sonnenverwöhnten Afrika. Die Europäer durften sich einmal mehr darin bestätigt sehen, unter allen Hominidae unseres Planeten bereits seit Millionen von Jahren eine Vorzugsstellung einzunehmen. Ihnen war es als ersten gelungen, Feuer zu machen, ihnen gelang es, die Knochen und Schädel getöteter Kontrahenten in Werkzeug, Geschirr und Waffen zu verwandeln. Im Kampf um knappe Ressourcen waren sie rücksichtsloser als ihre Gegner. Ihr Handeln folgte Prinzipien der Härte und nicht des Mitgefühls. Wer sie traf, verlor meist mit seinem ganzen Besitz auch sein Leben. Das Lachen dieser Populationen war das Lachen der Mänaden, die immer dann zu lachen beginnen, wenn sie jene zerreißen, die sich – wie Orpheus – nach Liebe und Schönheit verzehren.

Die Poeten der Frühzeit gingen unter, weil sie ihrer Seele mehr Einfluss gewährten als ihren Mägen. Seitdem hat sich manches verändert, doch eine Konstante ist unveränderlich wirksam: Wer fühlt und denkt und „wer die Schönheit angseh'n mit Augen, ist dem *sozialen* Tode schon anheimgegeben". August von Platen wird mir verzeihen, dass ich seine Verse leicht verfremde. Es geschieht, das darf ich sagen, nur der Wahrheit zuliebe.

68

12. Die Macht der Mägen

Die Macht der Mägen kennt jeder, der im politischen Umfeld tätig ist. Sobald die Zeiger der Uhr den Meridian erreichen, gerät die träge Materie aus Ministerial- und Landtagsbürokratie in Bewegung. Die Politbürokraten beginnen sich dann in kleineren Rudeln zu organisieren, verlassen ihre Bürohöhlen und folgen dem Beispiel der Troglodyten, indem sie zur Mahlzeit größere Höhlen besuchen.

Unlängst ließ ich mich dazu beschwatzen, Kollegen in die Kantine des Umweltministeriums zu begleiten, die vorgeblich Brauchbares produziere. Die Kantine liegt in der Beletage eines alten Fürstenpalais', dessen Fassaden den 2. Weltkrieg überstanden haben; auch große Teile der Innenarchitektur und des Interieurs blieben erhalten, bis Le Corbusiers randalierende Epigonen alles in Stücke schlugen. Die Kinder und Enkel des zynischen „Wohnmaschinen"-Produzenten Le Corbusier kannten kein Erbarmen. Sie leisteten ganze Arbeit und exorzierten den letzten Hauch von Ästhetik.

Wenn die große Schar überzeugter Modernisten immer davon erzählt, es ließe sich in Lofts, Bungalows und Hochhäusern besonders gut leben, bleibt mir nur ein ironisches Grinsen, da ich weiß, am Ende kaufen sie alle, wenn auch verschämt, Wohnungen in Jahrhundertwendehäusern. Keiner erlaubt es sich, offiziell einzugestehen, was ihn heimlich entzückt. Gesichtslose Quader aus Stahl und Beton als ästhetisch zu feiern, fällt immer nur Menschen ein, die sich im Privaten der Postmoderne und ihrer geistlosen Präsentationsform entziehen können.

Meinen Kollegen schien es egal zu sein, dass der Speisesaal im Umweltministerium atmosphärisch wie olfaktorisch ein Alptraum war. Selbst die angeschmutzten, schadhaften Resopaltische störten sie nicht. Gleichgültig für ihre Umgebung schlangen sie große Mengen verkochter Pasta mechanisch und schweigsam

in sich hinein. Nahrungsaufnahme verwandelte sich hier in Straf-
exerzieren mit Messer und Gabel. Das Geschirr erinnerte ironi-
scherweise an alte Wehrmachtsbestände. Angeschlagene Stein-
gutteller, von grauer, unspezifischer Patina überzogen, gaben jeder Speise ein tristes Dekor. Die Essensausgabetheke war selten
sauber; sie verbarg nur unzulänglich, dass die ausgehängten Hy-
gienevorschriften keine Bedeutung besaßen. Die ranzigen Blätter,
die von „höchsten Reinlichkeitsstandards" sprachen, höhnten der
Botschaft, die sie verbreiteten; auch die missmutigen Gestalten,
die das Essen mit riesigen Blechkellen auf das Steingut klopften,
vermittelten nicht den Eindruck, als hielten sie sich an die ver-
kündeten Standards. Haare waren eine beliebte Essenszugabe.
Bisweilen traf das Mahlwerk der Hungrigen auch auf schwer ver-
trägliche Kost wie Knochen- und Knorpelrückstände. Dennoch
war der Saal immer bis an die Grenzen seines Fassungsvermögens
gefüllt. Der Appetit von Beamten, die in landespolitischen Dimensionen denken, arbeiten und essen, stört sich nicht an minderer
Qualität einer Speise. Alles wird stoisch vertilgt. Landesbeamte
leiden an einem Hunger, der sich selten stillen lässt. Er verbrennt
Herz und Kopf und kennt, wie jede menschliche Gier, zwar gra-
duelle Unterschiede, doch keine Befriedigung.
Für mich, der ich weder ein großer Esser noch fähig bin, markante
Vor- und Nachteile einer Großküche zu erkennen, war es dennoch
ein Festmahl, wenn auch keines im kulinarischen Sinn. Meine
Kollegen ahnten nicht, wie viel sie mir durch ihren Habitus – ihre
Gewohnheiten, Marotten und Reden – bei Tisch über sich verrieten. Ein *Business Lunch* ist immer ein Schaukasten für Charakter
und Eigenarten der Kollegen. Essensrituale eröffnen Chancen, die
eigene Umwelt zu entschlüsseln. Wer die Psyche seiner Kollegen
besser verstehen möchte, ist gut beraten, mit ihnen zu essen; danach wird er wissen, wer ihn umgibt, wem zu trauen ist und wem
nicht.

70

Der jüngste meiner Kollegen, der dazu neigte, altmodische Breitcordanzüge zu tragen, war Ende zwanzig, intelligent, sehr frustriert und zwanghaft bemüht, amüsant zu sein. Es verging kein Augenblick, an dem er – ein leidenschaftlicher Cineast und Liebhaber des *Nouvelle Vague* – nicht Filmdialoge zitierte, die thematisch einen Bezug zu dem besaßen, was aktuell diskutiert wurde. Sein Gedächtnis war bemerkenswert. Tamara Troll jedoch ignorierte seine Talente. Trolls besondere Aversion, was ihn betraf, entzündete sich nicht daran, dass er offensichtlich genauso exzentrisch wie intelligent war. Dieser Faktor war nicht entscheidend. Was sie erboste, war seine Präsenz. Seine *Erscheinung* erinnerte sie unangenehm daran, dass in ihrem Herrschaftsgebiet auch Exoten lebten, die sich nicht ganz unterwerfen ließen.

Mein exzentrischer Kollege war bereits seit seinem 16. Lebensjahr Mitglied der VDP; jenseits der VDP gab es kaum etwas, das er gelten ließ. Seine Jugend, seine ganze Sozialisation und der unerquickliche Auftakt seiner mittleren Jahre folgten einem radikalen Muster: Alles war Teil der Partei, nichts existierte ohne Bezug zu ihr. So intelligent er war, so wenig war er fähig, Positionen einzunehmen, die von jenen *seiner* Partei abstrahierten. Sein Blick war hermetisch, sein Leben war hermetisch, seine Möglichkeiten auf das begrenzt, was der Partei sinnvoll erschien und ihr nutzte. Sehr wahrscheinlich wusste Karl, dass er sich ohne Notwendigkeit zu einem Parteieunuchen kastrierte, der jenseits dieser Partei, ihrer Fraktionen und Institutionen, keine Zukunft hatte. Vielleicht, dachte ich mir, als ich ihn eine große Portion Moussaka in Windeseile vertilgen sah, auf die sein gelocktes, tiefschwarzes Haar mit jeder Bewegung Schuppen rieseln ließ, liegt in dieser Begrenzung seine einzige Freiheit. Die Jugend dieses zumindest numerisch noch jungen Mannes hatte sich längst verbraucht und diese Jugend war gewiss kein Spaß gewesen.

Karl gefiel sich darin, seine Ausführungen grundsätzlich mit rüden Aussagen zu interpunktieren: „Ficken, saufen, scheißen, schlafen ist die ganze Philosophie, die ich gelten lasse. Alles andere ist leeres Geschwätz." Es musste ihm in seiner Kindheit viel Übles widerfahren sein. Mir schien, als fühle er sich ständig gezwungen, die fiesen Attacken und Herabsetzungen, die er gewiss als kleiner, unsportlicher Klassenprimus erlitten hatte, auf diese Weise noch Jahre später zu kompensieren.

Sein Auftreten war immer darauf ausgerichtet, männlich-martialisch zu wirken. Alles, was er tat und gestenreich sagte, war eine seltsame Synthese aus proletarisch inszenierter Wut und tuntiger Empörung. Wie viele Menschen, die selbst im Zenit ihrer Jugend dem medial inszenierten Ideal des Verführers nicht im Ansatz entsprechen, litt er unter der Gewissheit, dass jenseits gewöhnlicher Gespielen keine Verheißungen auf ihn warteten.

Sobald das Gespräch auf Familie, Frauen und Kinder kam, endete bei ihm jedes Verständnis und er mutierte zu einem männlichen Wiederkehrer Tamara Trolls. Als er erfuhr, dass eine seiner Kolleginnen es wagte, drei Tage von der Arbeit fernzubleiben, weil ihre Großmutter verstorben war, empörte er sich heftig und nannte sie eine sentimentale Kuh: „Nur, weil die greise Omi stirbt, muss man sich nicht so haben. Naja, Frauen sind eben gern ein bisschen betroffen. Oder sie haben ihre Tage. Oder Migräne. Oder Verstopfung. Oder noch Schlimmeres." Sein Lachen klang böse, neidisch und sehr gehässig.

Er ertrug es nur schwer, dass andere Menschen einen engen Bezug zu anderen Menschen hatten, die nicht dem gänzlich banalen, von ihm oft beschworenen Muster folgten. „Jeder braucht Sex. Liebe braucht keiner", diesen Satz ließ Karl bei jeder Gelegenheit fallen. Nach dem Essen ergänzte er gern noch: „Sex ist nahrhaft. Nahrungsaufnahme ist auch nur Sex mit Messer und Gabel." Diese Weisheit gab er auch jetzt zum Besten.

Gabriel, ein anderer Kollege, der ihm gegenübersaß, schluckte heftig; er verzichtete jedoch darauf, sich auf Karls Polemik einzulassen. Man spürte, wie sehr es ihm widerstrebte, mit Karl an einem Tisch zu sitzen. Karls ganzes Gehabe war Gabriel unangenehm. Er mochte weder anzügliche Scherze, noch hatte er Freude an den Sticheleien, die Karl an jeden adressierte, der sich in seiner Nähe aufhielt und hierarchisch den gleichen Rang einnahm. Auch die Sekretärinnen waren chancenlos und wurden von ihm sprachlich gegeißelt. Nur bei Abgeordneten war er höflich, bis hin zur Servilität, und immer bemüht, sich nützlich zu machen.

Als dienstbeflissener Gardist der zweiten Reihe in seiner Fraktion war er zu allem bereit. Er unterstützte die Abgeordneten mit der Zuverlässigkeit eines Schweizer Uhrwerks, erledigte alle Aufgaben mit Akribie und Präzision und war auf verwirrende Weise dankbar, dass sie ihn unablässig mit Aufgaben traktierten. Karl war fraglos einer der fleißigsten Mitarbeiter, die sich denken lassen, und dennoch kümmerten *seine* Belange niemanden.

Hatten andere Berater und Referenten einflussreiche Unterstützer, so wurde Karl von niemandem protegiert. Als trage er um seinen knochigen Hals ein Schild mit der Aufschrift „Paria. Bitte beachten Sie mich nicht. Mein Anblick könnte Sie beleidigen.", war er auf sich allein gestellt und lebte in der äußersten Peripherie der Macht.

Während seine Kollegen im Jahresturnus je eine Stufe avancierten, wurde er bei allen Beförderungen übergangen. Selbst obligatorische Sonderzuwendungen blieben ihm verwehrt. Jeder seiner Kollegen erhielt, spätestens zwei Jahre nachdem er den Galeerendienst in der Fraktion begonnen hatte, den heiß begehrten Beamtenstatus. Karl jedoch wurde nie in Betracht gezogen. Er war allgegenwärtig, nahezu unersetzbar und ein arbeitswilliger Diener seiner Abgeordneten, doch keinem von ihnen gedanklich präsent. Keiner der Abgeordneten erinnerte sich an ihn, hob die Hand und sprach seine Namen, wenn es galt, verdiente Mitarbeiter für ihre Leistung zu honorieren. Er war ein *unersetzbarer Niemand*, der jeden ersetzen konnte, doch niemanden fand, der sich für ihn verwenden wollte.

Galt für jeden seiner Kollegen das Senioritätsprinzip, blieb ihm nur der berechtigte Kummer, immer am Ende der Schlange zu stehen und just dann, wenn er die Kasse schließlich erreichte, erleben zu müssen, dass sie vor ihm geschlossen wurde. Seine Wünsche lagen auf dem Förderband einer Einkaufskasse, die für ihn niemals geöffnet haben würde.

Karl trug schwer an dieser Zurücksetzung, hielt jedoch still, weil er wusste, jeder Anflug von Rebellion würde sich am Ende nur gegen ihn wenden. So gab er sich damit zufrieden, in seinem lokalen Umfeld eine fragwürdige Berühmtheit zu erlangen. Er wurde zu einer belächelten Kuriosität seines Viertels und begann sich damit zu arrangieren. Bisweilen, wenn er nur noch nach Nähe gierte, vergaß er selbst seine sexuelle Orientierung und schenkte der ewig koketten, wenn auch schon welken Apothekerin aus dem Nebenhaus eine Schäferstunde, und sie, ganz Dame von Welt, revanchierte sich mit Gebäck und Zärtlichkeiten.

An manchen Tagen wucherte seine Einsamkeit über ihn hinweg wie ein hässliches Ekzem, das keine kurative Behandlung erlaubte. Seelischer Grind, dachte Karl traurig, lässt sich nicht therapieren. Wer ihn beseitigt, bahnt nur neuen Schmerzen den Weg.

Karl war längst nicht mehr wählerisch und er schämte sich dessen nicht. Wenn sich etwas am Rande ergab, sagte er niemals nein. Die Resonanz fast jedes Körpers war ihm willkommen. Körperliche Nähe ließ seine Zweifel ein wenig verstummen. Karl hatte keine Vorlieben. Was er wollte, war Nähe, nicht Einvernehmen. Er störte sich nicht daran, wenn ein anderer Körper den seinen benutzte. Woran ihm lag, war sich selbst der eigenen Libido zu versichern. Liebhaberqualitäten zu entfalten, hieß für ihn, legitimiert und am Leben zu sein. Karl lebte kein gutes Leben. Karl lebte das Leben eines intelligenten Narzissten, der wusste, dass alles, was ihn begehrenswert machen mochte, niemandem sichtbar war.

Das Generationenhaus, in dem er ein kleines Apartment bewohnte, war weder ein Zuhause noch ein Ort großer Freundschaft, es war in der Summe nichts weiter als der Wohnort mehrerer Männer und Frauen, die nicht recht wussten, wozu sie taten, was sie taten, und wofür und wozu sie morgens das Haus verließen. Nicht nur das einte sie mit dem Rest der Menschheit. Ihre Latenz, sich immer wieder gegenseitig darin zu bestätigen, nur ihre Art zu leben, garantiere ihnen Unabhängigkeit, Freiheit und Glück, ließ erkennen, wie groß ihre Angst und Unsicherheit waren, das *richtige Leben* zu versäumen. Das *richtige Leben* war für sie, wie für viele in unseren Tagen, eher eine abstrakte Größe und weniger ein Konkretum.

Wer keinen Zugang findet zu seinem Leben, wird zum schlimmsten Denunzianten seiner selbst. Das Geheimnis – den Ursprung – eigener Wünsche und Leidenschaften zu schmähen, verstümmelt jeden von uns, ganz gleich, wie jung oder alt wir sind. Nur gequälte Seelen leugnen *aus Scham* ihre wahre Natur und verbreiten stattdessen *aus Trotz* pervertierte Abbilder ihrer Persönlichkeit. Karl war sich seiner Schwäche bewusst, doch er konnte sie nicht bekämpfen.

Gabriels reservierte Haltung, was Karl betraf, erklärte sich vielleicht daraus, dass er vieles von dem, das Karls Leben zerstörte, intuitiv erfasste; auch ohne die Fakten zu kennen, war ihm Karl *per se* unangenehm. Wenn der Zufall es einmal wollte, dass er mit Karl bei Tisch zusammensaß, hüllte er sich in Schweigen und versagte sich selbst den kleinsten Kommentar.

Mit gerunzelten Brauen hatte er Karl während des Essens zugehört, ganz so, als konzentriere er sich auf eine Stimme hinter Karls Stimme, die jene Dinge sagte, die Karl häufig fühlte, doch niemals sagen würde. Jetzt, am Ende des Essens, brach Gabriel, entgegen aller Gewohnheit, sein Schweigen. Gabriel räusperte sich mehrmals. Es widerstrebte ihm sehr, in größerer Runde zu sprechen. Schließlich sagte er, leise, doch gut hörbar für alle:

„Wer immer schockieren will, beschämt am Ende nur sich selbst, und das ist wohl kaum, was du möchtest, nicht wahr?" Gabriel hatte, wie es schien, einen neuralgischen Punkt getroffen. Karl, der sonst immer eine Antwort *ad hoc* parat hatte, schaute Gabriel mit verengten Augen an, als erwäge er kurz, ob ihm hier, für alle Beteiligten unerwartet, ein ernstzunehmender Gegner entstehen könnte.

Richard und Thomas, zwei andere Kollegen, die mit uns am Tisch saßen und bislang, in ein Gespräch über Besoldungsstufen vertieft, wenig Anteil am üblichen Essens-Smalltalk genommen hatten, wurden auf den schwelenden Disput aufmerksam. Sie setzen sich in Positur und gaben damit Karl den Appell, seinen Konter zu fahren.

„Wer sagt, dass ich provozieren möchte, Schätzchen?", erwiderte Karl feixend und begann zu sticheln: „Seit wann bist du geistreich? Ein Jemand wie du, lieber Gabriel, tut gut daran, nicht vorlaut zu werden." Karl genoss seine Bosheit. Gabriel war für ihn, daraus machte er nie einen Hehl, die personifizierte Langeweile. „Mein Guter, dir fehlt es an Phantasie, und Ironie ist nun wirklich nicht deine Stärke." Karl grinste hämisch, als er Gabriel weiter, die Stimme hebend, attackierte: „Du bist ein braver Familienvater, also verhalte dich auch wie ein solcher. Benimm dich und vergiss nicht, wo dein Platz ist." Viele im Speisesaal hatten aufgehört zu essen, blickten zu unserem Tisch, begierig auf einen Skandal oder auch nur erstaunt, dass ihr routinierter Speiseverzehr eine lärmende Note erhielt.

Gabriel wurde bleich. Unter seinen leicht gebräunten Wangen – er unternahm viel mit seinen Kindern im Freien – verlor sich jede Farbe. Mit einer kurzen, konzentrierten Bewegung brachte er seinen Mittelscheitel in Ordnung, schluckte mehrmals heftig – sein Adamsapfel trat merklich hervor –, schaute halb zornig, halb mitleidig in Karls triumphierendes Gesicht, und sagte nur einen Satz – einen *vernichtenden* Satz, der keine Antwort erlaubte, weil er

76

Frage und Antwort umschloss: „Wer wäre mehr zu bedauern als ein Zyniker, der die Menschen verachtet, weil sie ihn nicht lieben?" Gabriel hatte, in einem hellen Augenblick, Karls Lebensmisere mit wenigen Worten erfasst. Das ganze heimliche Elend eines Menschen war öffentlich und dieser Mensch sich selbst übereignet worden.

Ecce homo, dachte ich, betroffener als mir lieb war, das ist ein *Ecce homo*-Erlebnis, wie Nietzsche es meinte, als er den Messias im Menschen, den Menschen in Gott und Gott in der Welt verloren gegeben hat.

Karls Gesicht verwandelte sich in eine ausdruckslose Maske, die nicht verbergen konnte, wie sehr ihn Gabriels Analyse getroffen hatte. Als habe sich ein Glas klaren Wassers in grauen Schlamm verwandelt, verfinsterten sich seine Züge, und seine sonst grauen Augen wurden schwarz wie Graphit. Beiden schien klar geworden zu sein, was hier geschah, beide wussten, ab jetzt würde nur mehr Aversion und der Wunsch, dem anderen, koste es, was es wolle, zu schaden, ihr Verhältnis bestimmen. Gabriel wusste es, Karl wusste es, ich wusste es, und Gabriel und Karl wussten, dass ich es wusste.

Bislang hatte ich mich zurückgehalten, nichts gesagt und mit heiterer Gleichmut eine Portion ölgetränkter Spaghetti Frutti di Mare zur Hälfte verspeist. Mein Hunger hatte längst vor dieser grausamen Kantinenpasta kapituliert. Wer immer den Fraß autorisierte, schien wild entschlossen, dieses Land in eine kulinarische Diaspora zu verwandeln. Wie üblich in schlechten Großküchen hatte der Koch, um die Sauce zu binden, *Mondamin* verwendet. Er hatte es unkontrolliert dosiert und in seiner finsteren Alchemistenküche mit einer Instantbrühe vermengt, die nicht nur abscheulich roch, sondern unfassbar salzig war. Bereits im ersten Anlauf wurde jeder Geschmacksnerv zerstört.

„Wusstet ihr, dass in Sommernächten Milch in einer Sekunde die Konsistenz wechseln und zu Sauermilch gerinnen kann?" Meine

77

Frage kam aus dem nichts; sie erfüllte ihren Zweck, indem sie Karl und Gabriel verwirrte; beide verstummten. Das gab mir Gelegenheit, Zeit zu gewinnen und weiter zu plappern: „Doch auch Sauermilch ist genießbar." Ich lächelte vage, ehe ich unbedarft ergänzte: „Gekühlt ist Sauermilch ein Genuss. Natürlich ist das eine Geschmacksfrage. Jeder hat seine eigenen Vorlieben."

Karl und Gabriel durchschauten meine allzu offensichtliche List, von ihrem Konflikt abzulenken. Sie verübelten mir nicht, was ich tat, sondern nahmen den Spielball dankbar auf, um die Situation zu beruhigen. Beide wussten, der Eklat war bereits groß genug; ihn zu forcieren, bestand keine Notwendigkeit. Der Bruch war vollzogen, eine Versöhnung weder wahrscheinlich noch erwünscht. Ihre Beziehung, das wussten sie beide, würde künftig Sauermilch sein. Jeder Hauch von Sympathie war zu Antipathie vergoren und damit mussten sie leben.

Da beide jedoch ihr Leben der VDP verschrieben hatten, würden sie dieses Opfer zähneknirschend bringen. Was sonst wäre ihnen geblieben? Jenseits ihrer Bunkeranlagen aus Parteiräson und Opportunismus wartete niemand, auf den sie vertrauen und hoffen durften. Sie waren, wo sie waren, weil es sie nach nichts anderem verlangte.

Heute weiß ich, die Vorlieben eines Menschen folgen keiner Logik des Intellekts, sie sind das Ergebnis seiner Affekte-Logik. Wer das weiß, versucht nicht länger, Menschen für überlegte Handlungen zu begeistern. Wessen Freiheitsbegriff sich über Begrenzungen definiert, ersehnt keine Befreiung, sondern die Beibehaltung des Status quo.

Hölderlins Traum von Freiheit scheint einzig jenen „ein Ziel, aufs innigste zu wünschen", die in der Brigade des Alltags ihre Schritte nur schwer im Rhythmus der anderen setzen können. Dem gut versorgten Sklaven hingegen gebricht es an nichts. Er hat kein Verlangen, den Takt zu verlassen, den ihn die Mächtigen lehren. Nur, wen die kollektiven Regeln bestrafen, in Armut und Elend stürzen und jeder Hoffnung berauben, erhebt seine Stimme und rebelliert. Die VDP schätzt zufriedene Sklaven und Sklavenhalter. „Wer seinen Wert kennt, kennt seinen Platz. Wer seinen Platz kennt, kennt seine Stellung und seine Pflicht. Wer seine Pflicht kennt, ist erst produktiv und dann sozial", las ich unlängst in einem Online-Forum der VDP, die „europäische Werte vermittelt". Als ich es las, verlor sich rasch das ironische Lächeln in meinem Gesicht. Jeder Automatismus hat seine Grenzen, selbst ein Lächeln.

Wer sich dem Denken der Paten perfider Freiheitsbegriffe nähert, erkennt recht schnell, welche Angebote hier unterbreitet werden. Marlon Brandos schleppende, rauchige Stimme des *Godfather* ist dann zu hören, die von Angeboten spricht, die abzulehnen jedem ängstlichen Menschen unmöglich erscheint.

Die VDP ist, wie jede Organisation egozentrischer Materialisten, in nichts von Bedeutung, doch in allem eine Gefährdung für jene, die nicht ihrer Kaste angehören.

13. Landespressekonferenz

86 Journalisten und 50 Zaungäste – Pressesprecher, parlamentarische Berater und Politikreferenten, aber auch Lobbyisten, Studenten und Abiturienten – hatten wieder einmal, unweit des Landtags, im Saal der Landespressekonferenz Platz genommen.
Die Luft war wie immer verbraucht, denn nur die Oberlichter ließen sich öffnen; von hässlichen Schlieren entstellt, höhnten die großen Fenster ihrer Funktion. Weder Licht noch Luft drang in ausreichendem Maß nach innen. Jeden Mittwoch zu früher Stunde versammelte sich hier das politische Fußvolk, um den Ausführungen eines Ministerpräsidenten zu lauschen, dem es in wenigen Jahren gelungen war, davon abzulenken, medioker zu sein. Sein telegenes Halbwissen, sein präsidiales Gehabe und Kokettieren hatten ihm gute Dienste geleistet. Nichts echauffierte Tamara Troll mehr als der präpotente alte Mann, dessen Frisur an Hindenburg und dessen atonale Stimme an das Klangbild eines lungensüchtigen Kranken erinnerte. Der Ministerpräsident sprach eine unschöne Variante der heimischen Mundart, die jeden Vokal langsam und träge zerrieb und dazu tendierte, in ein verwaschenes Klangbild abzugleiten. Dieser Malus hatte sich rasch zu einem Vorzug verwandelt, dem der Ministerpräsident auch seine Volkstümlichkeit verdankte. Lange Zeit hatte er gegen seine Stimmprobleme gekämpft und versucht, Kehlkopfleiden und Dialekt etwas einzudämmen. 30 Jahre Sprachunterricht hatten jedoch kein Ergebnis erzeugt, das sich hören ließ. Mit ähnlichem Erfolg hätte ein Blinder die Farbenlehre erlernt und impressionistische Bilder gemalt. Doch ab und an werden selbst Makel zum Segen und verleihen *Persönlichkeit*.
Sein Name – Gernot Habedank – setzte seiner *kuriosen* Persönlichkeit die Krone pietistischen Elends auf. Habedank war dort angekommen, wo anzukommen er nie erträumt hatte.

Sein Beamtenstand – Habedank hatte 15 Jahre als Sozialpädagoge in der Ausländerbehörde täglich von 8:00 bis 15:30 Uhr psychosoziale Beratung angeboten – gab ihm die Chance, sich ohne zeitliche Bedrängnis seinen politischen Leidenschaften zu widmen. Wann immer sich eine Gelegenheit bot, an Demonstrationen teilzunehmen, war Habedank an vorderster Front dabei. Sobald ein Pädagoge Beamter wird, definiert er selbst, wie viel Zeit er seinem Brotberuf widmet. Habedank war, im Gegensatz zu vielen seiner Kollegen, wild entschlossen, Beruf und Passion in einer gesunden Balance zu halten. Wichtige Gesellschaftsfragen waren für ihn keine Lappalie, sondern lagen ihm ernsthaft am Herzen. Seine Liebe zu Fauna und Flora war nicht geheuchelt und ein wesentlicher Stimulus für ihn, politisch aktiv zu werden. Habedank war einer der ersten gewesen, die für gläserne Mehrzweckflaschen geworben und den inflationären Gebrauch von Plastik verurteilt hatten. Diese sinnvollen Forderungen waren jedoch nur das Präludium für eine Karriere, die später weit weniger hehre Ziele verfolgen sollte. Kleine Biotope im ländlichen Umfeld waren ihm anfangs heilig gewesen, bis er, als guter Christ, erkannte, dass auch Automanager eine Seele besaßen, Vergebung und Nachsicht verdienten. Der schöpfungsliebende Ministerpräsident wurde, aus Gründen des Machterhalts, zum Beichtvater naturvergessener Manager. Seine Partei, die mit lächelnden Sonnen und trächtigen Kühen warb, verspielte zunehmend ihre Integrität; indem sie mit jenen fraternisierte, die kein Interesse an Umweltschutz hatten, wurden ihre oft bemühten Ideale zur Farce.

Dieser Ministerpräsident war nicht länger im Stand der ökologischen Unschuld; er hatte sich selbst verraten, für Status und Macht. Habedank hatte die Chance gehabt, dem Sternheimer Autofetischismus ein Ende zu setzen, doch je länger er regierte, desto mehr schwand auch der Wunsch, die Autokonzerne für ihren Betrug, ihre Machenschaften und Lügen zu sanktionieren. Er übte keine Kritik, er formulierte Appelle. Wenn ihn seine Partei an ihre

Programmatik der „klimaneutralen Mobilität" erinnerte, wurde er böse, empörte sich heftig und sprach von „Prinzipien der Wirtschaftlichkeit", die ein bürgernaher Regierungschef nicht leugnen dürfe.

Die Gründe waren simpel und für jedermann offensichtlich. Sternheims Reichtum verdankte sich seinen Autos. Wer es wagte, die Sternheimer Zukunft ohne das Auto zu planen, war eine *persona non grata* für diese Region autotreuer Pietisten.

Seit hundert Jahren scheffelten hier Konzerne Unsummen mit Autos, die jetzt jedoch keinen Absatz mehr fanden, weil „die Märkte gesättigt" und die Sternheimer Blechkarossen zu einem nutzlosen Relikt des letzten Jahrhunderts verkommen waren. Die Götterdämmerung der stinkenden Vehikel hatte längst eingesetzt, das Auto war zu einem lebensfeindlichen Anachronismus geworden. Wer das Auto noch wollte, verweigerte sich der Tatsache, dass es längst Alternativen gab, um es ökologisch sinnvoll zu ersetzen.

Habedank war das mittlerweile egal. Habedank war in andere Sphären enteilt. Er, der ständig erklärte, „praktizierender Humanist" zu sein – vorgeblich entspannte er sich an den Abendstunden mit der Lektüre von Vergil und Kant –, hatte für sich beschlossen, „die Menschen dort abzuholen, wo sie sind". Die Menschen abzuholen, wo sie sind, bedeutet in der Politik nichts weiter, als sie selbst am Tag der Apokalypse glauben zu lassen, alles sei in Ordnung. Habedank gelang das in Perfektion und er bediente sich dieser Gabe mit großem Erfolg. Tamara Troll verabscheute Habedank für dieses Talent fast noch mehr als für seinen Erfolg. Das wurde immer dann offensichtlich, wenn ich Troll landespolitische Themen rapportierte. Bisweilen verharrte ich für zwei, drei Minuten vor ihrem Schreibtisch und informierte Troll in kargen Worten darüber, welche Volte Habedank sich hatte einfallen lassen, um die nachrichtenhungrige Welt der Medien mit *exklusiver* Nahrung zu versorgen. Kieferknirschend und kommentarlos nahm sie meine Berichte entgegen. Ab und an knurrte sie etwas Unverständliches oder bellte mit ihrer unschönen Stimme Sätze wie: „So ein Dreck" oder, an besseren Tagen, „Habedank könnte auch nackt vor der Menge tanzen, sie würde ihn feiern". Troll wusste, gegen Habedank kam niemand an. Mit ihrer ungeliebten VDP hatte sie dem beliebten Ministerpräsidenten ohnehin nichts mehr entgegenzusetzen als Orwellsche Hass-Botschaften. Immer, wenn ich diese kurzen Zwischenspiele in Trolls Nähe hinter mich gebracht hatte, war ich dankbar, dass Troll kein Potential besaß, um mehr zu sein als ein kleiner, ewig bellender Kläffer der Opposition. Tamara Troll würde es nie vergönnt sein, am Karneval der Großen Tiere mitzuwirken. Der finstere Gedanke, Troll könnte, wider Erwarten, Einfluss auf die Geschicke des Landes nehmen, war eher unrealistisch. Was aber ließe sich heute noch sicher ausschließen? Die USA geben ein schmerzliches Beispiel dafür, dass auch das Undenkbare Realität werden kann. Noch schien eine vergleichbare Konstellation für Sternheim undenkbar. Habedank mochte unfähig, prätentiös und eitel sein, doch würde er niemals ähnlich abstoßend sein wie die Trollsche Koboldsfrau, deren Hass auf die Menschheit so krankhaft wie manisch und damit unheilbar war.

14. Trolls Hass

Trolls Hass auf die Menschen war für jeden offensichtlich. Ihre Unfähigkeit, Menschen für sich zu begeistern, war so wenig therapierbar wie ihre Obsession, Machiavellis Ideal zu leben, das sie ohnedies nie verstanden hatte.

Machiavellis „Il Principe" – ein elaborierter Handlungskodex für Renaissance-Fürsten, der darüber informiert, wie skrupellose Despoten ihren Machtansprüchen Geltung verschaffen – ist Ausdruck höchster, da sublimer Ironie.

Cesare Borgia, Papst Alexander VI. ehrgeiziger Sprössling, der sich zur Entstehungszeit jenes Buches anschickte, König von Italien zu werden, war klug genug, das zu durchschauen. Er war aber auch klug genug, Machiavellis Hinweise ernst und wortwörtlich zu nehmen. Cesare wusste besser als jeder andere, dass in einer gewaltsamen Welt nur jene das Sagen haben, deren Gewalt keine Grenzen kennt.

Machiavelli jedoch war heimlicher Republikaner und lehnte jede Form autokratischer Willkür ab. Als ein Günstling bei Hofe lebte er in beständiger Angst, seine Apanage zu verlieren, und bediente sich jedes Mittels, an Gelder zu kommen. Dennoch blieb er sich treu und verfasste, was er verfasste, mit dem klugen Kalkül eines Politikconnaisseurs, der selbst jene Dinge, die ihm widerstreben, zu nutzen weiß. „Il Principe" war nur die ironische Coda für sein großes symphonisches Werk „Discorsi", mit dem er daran erinnert, dass in einer gesunden, lebendigen Republik alles zum Wohle des Volkes zu geschehen habe.

Legitime Herrschaft ist für Machiavelli nur dann gegeben, wenn die Freiheit des Bürgers nicht Schaden nimmt. Einzig, was sich der Tugend des Bürgers verdankt, kann und soll als Staatsform überdauern. Nicht umsonst verehrte Machiavelli die Römische Republik.

Machiavellis Geschichte, seine Persönlichkeit, seine Philosophie und sein Handlungsmotiv, waren Tamara Troll jedoch nicht vertraut, und selbst wenn, sie hätte alles ignoriert, doch, anders als Cesare Borgia, ohne zu lächeln.

Trolls Einfluss reduzierte sich auf die Orts-, Bezirks- und Kreisvorstände ihres Wahlkreises, der, Passenderes schien undenkbar, in einer der scheußlichsten Kleinstädte lag, die je auf dem Reißbrett stumpfsinniger Architekten ersonnen wurde. Troll war Cesare Borgia nur in einer Beziehung geistesverwandt: Beide liebten die Konfrontation und hassten den Frieden.

Tamara Trolls Naturell versteht nur, wer akzeptiert, dass unser Wahlsystem eher Menschen in Land- und Bundestag schwemmt, die sich von Natur aus, Meter um Meter, Tag für Tag, gefühllos allem verschließen, was schön und bedeutsam ist.

Die Tamara Trolls dieser Welt sind egozentrisch, boshaft und asozial und damit prädestiniert, im ländlichen Umfeld politisch Karriere zu machen – in den nachgeordneten Rängen, wo die Möglichkeiten tatsächlicher Einflussnahme limitiert sind.

Troll und Regierungsverantwortung wäre eine *unheilige Allianz*, die selbst Troll nur schaden würde. Trolls gesamte Persönlichkeit ist auf „Contra" und Destruktion programmiert. Troll könnte nie etwas gestalten, das keinen größeren Schaden nach sich zöge und gut für die anderen wäre. Im Bundestag wäre Troll nichts weiter als eine kuriose Fußnote, eine Hinterbänklerin, die, grollend und maulend, die Tage damit verbrächte, ihre Sekretärin Mores zu lehren.

15. Social Media

Trolls Auftreten war eine stete Folge gescheiterter Instagram-Fotografien. Eine Agentur hatte ihr geraten, ihrer Persönlichkeit „mehr menschliches Kolorit" zu verleihen und so trug Troll jetzt Blusen mit bunten Bordüren, in der Hoffnung, jemand würde diese „amüsante Eigenart" als Ausdruck „charmanter Exzentrik" begreifen.

Jeder ihrer Tage unterteilte sich in fotografisch dokumentierte Besuche mittelständischer Handwerksbetriebe, Heimwerker- oder Supermarkt-Eröffnungen, Kreis- und Bezirksvorsitzenden-Spektakel und anderer Events, die dem Betrachter vermitteln sollten: ‚Ich bin überall und ich bin immer in Aktion.'

Unerbittlich zwang sie ihre Referenten, fortlaufend Fotos zu machen, die bei Instagram und Facebook mit Texten veröffentlicht wurden, die einem 20-jährigen Menschen vorkommen mussten, als wolle Frankensteins Monster einem *Versace*-Model den Rang ablaufen: „Heute im Germsbacher Seniorenabend dabei: Müssen den Roten klarmachen, wie Rente geht" oder „Ausfahrt Maulendorf muss geschlossen werden. Lärm an A 199 darf nicht sein. Bürgerrechte vorn". Die Bild-Text-Attentate waren noch provinzieller als die Trollsche Unart, beim Essen den Arm schützend um ihren Teller zu legen, als habe sie Angst, ihre Speisen könnten ihr streitig gemacht werden.

Als ich junge Menschen bat, Trolls Erscheinungsbild – ihre *Performance* – bei Instagram zu bewerten, erhielt ich von einem 17-jährigen Jungen folgende Antwort: „Die Frau ist ein hartes Opfer. Sie wirkt wie Pinocchio auf Droge und hardcore aggressiv. Ein Account für Sadisten vom Dorf. Und warum grinst sie immer so pervers? Selbst vor einer Schweineschlachterei feixt sie dich übel an. Ist die Frau noch ganz dicht? Alle Latten am Zaun hat sie jedenfalls nicht. Diese Alte ist völlig kaputt." Diese Bewertung unter schied sich nur graduell von vielen anderen, die alle dem gleichen Tenor folgten.

Troll jedoch hatte kein Interesse an objektiven Wahrheiten; sie mit solchen Aussagen zu konfrontieren, hätte nichts geändert. Troll lebte ihre ganz eigene, psychotische Wahrheit, und ich sah keine Veranlassung, sie darin zu stören, schließlich war ich bei der VDP, um zu lernen, welche Verhaltensweisen für Politiker charakteristisch waren.

Wer für Troll arbeitete, bedurfte guter Argumente, um sich ihrer Willkür länger als eine Stunde auszuliefern. Meine Vorgängerin hatte über drei Jahre an ihrer Position festgehalten. Obgleich sie Tag um Tag neue Demütigungen erfahren musste und nie den Eindruck gewann, *erwünscht* zu sein, war sie geblieben. Diese Frau hatte alles, auch die infamsten Beschimpfungen, ertragen. Ohne zu murren, ergeben und stumm, hatte sie die verbale Peitsche ihrer Domina erduldet, ihr grau meliertes Haupt gebeugt und, die Augen starr auf den Boden gerichtet, bei ihrer Abschiedsfeier erfahren, dass für sie kein Grad der Unfähigkeit existiere, den sie nicht zu erreichen imstande sei.

Einer meiner Vertrauten, ein kluger, wehrhafter Journalist, hat für dieses Verhalten ein Wort ersonnen, das das ganze Elend von Unterwerfung und Selbstverleugnung umschließt: *Devotionismus*. Wie sehr meine Vorgängerin das Prinzip des Devotionismus verinnerlicht hatte, lässt sich daran ermessen, dass diese Frau glaubte, es sei ihr mit Troll etwas Gutes widerfahren. Nachdem sie, in froher Erwartung ihrer Pension, endlich die Freiheit umarmen durfte, feierte sie nicht etwa ihre Rettung, sondern wurde sentimental. „Für Tamara Troll zu arbeiten, ist angenehmer, als man denkt. Troll ist eine faire Vorgesetzte", hatte sie mir wiederholt versichert, „und Troll ist verlässlich in ihrem Urteil. Sie straft nur, wenn sie muss." Meine Vorgängerin meinte, was sie sagte, meine Vorgängerin war, anders ließ es sich nicht erklären, ein masochistisch veranlagter Charakter, der genoss, was mich nicht mehr schlafen ließ.

Täglich hatte sie Sanktionen erfahren. Entweder, weil ihr Arbeitspensum nicht Trolls Erwartungen entsprach, oder weil sie, in einem Anflug von Nachdenklichkeit, manche Aussagen Trolls, die den Anstand verletzten, zu glätten bemüht war. Troll aber wollte keine Glättungen, Troll wollte immer die bedingungslose Attacke. An einem jener Tage, die Troll keine Möglichkeit eröffneten, sich mit boshafter Inbrunst über die Unfähigkeit ihrer parlamentarischen Konkurrenz zu ereifern, erhielt ich die Order von ihr, endlich alle kindlichen Rücksichten abzulegen und einen radikalen, *schneidigen* Ton bei meiner Arbeit anzunehmen: „Sie sind zu empfindlich. Werden Sie hart", ließ sie mich wissen, einmal mehr via E-Mail, und das, obwohl ich, nur zwei Meter von ihr entfernt, darauf wartete, mit ihr ein kurzes Gespräch zu führen. Troll war weniger unnahbar als vielmehr vollkommen unfähig, mit Menschen zu sprechen.

16. Kollegiale Niedertracht

Bei einem Messebesuch zu Tourismus und Reisen erteilte mir Troll eine Lektion, die ich nie vergessen sollte; ihr praktizierter Alltagsirrsinn enteilte in eine Sphäre fernab meiner Vorstellungskraft. Mit finsterer Miene stakste Troll über das große Ausstellungsgelände, unermüdlich, von Stand zu Stand, ohne uns einen Augenblick der Besinnung zu gönnen. Wo immer sie kurz verharrte, reichte sie jedem die schweißige Hand, schnarrte eine herzlose Plattitüde und ließ – das eigentliche Ziel ihres Gastspiels – eine Foto-Story für Instagram machen. Ohne einen Gedanken auf die Szenerie zu verwenden, raunzte sie ihre Befehle und erhielt, was ihr entsprach. Auf den meisten der Bilder grinste sie gequält, als werde sie eben gezwungen, den Ministerpräsidenten zu bewerben. Sie posierte, lustlos und bar jeder Eleganz, unter zahlreichen Firmenlogos; es war, für jeden ersichtlich, ein Desaster. Als gelte es, hier und heute, um jeden Preis, die Hoffnung, Reisen sei schön, zu zerstören, drängte sie sich durch die Gänge der Messehalle, auf der Suche nach dem *einen*, dem *alles erklärenden* Bild. Selbst naive Menschen konnten sich nicht des Eindrucks erwehren, Tamara Troll leide an einer psychischen Störung. Weniger naive Menschen erkannten sofort, wie tief diese Störung reichte. Troll, das stand außer Frage, war ein *unguter* Mensch, mit Händen, die sie verrieten. Diese talgigen Frauenhände, deren Finger sich kaum unterschieden, waren, das Deutsche hat bisweilen wunderbare Vokabeln, *ungeschlacht*. Alles an Troll war ungeschlacht. Weder physisch noch psychisch hatte Troll eine gesunde Entwicklung genommen. Jede ihrer kantigen Bewegungen offenbarte einen schamlosen Charakter. Ihr Lachen erinnerte an den spröden Klang einer Totenglocke; wer es hörte, wünschte sich weit entfernt zu sein.

Troll lebte ohne jedes Korrektiv. Soziale Degradierung, Ruin oder Armut waren für sie nur abstrakte Größen, die sie nicht fürchten musste. Ein unverkennbares Element jeder gehobenen Beamten-existenz ist die Gewissheit, existentieller Sorgen enthoben zu sein. Vielleicht fabulierte sie deswegen vorzugsweise von ökonomischen Sachzwängen, „die unsere Gesellschaft besser und effektiver machen". Jeder müsse, ließ sich Troll oft vernehmen, mehr Verantwortung übernehmen.

Sie selbst war es, die das Programm ihrer VDP in einer Rede im Landtag, drastisch und unverblümt, resümierte: „Wer nach staatlicher Unterstützung schreit, sollte sich fragen, ob er selbst genug getan hat, um sein Problem zu lösen. Man kann mit sehr wenig Geld sehr viel bewirken. Das dürfen wir nicht vergessen. Auch die Arbeitslosen nicht. Armut ist keine Krankheit, sondern ein Zustand. Und Zustände lassen sich ändern. Individuell, nicht kollektiv. Daran sollten wir uns erinnern, ehe wir die Steuergelder erfolgreicher Bürger dafür verschwenden, Hartz IV-Sätze anzuheben oder Respektrenten zu verteilen. Das ist weder gerecht noch sinnvoll. Es schadet unserer Gesellschaft, schwächt finanzstarke Konsumenten und damit die Wirtschaft. *Vermögen und Produktivität* sind untrennbar verbunden. Sie müssen gefördert werden. Almosen zu verteilen, schenkt nur dem Prekariat neuen Zuwachs. Sozialhilfe schadet dem Staat und zerstört die Fundamente unserer nationalen Produktivität."

Troll liebte es, sich im Plenum reden zu hören. Die Armen liebte sie nicht, oder, um es neutraler zu formulieren, die Nöte der Armen hatten in ihrem Leben keinen Platz. Sie waren ihr gleichgültig. Sie sah sich als Großinquisitor und Bannerträger einer notwendigen Gegenreformation im Sozialstaat. Nur jene, die etwas hatten, sollten alles behalten. Wer nichts hatte, sollte auch niemandem zur Last fallen. Wer reich war, hatte es verdient. Wer arm war, hatte die Konsequenzen zu tragen, ruhig und ohne nach Hilfe zu greinen. Calvin war, ohne dass Troll es wusste, immer in ihrem Kopf.

90

Nur, wer eine Beamtensozialisation erfahren hat, weiß, dass für Staatsdiener, die ein politisches Mandat erhalten, jedes Mitgefühl erlischt. Wer sich nicht darauf berufen kann, ohne Gedanken an Geld und Gehalt angstfrei zu leben, wird bei Troll vergeblich Verständnis suchen.

Troll war von der Schule über die Verwaltungsakademie in eine Landesbehörde gekommen, wo sie Verwaltungsaufgaben wahrnahm. Weil ihr pathologischer Ehrgeiz dort viel zu viel Spielraum und Zeit erhielt, hatte sie schließlich politisch reüssiert und im Landtag ein Plätzchen errungen, das sie nie wieder preisgeben sollte. Nun, im Zenit ihres Schaffens angekommen, schwadronierte sie von Wirtschaft, Industrie und Handwerk, ohne je einen Arbeitsplatz gesichert, geschweige denn geschaffen zu haben. Ihr Verdienst war es, immer wieder daran zu erinnern, dass sie daran erinnert hatte, dass es Wirtschaft, Industrie und Handwerk gab. Davon abgesehen war Troll bekennende Trollianerin. Eine andere Kaste ließ sie nicht gelten. Vermutlich fiel es ihr sogar schwer, ihre eigenen Kinder nicht als lästige Konkurrenz zu betrachten, die ihr das Anrecht auf ihren Mann streitig machten. Das mochte makaber klingen, entsprach aber der Wahrheit. Troll kannte nichts außer Troll und ihre Vasallen hielten es ähnlich. Auch sie lebten das Dasein verbeamteter Ignoranz und konzentrierten sich ganz auf sich, ihr persönliches Interesse und die Möglichkeit, fettere Staatspfründen zu erobern.

Der Staat, scheint es, ist ohnedies gut zu den Skrupellosen und Opportunisten. Er verhält sich wie ein riesiges Schwein, das kein Interesse daran besitzt, schlanke, wendige Eber um sich zu scharen, die – aus Ambition oder Langeweile – damit beginnen könnten, seine Alpha-Stellung in Frage zu stellen. Die Franzosen hatten im 18. Jahrhundert einmal getan, was sonst nie geschieht: Das Staatsschwein wurde geschlachtet, die Profiteure von gestern aber verloren mit ihren Privilegien auch ihren Kopf, im gegenständlichen Sinn, nicht metaphorisch, moralisch oder auf andere Weise abstrakt.

Die *Grande Révolution* ist noch immer ein Menetekel. Sie wirft ihren Schatten über die Jahrhunderte hinweg in unsere Gegenwart und erinnert daran, was es bedeutet, die Zäsur nicht nur zu denken, sondern mit kühner Geste zu setzen.

Robespierre, der in seiner „Unbestechlichkeit" maßlos eitle Vernunftapostel und Salonrevoluzzer, zeigte wenig Gnade, weder mit seinem König noch dessen Ständestaat. Der weiß bezopfte Jakobiner schuf ein bleibendes Beispiel dafür, was geschieht, wenn der Staat Einfluss verliert und die öffentliche Sphäre *vitalen* Kräften überlässt, die kein Interesse an Besitz oder Reichtum haben, sondern eine Verteilung organisieren, die den alten Eliten missfällt.

Gewitzt durch diese Erfahrung neigen heute nahezu alle Staaten – gleichviel, ob autokratisch oder demokratisch regiert – dazu, wichtige Funktionen phlegmatischen Männern zu übertragen, die für den Machterhalt ihrer Eliten hilfreich sind. Diese Lektion hatte Troll früh gelernt. Sie versicherte sich der Loyalität leidenschaftsloser Mitarbeiter, indem sie deren Karriere erheblich forcierte. Der Preis für diesen Akt der Protektion war beträchtlich. Lebenslange Loyalität, strikter Gehorsam und Selbstverleugnung wurden erwartet und sichergestellt. „Troll ist es letztlich egal, ob ihre Mitarbeiter besondere Fähigkeiten erkennen lassen. Solange sie ihr blind folgen, devot und fleißig sind, reicht das aus"; diese Erklärung erhielt ich von einem engen Troll-Protegé, der wie seine Herrin kein Problem damit hatte, die Trollsche Selektionsmaschine rücksichtslos in Gang zu halten. „Skrupel darf ein Troll-Berater nicht haben. Troll selektiert jeden, auf dessen Skrupellosigkeit sie sich nicht verlassen kann. Wer eine Überzeugung, Moral oder Prinzipien hat, ist chancenlos. Menschen mit Überzeugungen irritieren sie. Ich jedoch irritiere niemanden", resümierte Trolls Berater in trockenem Ton die Eignungskriterien für den idealen Troll-Mitarbeiter, sichtlich befriedigt, Troll mit nichts gegen sich aufzubringen. „Andere Kollegen, die weniger umsichtig sind, werden am Ende vergessen." Trolls Berater zog eine Grimasse und beendete das Gespräch abrupt mit einem unfeinen Geräusch.

Je klarer Beamte sich zu erkennen geben, desto mehr verliert sich die Illusion, ihr Status diente einem höheren Anliegen. Berufsbeamte wirken ab und an sogar freundlich, hilfsbereit und verständnisvoll. Manche von ihnen lassen uns glauben, sie seien harmlos, etwas zerstreut oder charmant aus der Zeit gefallen. In Wahrheit jedoch sind sie für jeden Nicht-Beamten eine Gefährdung. Hinter ihren Manieren verbirgt sich weder Anstand noch Skrupel, nur unerbittlicher Pragmatismus. Was und wer ihnen dient, wird genutzt, was und wer ihnen *nicht* dient, wird ausgeschlossen und unter Paragraphen, offiziellen Dekreten und Dienstvorschriften begraben. Vertreter dieser Beamtenkaste definieren Menschen über ihren Nutzen und *benutzen* sie ausnahmslos in ihrem Interesse.

Nach vollzogener Nutzung geben sie uns noch das unangenehme Gefühl, ein Kleenex zu sein, an dem jeder Schmutz haften bleibt. Es ist nahezu unmöglich, sich der klebrigen Freundlichkeit dieser Menschen zu erwehren. Die Art und Weise, wie Beamte nichtverbeamtete Kollegen *desavouieren*, hat in meiner Erinnerung – als Beispiel gelebter menschlicher Niedertracht – bis heute einen Ehrenplatz.

17. Danaergeschenke

Freuds Hinweis, kultureller Fortschritt gründe auf Triebverzicht und der Fähigkeit, Triebe zu sublimieren, ist ein hilfreicher Wegweiser für alle, die sich bemühen, im beruflichen Alltag zu überleben. Wer im Politikbetrieb arbeitet, sollte sich vor Kollegen hüten, die nur Extreme kennen. Solche Kollegen sind immer ein Abgrund für jeden, der ihnen Nähe gewährt. Meist trinken sie unmäßig viel in den Abendstunden, um die blasse Gestalt vergessen zu lassen, die sie tagsüber, vergraben in ihren Büros, Fachausschüssen und Gremiensitzungen, abgeben.

Derweil sie von 9 bis 17 Uhr diszipliniert ihre spröden Vermerke, Anträge und Dossiers erstellen, arbeitet ihr heimliches *Alter Ego* darauf hin, sich ab 17 Uhr in einem Alkoholexzess zu verlieren. Sobald der Griffel fällt, kehren sie heim zu ihrer Verzweiflung, schmähen die Welt einen üblen Ort, verfluchen ihre Frauen als missgünstige Weiber und lästern über alles und jeden bei ihrer Arbeit.

„Idioten, nichts als Idioten umgeben uns", raunte mir Hartmut, einer dieser Kollegen, ins Ohr, als ich mich, müde von einem langen Tag sinnfreier Arbeit, aus dem Bürotrakt verabschieden wollte, wo wir zu mehr als vierzig Personen untergekommen waren. Er hatte mich an der Bürotür abgepasst, leicht angetrunken und, wie mir sein Atem verriet, bereits dazu übergegangen, härtere Alkoholika zu konsumieren.

„Komm, trink mit uns ein Glas Wein. Du wirst sehen, es entspannt dich", Hartmut hatte seine Hände auf meine Brust gelegt und mehrmals gegen sie geklopft, als sitze jemand dahinter, der ihm öffnen könnte. Sein Gesicht und sein Atem kamen mir bedenklich nahe – *zu nahe* – und der unstete Blick seiner glasigen Augen warb um Einvernehmen und Intimität, die ich nicht geben wollte. Alles an ihm appellierte an mich zu bleiben, doch ich wusste, diese zur Schau getragene Sympathie entsprang der Laune eines Trinkers, der morgen restlos bedauern würde, was er heute tat. „Meinetwegen, dann bleibe ich eben noch einen Moment", hörte ich mich, von mir selbst erstaunt, sagen, „nur Alkohol trinke ich keinen". Hartmut grinste befriedigt. Sein blasses Gesicht überflog eine ungesunde Röte. Die Euphorie des Alkoholikers ist nie frei von Farbe, doch sie kommt wie sie geht, hektisch und überraschend.

Hartmut arbeitete seit 15 Jahren in seiner Beraterfunktion und hatte, wie er nie versäumte, allen mitzuteilen, selten Anlass, *nicht* zu bedauern, dass er dem Ruf der Politik gefolgt war. „Die Politik ist ein Scheißhaus, in dem alle nur schmutzige Geschäfte verrichten. Wer kommt, beginnt rasch zu stinken. Wer geht, den begleitet für lange Gestank. Nur wer die Kloake liebt, fühlt sich gut, wenn er Scheiße schaufelt." Hartmut schnaufte vielsagend. Er wirkte befriedigt von seiner kleinen Ansprache, die er, nach einem meckernden Lachen, noch um einige Sätze ergänzte, stockend und widerwillig, als ekle ihn, was er sagte: „Troll ist ein gutes Beispiel dafür, dass Menschen nicht nur Scheiße produzieren, sondern auch die Fähigkeit haben, selbst Scheiße zu werden. Schlimmer noch, sie verwandeln alles und jeden zu Scheiße. Wenn man so will, ist Tamara Troll König Midas, nur, dass sie nicht alles in Gold verwandelt, sondern in Scheiße."

Hartmut schien befriedigt von seinem Vergleich, der ihn jedoch nur kurz tröstete. Sein Hass auf Troll lag nur minimal unter dem auf sich selbst. „Seit ich für Troll knechte, gab es keinen Augenblick, in dem ich mich nicht dafür verachtet hätte." Hartmut resümierte, schonungslos für sich selbst, was ihn quälte und ließ auch den Vorteil nicht außer Acht, der ihm durch seine Arbeit bei Troll entstanden war: „Ich wünschte, es wäre anders, doch sie hat mich in eine hohe Besoldungsstufe geführt, und so bin ich ihr etwas schuldig." Hartmuts Frustration war derart körperlich greifbar, dass mir elend wurde. Seine Schuld wog schwerer, als es auf den ersten Blick scheinen mochte; sie degradierte ihn zu einem unfrohen Sklaven: „Ich wünschte, ich hätte einen gewöhnlichen Job mit schlechtem Gehalt, dann bliebe mir jeder Gedanke daran erspart, ob ein Wechsel sich lohnen könnte." Hartmut seufzte, wurde ernst und bilanzierte nüchtern: „Freiheit kann nur einmal verloren, doch nie mehr zurückgewonnen werden. Wer sie verkauft, verkauft sich selbst." Hartmuts Geständnis war alkoholgebadet, doch damit nicht weniger schrecklich. Mit seinen 48 Jahren besaß er nichts mehr, das ihm Freude bereitet hätte. Seine Frau lebte das Leben einer Witwe, die jeden Abend eine Holografie zu Bett bringt. Ihre gemeinsamen Wochenenden waren für beide die Hölle. Sie hatten sich nichts zu sagen und kämpften, jeder für sich, einen traurigen Kampf gegen die Uhr und die Gewissheit, ihr noch nicht gar zu altes Leben zu vergeuden. Troll und die VDP hatten ganze Arbeit geleistet und Hartmuts Leben, das nie wieder finanzielle Sorgen kennen würde, mit dem Geschenk des Beamtentums für immer vergiftet.

Hartmut, der als Richtersohn schon früh eine Autorität erfahren hatte, die gewohnt war, Leidenschaften zu ersticken, hatte von Troll ein Danaergeschenk erhalten, das jede Illusion zerstörte, er könne noch finden, wonach er solange vergeblich gesucht hatte. Tristesse und Resignation hatten sich seiner bemächtigt. Das Erwachsenenleben war unerbittlich, eine Umkehr schien ausgeschlossen und die Erinnerungen an früher quälten ihn fast noch mehr als die Gegenwart. Seine Kindheit und Jugend war nichts, worüber Hartmut gerne sprach. Nach Konsum von reichlich Bier und Wein hatte er einmal davon berichtet, wie viele Vorwürfe, Klagen und Beschuldigungen er sich als Junge anhören musste von einem Vater, dessen größte Sehnsucht es war, ein anderes Leben und *keine* Kinder zu haben.

Mit drei Jahren hatte bei Hartmut eine zerebrale Ischämie dazu geführt, dass er zu stottern und hinken begonnen hatte. Diese körperlichen Dysfunktionen waren für seinen virilen, athletischen Vater, der sich heimlich für Eugenik und Rassenhygiene

96

begeisterte, unverzeihliche Makel. Es verging kein Tag, an dem er Hartmut nicht spüren ließ, wie sehr er sich seines Sohnes schämte. Damit nicht genug, wurde ihm immer wieder gesagt, er sei zu dick, zu langsam, zu schweigsam, zu welt- und lebensfremd; seine Erlebnisse im Sportunterricht schienen diese Einschätzung zu bestätigen.

Verachtet von seinen Mitschülern, hatte er immer, gekleidet in einen überteuerten Trainingsanzug, die Schmach erlitten, weder für eine Sportart geeignet noch für eine Mannschaft interessant zu sein. Er saß abseits, wenn die anderen spielten, er war abonniert auf die „5" des sportlichen Versagers, dessen größter Albtraum im Schwimmunterricht Wirklichkeit wurde. Da sein Vater sich entschieden weigerte, Hartmut vor dem üblen Zugriff sadistischer Sportlehrer zu bewahren – Hartmut musste auf expliziten Wunsch seines Vaters die Schule besuchen, in der ein Intimfeind seines Vaters Direktor war –, wurde aus jeder Niederlage eine traumatische Erfahrung; für ihn, den ungeliebten, peinlichen Richtersohn, gab er weder Erbarmen noch Fürsprache.

Sein Körper, so dachte er, fühlte sich falsch an, sein Körper, so *fühlte* er, würde niemals etwas anderes für ihn sein als eine Belastung, die ihn beschämte, und das am meisten, wenn er ihn nackt erleben musste. Sich für den Schwimmunterricht auszukleiden, war für ihn ein exhibitionistischer Akt, der ihm jede Kraft und Würde raubte. Die hämischen Kommentare seiner Klassenkameraden waren kränkend, doch nah an der Realität.

„Du siehst aus wie eine gammelige Wurst, die gleich platzt"; Hartmut fühlte die Bosheit hinter den Worten, aber er fühlte auch, dass sie eine Wahrheit enthielten, die sich nicht leugnen ließ. Sah er seinen aufgeblähten, wachsbleichen Körper im Spiegel, überkam ihn Übelkeit. Schon mit 13 Jahren hatte er einen faltigen Hals. Wer außer ihm hatte in diesem Alter bereits einen faltigen Hals? Und wessen Hals saß, aufgepfropft, als handle es sich um eine seltene Anomalie, zwischen höckerigen Schultern? Nein, es ließ sich nicht leugnen, er war nicht nur aufgedunsen, er war hässlich und deformiert. Seine viel zu kurzen Beine unterschieden kaum zwischen Ober- und Unterschenkel; beide Partien seiner unteren Extremitäten glichen Rotunden.

Schon mit zehn Jahren litt er unter Krampfadern und Plattfüßen, die, wie ihm der Orthopäde emotionslos erläutert hatte, seinem schwachen Skelett geschuldet waren. Sein Körper war eine Heimsuchung und sein hoher IQ nichts, woran er Freude empfand. Es quälte ihn, was er war, wer er war und wer er zu sein begehrte. Er hatte keinen Freund, der ihm Antworten gab oder einfach nur das Gefühl, ein Mensch und kein scheußliches Ding zu sein. Er besaß keine Freunde, er war freund- und freudlos, und die Frau, der er das Ja-Wort gegeben hatte, war von ihm abgestoßen.

„Meine Kindheit war ekelhaft, meine Jugend war ekelhaft und mein jetziges Leben ist auch ekelhaft", bekannte er eher trotzig, als ich ihn fragte, wie sein Leben bislang verlaufen sei. Hartmut war die personifizierte Frustration. Er suchte keine Antworten mehr und auch an Fragen hatte er jedes Interesse verloren. Nichts schien ihn aus seinem Zustand resignierten Welterlebens zu befreien. Als Maniker hatte er jedoch auch Phasen, in welchen er obsessiv seiner Arbeit nachging und „die ihm überlassenen Abgeordneten" mit Vorschlägen überhäufte. Wenn es ihm in diesen Zeiten gelang, einen medialen Coup zu landen mit überraschenden Positionierungen, deren Wirkung mich immer erstaunte, war ihm seine Freude anzumerken. Mit einem breiten Grinsen baute er sich dann vor mir auf, theatralisch, als heische er nach Applaus, und rief: „Na? Was nun? Da schaust du, was?"

Anfangs hatte ich ihn nur befremdet angestarrt, nichts gesagt, doch nach einigen Wochen war ich dazu übergegangen, sein Grinsen zu erwidern, wenn auch mechanisch und kommentarlos. Diese Art der Affirmation war ihm vollauf genug. Er wollte nicht darüber sprechen, was ihm gelungen oder wichtig war, er wollte nur einen intimen Augenblick des Einvernehmens.

Seine Sehnsüchte waren gegenständlich, nicht abstrakt oder schwer zu deuten. Wonach er gierte, war Gefühl und Nähe, wenn er jedoch erhielt, was er wünschte, reagierte er ungehalten und unwirsch bis an die Grenze des Erträglichen. Hartmut war zu verletzt, um noch freundlich zu sein, doch Hartmut war auch ein loyaler Freund seiner Freunde und frei von Berufsopportunismus. Er kalkulierte nicht, was er tat, er reflektierte, was er sah, und sein wacher Intellekt entwarf bereits Lösungen für Probleme, von welchen seine Kollegen noch nicht einmal Kenntnis nahmen. Hartmut lebte, was die VDP propagierte, doch selten tat: Er produzierte, ohne den Sinn zu verleugnen. Dennoch war er ein kranker Mann. Angekommen im Folgestadium einer traumatischen Jugend, verglich er sein Leben mit einer Wüste, in der er vergeblich nach einer Oase suchte, die ihm helfen würde, seinen Kummer besser zu ertragen.

Das ständige Wühlen in Politikdossiers und -agenden hatte sein Inneres zersetzt. Wer zu lange mit politischen Ätzmitteln hantiert, nimmt an Seele und Körper Schaden. Giftresistent in der Politik sind in der Regel nur jene, deren Charakter Lüge und Zwietracht erträgt *und* sät und die sich freuen, wenn sie mit ihren Worten dem politischen Metabolismus Gift injizieren. Politik lebt nicht von Diskussion oder Gedankenaustausch. Politik ist ein „Versuchslabor", in dem jene erfolgreich sind, die keine Skrupel kennen, ihre Kontrahenten „zu neutralisieren", und das gilt gewiss nicht allein für Mr. Trump.

Empfindsame Menschen, die in dieses schädliche Umfeld geraten, werden zu zynischen Säufern, wenn sie versäumen, den Kosmos der Politik rasch wieder zu verlassen. Eingesponnen in einen Kokon aus Lügen und Bosheit, verlieren sie mit ihren Idealen auch ihre Hoffnung, die Welt könne mehr sein als ein Bordell, in dem die Freier keine Regeln akzeptieren.

Hartmut war an der Trollschen Doktrin, das Leben sei ausnahmslos Kampf, zerbrochen. Hartmut hatte seine Liebe zu sich selbst und damit sein Innerstes preisgegeben. In seinem Dasein tobten nur noch lärmende Wagner-Walküren, die mit großem Geschrei den Weltuntergang als Verheißung priesen. Sein Leben war Dissonanz, seine Gegenwart ein Misslaut, seine Zukunft ohne Hoffnung auf Harmonie. Hartmut wusste das längst. Seine Verzweiflung darüber, nie etwas anderes kennenzulernen, als ihn die stete Folge öder Tage im Landtag von Sternheim versprach, war kurz davor, den letzten Gipfel zu erklimmen. Sein Dasein als Politikberater glich dem eines Alpinisten, der eher versehentlich in die Eiger Nordwand eingestiegen war und nun auf falschen Routen versuchte, wieder auf sicheres Terrain zu kommen. Gefangen in der Wand seiner unfreien Beamtenexistenz und umtost vom widrigen Schneesturm landespolitischer Ärgernisse, gab es weder ein Zurück noch ein Vorwärts. Hartmut fühlte sich wie die lächerliche Imitation eines Abenteurers, er *wusste*, er hatte jeden Heldenmut bereits im Foyer seiner unrühmlichen Wirkungsstätte abgegeben. Er sah sich nicht als tragischen Helden, er betrachtete sich als „lächerliche Verirrung der Evolution", für immer dazu verurteilt, lieblos zu leben. Hartmut würde, so stand zu befürchten, sein Leben nicht lang und in Freuden, sondern rasch, klaglos und unauffällig zu Ende führen. Eine Vorstellung, die umso tragischer war, als dieser kluge und talentierte Mann über alle Qualitäten verfügte, die Politiker menschlich und Menschen zu klugen Politikern machen.

18. Blutige Katharsis

An einem Abend in der Vorweihnachtszeit sah ich, wie Hartmut mit unbeteiligter Miene zehn Sektflaschen mit großer Geste zertrümmerte. Als handele es sich um eine szenische Darstellung vor Publikum, hatte er im Innenhof jenes Gebäudekomplexes, wo wir unserer Arbeit nachgingen, bühnengerecht Aufstellung genommen. In fast allen Büros waren die Lichter bereits erloschen. Offenbar war ich der einzige Zeuge seiner kleinen, absurden Berserkertat.

Hartmut neigte dazu, nach Konsum von viel Alkohol etwas zu zerstören, und so war ich zwar überrascht, doch nicht wirklich erstaunt. Seine Aktion irritierte mich nur insoweit, als ich den Eindruck gewann, es sei etwas Neues, Gefährliches hinzugekommen. Ich begann mir Sorgen zu machen und entschloss mich spontan, nach unten zu gehen. Vielleicht hatte ich vor, seinem Vandalismus Grenzen zu setzen, vielleicht hatte ich auch die Sorge, er könnte sich verletzen. Es wäre gelogen, behauptete ich heute, mir sei damals klar gewesen, dass sich Hartmut in einem schrecklichen Zustand befunden habe. Ich folgte einem Instinkt, keiner Gewissheit. Als ich in den Innenhof trat, wusste ich, dass meine Ahnung mich nicht getrogen hatte.

Hartmut saß inmitten der zertrümmerten Sektflaschen mit blutenden Händen, die er sich rhythmisch gegen die Schläfen schlug, als müsse dort etwas für immer zerstört werden. „Hartmut", rief ich mit gedämpfter Stimme – ich näherte mich ihm vorsichtig, und versuchte, auf keine der zahlreichen Scherben zu treten – „lass dir helfen". Hartmut nahm mich nicht wahr und hämmerte weiter mit unverminderter Wucht auf seinen Schädel ein. Sein Gesicht war blutüberströmt und zerschunden; seine Lippen waren geplatzt, als habe er sich geprügelt, seine Nase war blau verfärbt und geschwollen. Aus seinen Ohren quoll in kleinen Kaskaden Blut.

„Hartmut", versuchte ich es erneut und griff nach seinen Armen, um dem Elend ein Ende zu machen, „lass dir helfen". Seine Arme erstarrten und ich dachte schon, er ließe sich bändigen, doch als ich meinen Griff lockerte, entzog er sich wütend meinem Zugriff und begann erneut auf seine geschwollenen Schläfen einzuschlagen. Die Schläfenadern standen bizarr hervor und pulsierten heftig. Hartmut war *außer sich* und nicht zu beruhigen. Entschlossen riss ich seine Arme nach unten, umklammerte ihn mit ganzer Kraft und wartete, bis er, abgekämpft und erschöpft, seinen Widerstand aufgab. Ein Beben durchlief seinen Körper, der jetzt zu zittern begann. Die Wut war gewichen, der Bann gebrochen und Hartmut starrte fassungslos auf seine blutenden Hände, die nicht länger den Scherbenhaufen zerborstener Flaschen durchwühlten. „Wir müssen das reinigen lassen", sprach ich Hartmut leise gut zu, „sonst holst du dir noch eine Infektion". Hartmut begann zu schluchzen, erst tonlos, dann laut und ungehemmt, als müsse sich all der Kummer, den er immer zu kontrollieren versuchte, eine Stimme verschaffen. „Komm", bat ich Hartmut, „lass uns versuchen, aufzustehen". Als ich Hartmut aufhalf, sah ich, dass auch sein Gesäß, seine Beine und Arme bluteten. Seine Anzugshose aus irischer Wolle – Hartmut trug nur Kleidung aus Großbritannien – wies, wie sein Oberhemd auch, zahlreiche rote Flecken auf, die hektisch wuchsen. Hartmuts Anblick beängstigte mich. Er hatte sich ernste Blessuren zugefügt. Meine Sorge, Hartmut könnte in seinem Wüten gegen sich selbst auch größere Arterien verletzt haben, ließ mich zum Handy greifen und den Notarzt rufen.
Zwischenzeitlich hatten sich auch einige Zaungäste eingefunden, die nahezu unbeteiligt das traurige Schauspiel verfolgten. Sie wirkten auf widernatürliche Weise belustigt und begannen, Hartmuts Zustand feixend zu kommentieren. Eine junge Frau, vielleicht 25 Jahre, kostümgepanzert und mit einer Kurzhaar-Frisur gekrönt, die nur betont konservative Frauen wählen, machte zahlreiche Fotos. Gestikulierend gab sie mir zu verstehen, ich möge

Hartmuts Gesicht ihr zudrehen, damit sie bessere Bilder machen könne. Mir wurde übel angesichts dieses Pöbels, der am Tage politische Pamphlete verfasste und am Abend jedes Gefühl für Anstand verloren hatte.

Hartmut hatten mittlerweile alle Kräfte verlassen. Er hing an mir, schwer wie ein Mühlstein, mit seinem ganzen Gewicht von über 100 Kilo; ich hatte zunehmend Schwierigkeiten, ihn aufrecht und mich in Balance zu halten. Aus Hartmuts Mund rann jetzt blutiger Speichel. Sein Schluckreflex hatte ausgesetzt und er begann zu lallen: „Da ist nichts mehr. Da ist nichts mehr übrig." Hartmut wiederholte das leise und ohne den Blick zu heben. Endlich am Zugang des Innenhofs angekommen, wurde er still, seufzte vernehmlich, ließ sich auf den Boden gleiten und starrte hinaus in die Nacht. Er war, was er sah und er sah nur leblose Dunkelheit. Erwartete er einen Krankenwagen? Ich glaube nicht. Hatte er einen Wunsch? Möglicherweise den einen, nicht länger er selbst zu sein.

Die fünf bis sechs Personen, die uns aus dem Innenhof gefolgt waren, starrten Hartmut unverhohlen befriedigt an. Es schien sie zu beruhigen, dass hier ein Kollege aus dem Politikbetrieb jede Kontrolle verloren hatte; es schien sie zu beruhigen und mit tiefer Befriedigung zu erfüllen, dass nicht sie es waren, die aus dem Rudel ausgesondert werden mussten. Noch funktionierten sie. Noch waren sie fähig, auf dem irrwitzigen Politkarussell ihren Platz zu verteidigen. Noch waren sie Teil des Systems, das Kreaturen wie sie erst geschaffen hatten.

Hartmut lehnte sich zitternd an mich und wiederholte noch immer sein neues Mantra. Ich fuhr ihm mit sanften Bewegungen über den malträtierten Arm und versuchte ihn zu beruhigen. Er hatte begonnen, tonlos zu kichern, ehe er, als verrate er mir ein Geheimnis, leise raunte: „David, hau ab, solang' es noch geht. Hier findest du nichts als Scheiße. Menschliche Scheiße." Er nick-

103

te heftig, als müsse er sich selbst bestätigen, wurde ruhig und verlor das letzte Interesse an allem, das ihn umgab.

Als der Notarzt kam, tat Hartmut alles, wie ihm geheißen. Die Sanitäter hatten keine Mühe, ihn mitzunehmen. Er ließ es geschehen, wie er es geschehen ließ, dass ein zwischenzeitlich informierter Boulevardreporter Fotos von ihm machte, die am nächsten Tag die Titelseite des Politikteils zieren würden, Headline: „VDP-Mitarbeiter eskaliert. Was verschweigt er? Trollsche Machenschaften?"

Trolls Tobsuchtsanfall am nächsten Morgen überbot alles, was ihre Mitarbeiter bis dahin erleben mussten. Ihr Geschrei schlug eine phonetische Schneise durch den gesamten Gebäudekomplex und setzte schließlich selbst Troll in Erstaunen, die, violett verfärbt, mit geballten Fäusten auf ihren Schreibtisch einschlug, als müsse hier und jetzt ein gnadenloser Krieg begonnen werden. Troll wollte strafen und züchtigen, Troll wollte, das war offenkundig, niemand verschonen. Sie hatte nicht nur jede Fassung und jedes Maß verloren, sie hatte ein Beispiel dafür gesetzt, was es bedeutet, Menschen etwas Einfluss und Macht zu schenken, die das am meisten verachten und hassen, was sie qua ihres Amtes besonders schätzen müssten. Menschen waren ihr Auftrag, doch Troll *hasste* Menschen und war zudem vollkommen irre.

19. Föderalismus oder Semantische Wüsten

Der Föderalismus ist nur für jene ein Glück, die im föderalen Räderwerk der Landespolitik fürstliche Gehälter einheimsen. Die Bürgerinnen und Bürger sind die Leidtragenden, denn sie zahlen diesen überteuerten Spielplatz der Eitelkeiten mit ihren Steuergeldern. Je länger ich am Politbetrieb mitwirkte, desto klarer wurde mir, wie absurd es war, Menschen mit Millionenbeträgen auszustatten, deren Aufgabe primär darin bestand, sich selbst zu parodieren; insbesondere an den Plenartagen, die acht bis zehn Stunden währten und träge belanglose Themen zerrieben, verlor sich der letzte Glauben, die Abgeordneten besäßen Bedeutung.

Wer immer seine Stimme im Landtag erhob, um hölzern und plump, in schwer verständlichem Dialekt, eine Rede zu halten, wurde zu einem *sprechenden* Argument dafür, das Hohe Haus in Sternheim zu schließen. Die Reden im Hohen Haus waren von jeder Semantik befreit. Schlimmer noch als die Inhaltsleere ihrer Reden war jedoch das rhetorische Unvermögen jener Menschen, die in dem Wahn befangen lebten, ihr Mandat verliehe ihnen Charakter. Meist verlasen sie, sich künstlich ereifernd, schlecht geschriebene Texte, die unisono Klage führten oder klagend Klagen zurückwiesen. Die sprachlichen Fertigkeiten der zahlreichen Männer und seltenen Frauen im Parlament waren – sprichwörtlich – zum Gotterbarmen. Gott kannte jedoch kein Erbarmen und ließ sie in ihrem Dilettantismus gewähren. Nicht anders verhielt es sich am Tag nach Hartmuts verzweifelter Selbstoffenbarung, die mich extrem erschüttert hatte. Ich besaß, im Gegensatz zu Tamara Troll, keine Routine darin, „nutzlose Menschen abzuschreiben".

Die Nacht hatte ich schlaflos damit verbracht, mein Gesicht im Spiegel zu betrachten. Meine Stirn hatte markante Falten entwickelt. Müdigkeit und eine ungute Blässe überwucherten mein Gesicht. Nun liegt Mehltau auf mir, dachte ich, verzweifelter als mir zukam, und wusste, es würde lange dauern, ihn abzuspülen.

Unsere Gesichter sind unbestechliche Spiegel unseres Zustands. Je mehr wir entgegen unserer Persönlichkeit und Bestimmung leben, desto heftiger die allergische Reaktion. Mein Leben war nicht länger *angemessen*. Es trug die Stigmata einer kräftezehrenden Krankheit, die ich mir mit der Unterschrift eines Arbeitsvertrages zugezogen hatte, dessen Konditionen mich der Sklaverei nahebrachten. Jeder Mensch fühlt, wenn er in die Kaste der kranken Parias wechselt. Der Sternheimer Landtag ist der Gesundheit empfindsamer Menschen nicht zuträglich. Wer immer dort arbeitet, dient einem herzlosen Götzen, der früh erwacht und seine Sklaven zwingt, mit den Vögeln aufzustehen.

Plenartage sind die natürlichen Feinde des Schlafs und beginnen bereits, wenn das dunkle Grau einer schwindenden Nacht den Himmel in Parzellen aus Licht und Schatten unterteilt.

20. Plenartag

Zu früher Stunde war ich in den Landtag geeilt, um, vor Beginn des offiziellen Spektakels, noch eine Tasse Kaffee zu trinken. Die VDP hatte, wie jede andere Fraktion, eine kleine Cafeteria im Parlament, wo in den Plenarpausen Getränke und Speisen gereicht wurden. Offiziell, um interessierten Tagesgästen Gelegenheit zu geben, mit *ihren* Abgeordneten zu sprechen. Tatsächlich nahm sich kein Bürger die Freiheit heraus, dieses Angebot wahrzunehmen. Die Abgeordneten hingen an ihrem hermetischen Leben und suchten nur dann *Bürgernähe*, wenn es ihrem Anliegen diente, wiedergewählt zu werden. Kaum einer bemühte sich um anderes als seine nächste Wiederwahl, kaum einer hatte Interesse an Menschen und ihren Belangen. Die sich im Landtag tummelnden Journalisten wussten das längst. Sie reduzierten sich auf das Naheliegende, naschten von den kleinen Büffets, die überall lockten, führten *Hintergrundgespräche* mit ausgewählten Informanten und vergaßen darüber, dass kein Mensch unter 60 Jahren noch wissen wollte, was sie sagten, schrieben und im Fernsehen zeigten. Ihr Dasein war ein multimediales Scheitern in einer analogen Welt, die sich zu überleben begann, denn 20-Jährige schauen weder fern, noch lesen sie die Sternheimer Zeitung.

Die älteren unter den Journalisten hatte die Zeichen der Zeit erkannt. Sie versuchten, sich weitgehend unbeschadet durch die letzten Jahre ihres Berufslebens zu lavieren. Mit eher bescheidenem Erfolg, denn die Modernisierungsschübe hatten eine Dynamik entwickelt, die jede Hoffnung zerstieben ließ, es könne noch etwas dauern, bis *die Welt von gestern* endgültig dem 21. Jahrhundert weichen musste. Und so hockten sie weiter, besorgt, ihre Arbeitsstelle könne schon morgen endgültig verzichtbar sein, auf der Pressetribüne des Parlaments, konferierten mit ihren Büros, schrieben Meldungen, Leitartikel und Kommentare und ignorierten mit traurigem Trotz das offensichtliche Sterben ihres Berufsstands. Mit besorgten Mienen eilten sie durch die Gänge des Parlaments, führten konspirative Gespräche und gaben sich eine Bedeutung, die nur versteht, wer die Verzweiflung kennt. Viele gewannen an Sicherheit, wenn sie vertraulich mit einem Minister sprachen. Ämter und Titel haben im politischen Leben beruhigende Wirkung, auch für jene, die ihnen begegnen.

Diese Rituale betonter Wichtigkeit hatte ich lange unterschätzt. Meine persönlichen Erfahrungen mit den *Entscheidungsträgern* im Parlament waren eher bescheiden, doch prägend. So war ich einmal zur Mittagszeit vor das Parlament getreten, um schnell und gierig eine Zigarette zu rauchen, und hatte – die Sucht war groß – meiner Umgebung keine Aufmerksamkeit geschenkt. Nur so war es zu erklären, dass ich mich gedankenlos vor der zentralen Pforte postierte und damit unfreiwillig den Zugang ins Parlament blockierte. Der Kampf mit meinem schwächelnden Feuerzeug hatte mich ganz in Anspruch genommen und verhindert, dass ich Ministerpräsident Habedanks Eintreffen mitbekam. Als ich meinen Blick hob, ängstlich, die endlich entfachte kleine Flamme könne ausgehen, blickte ich in das Gesicht von Habedank, der mich, nicht weiter als eine Handbreit entfernt, entgeistert anstarrte und schließlich unvermittelt zu husten begann, wild und ungestüm, als habe er TBC. Sein Speichel, vermengt mit kleinen Speiserestepartikeln, schlug mir ins Gesicht. Ekel überkam mich in mehreren Wellen. Weil Habedank keine Anstalten machte, sich zu entschuldigen, ließ ich mich zu einem ironischen Kommentar hinreißen: „Herzlichen Dank, Herr Ministerpräsident", sagte ich, lauter als geplant, „wie schön, dass sie mir Beachtung schenken". Habedank starrte mir, unverändert bewegungslos, noch immer ins Gesicht. Es schien fast, als paralysiere ihn eine heimliche Kraft. Jetzt wurde es seinem Geleitschutz zu bunt. Zwei breitschultrige Hünen mit Headsets drängten mich entschieden zur Seite, flankierten Habedank und brachten ihn ins Foyer des Parlaments, wo ihn bereits eine Entourage eifriger Politlakaien und

Referenten erwartete. Mir blieb nichts übrig, als mit einem Taschentuch Habedanks Aufmerksamkeiten von meinem Gesicht und dem Revers meines Sakkos zu entfernen. Meine Versuche, diese Begegnung zumindest auf meinem Sakko zu tilgen, waren jedoch vergeblich. Trotz heftigen Reibens wies es nach wie vor Spuren von Habedanks Speichelattacke auf. So würde mich, dachte ich mit resignierter Heiterkeit, der Ministerpräsident den Rest des Tages begleiten.

Wäre mir etwas Zeit vergönnt gewesen, ich hätte mich umgezogen, doch Zeit war nichts, worüber Menschen in meiner Funktion verfügten. Unser Metier war die Hektik und unsere Hektik die einzige Währung, die einer ständigen Inflation unterlag. Pausen waren nicht vorgesehen; ich musste, mein Smartphone ließ keinen Zweifel daran, rasch wieder zurück. Auf dem Display blinkte die ungute Meldung „15 Nachrichten in Abwesenheit". Tamara Troll war in Furor und wollte Vollzug.

Schicksalsergeben folgte ich Habedanks Spuren, betrat das Foyer, das, ungeachtet aller Versuche, ihm etwas urbanen Chic zu schenken, an die trostlosen Supermärkte erinnerte, die unseren Vorstädten die Anmutung industrieller Fertigungsniederlassungen geben. Daran änderten auch die breiten, auf Imposanz zielenden Treppenfluchten nichts, die zum Plenarsaal führten. Hier hielt ich meistens kurz inne, um mich zu *adaptieren*. Diesen unmäßig oft bemühten Begriff in der Politik verwende ich nur, weil er dem Prozess unserer technokratischen Selbstentfremdung gerecht wird. Wann immer ich an politischen Sammlungsorten auf Glasfronten treffe, werde ich nervös und ungehalten, denn ich höre sie brüllen: „Transparenz, wir sind Symbole der Transparenz."

Die gewaltige gläserne Front, die den Plenarsaal von den nicht minder großzügig bemessenen Flächen trennte, wo sich Parlamentarier in üppigen, ledergepolsterten Sitzgruppen mit Kollegen, Mitarbeitern und Gästen unterhielten oder auch nur allein, mit offenen Augen, der nächsten bedeutungslosen Debatte entgegendösten, erinnerte mich immer an ein Terrarium, in dem hässliche Echsen um die Vorherrschaft kämpften, an privilegierter Stelle unter der künstlichen Höhensonne zu liegen.

Der Plenarsaal zeigte eher eine streng symmetrische Ordnung. Im leichten Parabelschwung waren die Sitzreihen der Parlamentarier, hübsch geteilt nach Fraktionsgröße und politischer Ausrichtung, vor dem Podium arrangiert, an dem der Landtagspräsident seiner Aufgabe nachging, einen ordnungsgemäßen Vorgang der Plenardebatte zu garantieren. Zu seiner Linken war ein Stenograph, zu seiner Rechten ein offizieller Schriftführer platziert, wobei letzterer nur eine repräsentative Funktion wahrnahm und hier nur saß, um das parlamentarische Protokoll zu wahren. Mit dieser Aufgabe wurde jeder gewöhnliche Abgeordnete von Zeit zu Zeit betraut, und es gab keinen, der sie gern ausgeübt hätte. Vor den Augen aller Parlamentarier, Journalisten, Landtags- und Zaungäste an exponierter Stelle geparkt, bestand für die Schriftführer keine Möglichkeit, sich zurückzuziehen oder mit Dingen zu beschäftigen, die nicht der Plenardebatte gewidmet gewesen wären. Direkt unter ihnen stand das Rednerpult, von dem aus die Sternheimer Politprominenz ihre Debatten führte und so war wirklich kein Entrinnen. Die tatsächlichen, stenografieversierten Protokollanten saßen an kleinen Katzentischen, etwas abgesetzt, neben dem Rednerpult und dokumentierten routiniert und akribisch jedes Wort, jede Interjektion und jeden Zwischenruf, der im Parlament laut wurde. Das Kabinett aber – die Riege der Ministerinnen und Minister – saß links und rechts, um eine kleine Stufe herabgesetzt, auf der Regierungsbank und verfolgte mit eher geringem Interesse die Redebeiträge von Freund und Feind. Habedank und seine Minister wussten, dass es keine Rolle spielte, was hier gesagt wurde.

Tamara Troll und Konsorten versuchten zwar immer, im Parlament die mediale Aufmerksamkeit auf sich zu ziehen, besaßen jedoch keine ernstzunehmenden Mittel, Kabinettsentscheidungen

110

zu verhindern. Troll wusste das sehr genau, doch Troll wusste auch, dass nur ihr Geschrei sie politisch am Leben erhielt. Sympathisanten besaß sie keine. Was ihrem politischen Leben Dauer verlieh, waren ihre Erregungszustände, die nur verstehen konnte, wer dem Glauben anhing, das Sternheimer Parlament habe Bedeutung.

Tamara Trolls ewige Attacke gegen jede Etikette erklärte sich allein schon dadurch, dass sie weder willens noch fähig war, sich ihre Bedeutungslosigkeit einzugestehen. Sie hätte ihre Zeit im *Hohen Haus* angenehm und entspannt gestalten können, doch sie zog es vor, einen Krieg zu führen, in dem die Kombattanten fehlten. Habedanks Antwort auf Trolls zügellose Polemik reduzierte sich meist auf ein wissendes Lächeln. Er nahm Troll zwar erheitert zur Kenntnis, doch gewiss nicht ernst. Habedank hatte längst die einzige Wahrheit internalisiert, die in der Politik Geltung besitzt: Menschen wählen Menschen, keine Programme. Was Menschen betraf, war Habedank ein erfahrener Connaisseur. Er begeisterte sie allein durch seine Anwesenheit. Habedank gab sich gern die Pose des Patriarchen und das mit großem Erfolg. Wo Troll hysterisch – *vergeblich* – um Anhänger warb, triumphierte Habedank mit souveräner Gelassenheit.

Die VDP hatte bis auf wenige Ausnahmen schon immer auf die falschen Menschen gesetzt; auch ihre Programme waren nicht reizvoller als ihre Kandidaten. Vor Wahlen erklärte die VDP mit zuverlässiger Arroganz, Vermögen und Produktivität des Landes müssten steigen, und jeder, der Bereitschaft zeige, produktiv zu sein, verdiene es, unterstützt zu werden. Arme sollten ihre Armut akzeptieren, produktiv werden und die Allgemeinheit mit ihren steten Wünschen, Klagen und Forderungen verschonen. Die VDP forderte Produktivität von allen, auch von jenen, die krank, alt und bedürftig waren. Kein Vermögen ohne Produktivität, keine Sozialgelder ohne Nachweis des eigenen Nutzens. Die politische Programmatik der VDP war ähnlich *komplex* wie die Menschen, die sie vertraten und wählten. Ihr politisches Personal liebte es, anglizismengetränkte Phrasen zu wiederholen, die im besten Fall blöde, im häufigsten Fall aber blöde und geschmacklos waren. „VDP: Deutschland ist nice"; „VDP: Success ist sexy"; „VDP: Produktivität first. Vermögen second", so lärmten die selbst Troll verhassten VDP-Jugend-Führer auf ihren Nachwuchs-Parteitagen, die in der Mehrzahl von jungen Deutschen bevölkert wurden, die der deutschen Sprache nicht mächtig waren.

Die junge Garde der VDP bestand nahezu ausnahmslos aus hirnlosen, 18-jährigen Parvenüs, die glaubten, es sei chic, elegant und nice, sich mit Schwachsinn zu parfümieren. Der Gestank ihrer digitalen Omnipräsenz war nur schwer erträglich. Aus nächster Nähe erlebt, war ich immer versucht, sie in schalldichte Zimmer zu sperren. Ein Praktikant, der mir für vier Wochen aufgenötigt wurde, ließ mich jede Hoffnung verlieren, dass die Generation Z einen Beitrag leisten könnte, um das Unheil abzuwenden, das wir, ihre Eltern, in die Welt gesetzt hatten.

Doch hatten der bürgerliche Opportunismus und Aufstiegs- und Wohlstandswahn der Alten zumindest noch Spurenelemente von Intelligenz und Interesse erkennen lassen, waren die hippen Repräsentanten der VDP-Jugendorganisation zu einem Amalgam geistfreier Widersinnfetischisten geworden, wobei die Burschen noch den Mädchen den Rang der Maximalverblödung mit Leichtigkeit abliefen. Das Prädikat „Exemplarische Dummheit" machte den Männern niemand streitig.

Mein 20-jähriger Praktikant studierte an einer Privaten Fachhochschule Internationales Management, mit dem Ziel, in die Politik zu gehen oder „irgendetwas mit Medien zu machen" und reich zu werden, oder beides. Er war noch unentschlossen.

Zu Beginn hatte ich versucht, ihm ernsthaft Fragen zu stellen, war jedoch zusehends davon abgekommen, da seine Antworten alles befleckten, was unserer Sprache Schönheit und Würde verleiht. „Ich appreciate, was ich tue", ließ mich der Junge wissen, „mein

Doing ist *successorientiert* und ich habe *Visions*". Seine Augen flackerten hektisch hinter der *stylishen* Brille aus Hirschholz, als er Sätze wie diese sagte. Es kostete mich meine ganze Disziplin, sein dummes Gefasel zu ignorieren. Liebend gern hätte ich ihn davongetrieben, doch ich beherrschte mich, lächelte unbestimmt und beschränkte mich darauf, ihm immer wieder in Erinnerung zu rufen, dass er nur reden durfte, wenn ich es erlaubte. Nicht reden zu dürfen, war für den Jungen eine Pein; im Jugendverband der VDP redeten alle unablässig und da alle denselben Duktus pflegten, mochte mein Praktikant dort *normal* wirken. Seine Freundin, er hatte sie mir bereits am zweiten Tag seines Praktikums vorgestellt, war hübsch, hatte strahlend blaue Augen und musste offensichtlich an einem ästhetisch-intellektuellen Erblindungssyndrom leiden. Sonst hätte sie sich kaum darauf eingelassen, mit dieser Parodie eines Jungen zusammen zu sein, dessen Komplexe noch größer sein mussten, als es sein unansehnlicher Körper nahelegte.

Sein ganzes Leben war eine Persiflage. Sein Körper und seine Kleidung schienen die angemessene Kostümierung für eine *Working-World* hirnloser Schwätzer, die alle glaubten, es sei ein guter Gedanke, „in Think-Tanks Ideen zu *investigaten*".

Jil Sander wollte uns vielleicht schon in den 1990er-Jahren auf diese neue Spezies modebewusster Sprachkastraten vorbereiten, als sie mit ihrem legendären Zitat zur „Magic Ihres Styles" Furore machte und dafür den Preis des Sprachpanschers 1997 erhielt: „Mein Leben ist eine giving-story. Ich habe verstanden, dass man contemporary sein muss, das future-Denken haben muss. Meine Idee war, die hand-tailored-Geschichte mit neuen Technologien zu verbinden. Und für den Erfolg war mein coordinated concept entscheidend, die Idee, dass man viele Teile einer collection miteinander combinen kann. Aber die audience hat das alles von Anfang an auch supported. Der problembewusste Mensch von heute kann diese Sachen, diese refined Qualitäten mit spirit eben auch

113

appreciaten. Allerdings geht unser voice auch auf bestimmte Zielgruppen. Wer Ladyisches will, searcht nicht bei *Jil Sander*. Man muss Sinn haben für das effortless, das magic meines Stils."

Mein Praktikant antwortete, auf *Jil Sander* angesprochen, er habe von Pflegeprodukten gehört, die ihren Namen trügen, kaufe aber andere *Labels*, die seiner *Personality* eher entgegenkämen. Der Junge wirkte gestriegelt wie ein Hund reicher Leute und konnte nicht verbergen, dass er Mutter und Vater ohne zu zögern für einen Status verkaufen würde, um den er vergeblich kämpfte. Vielleicht ahnte er bereits, dass er dazu verurteilt war, für immer eine menschliche Leerstelle zu bleiben.

Selbst in der VDP würde er große Probleme haben, sein menschliches Vakuum zu kaschieren. Er war das getreue Abbild seiner Manschettenknöpfe, die, trotz ihres hohen Preises, billig und geschmacklos wirkten. Er bewegte sich in gedankenleeren Wüsten, die in seinem denglischen Vokabular zu blühenden Landschaften wurden, doch was immer er tat und sagte, blieb besser ungetan und ungesagt.

Seine Freundin mochte das ahnen, doch zählte sie zu der stetig wachsenden Schar verwirrter Mädchen, deren Konfusion ihr Urteilsvermögen auf verheerende Weise trübte. Gern hätte ich ihr gesagt, dass keine Notwendigkeit bestand, sich an zweibeinige Lächerlichkeiten zu verschwenden, doch selbst wenn sie meinen Worten Glauben schenken würde, wartete an der nächsten Ecke bereits der nächste männliche Irrläufer. Ihre intellektuellen, sozialen und ästhetischen Geschmacksknospen waren noch unterentwickelt und provozierten fast zwangsläufig neue Fehlentscheidungen.

Meine stillen Betrachtungen wurden brüsk von Tamara Troll unterbrochen, die mir auf der Treppe entgegenkam und wütend bellte, es sei an der Zeit, aktiver zu werden. Sie habe, grollte Troll, wiederholt anrufen lassen und bereits vor zwei Minuten, mit eigener Hand, eine E-Mail an mich versandt und noch immer keine

114

Reaktion erhalten. Das gehe nicht. Überhaupt nicht. Nicht bei ihr. Schnelligkeit sei alles in diesem Metier und ich möge endlich beginnen, meinen Auftrag zu erledigen.

„Davidson, Ihre Parole ist jetzt, nicht später, verstehen Sie das? JETZT!" Wäre ich weniger müde gewesen, ich hätte Troll vor die Füße gekotzt, doch ich nickte nur grimmig, eilte die letzten Stufen nach oben zu meinem Laptop, öffnete meinen E-Mail-Account, starrte auf Trolls hasserfüllten Entwurf einer Pressemitteilung, die in einen moderaten Duktus zu übertragen mir an diesem Tag nicht mehr gegeben war. Resigniert übernahm ich ihre Zeilen und adressierte sie an die bedauernswerten Journalisten, die sich an Plenartagen genötigt sahen, Kanonaden von Pressemitteilungen zu erdulden, ohne dass am Ende des Tages eine Botschaft von Wert geblieben wäre. Wer nur negiert, bejaht am Ende stets das Falsche.

Mit einem Seufzer blickte ich auf das traurige Ergebnis meiner Arbeit. Eine Woge aus Ekel und Abscheu erfasste mich, zwang mich innezuhalten und gab mir die Gewissheit, mein Arbeitsleben auf eine Sache zu verwenden, die alles verleugnete, woran mir gelegen war. Anstand, Herzlichkeit, ein wacher Geist, konstruktive Kritik und gute Umgangsformen waren hier nicht zu finden. Besser würde es sein, wenige schöne Bücher für viele, als viele hässliche Pressemitteilungen für niemanden zu schreiben. Solange Bücher nur etwas Unterhaltung und Wahrheit versprachen, waren sie legitimiert.

Während ich dergestalt meinen mehr oder minder geistreichen Überlegungen nachhing, hatte sich ein Abgeordneter zu mir gesellt. Leise war er von hinten an mich herangetreten und sagte mit pastoraler Stimme: „Na, mein Lieber, wie geht es dir heute? Gewappnet für den Tag?" Anfangs hatte ich noch geglaubt, er frage aus Interesse, später hatte ich begriffen, dass jedes Wort nur ihm selbst galt. Er liebte es, sich als christlich-humanistischer Mentor und Freund zu inszenieren und hatte auch ein gewisses Talent,

115

Empathie glaubhaft zu heucheln. Doch seine herzliche Pose war so ehrlich wie seine Nächstenliebe und so gab ich ihm heimlich den Spitznamen „Vorgeblich". Vorgeblich lächelte gütig und sein wie immer gerötetes Gesicht trug den Zuckerguss einer Freundlichkeit, die jedem und niemand galt.

„Es geht mir gut", sagte ich unverbindlich mit einem Lächeln, das einen Engel beschämt hätte. Vorgeblich mochte ahnen, dass ich ihn durchschaut hatte und weil Vorgeblich nichts weniger ertrug, als zu denken, seine edlen Motive könnten als Chimären entlarvt werden, wurde er ungehalten. Überraschend kraftvoll, fast roh, ergriff er meinen Arm, zog mich näher zu sich heran, lächelte noch mehr als zuvor und meinte: „Lass uns einen Kaffee trinken und reden." Nichts lag mir ferner, als mit ihm zu reden, nichts war mir weniger willkommen. Vorgeblich nahm mir jede Illusion, dieser Tag könnte Pausen des Friedens kennen. Vorgeblich zu entkommen, war unmöglich und so ließ ich es geschehen, folgte ihm schweigend und dachte an den Kaffee, der mir das Leiden vergelten sollte.

Die Cafeteria war bereits belebt. Fettleibige Parlamentarier drängten sich um Riesenteller mit Leckerbissen, die eine eigens dafür angestellte Dame zu früher Stunde zubereitet hatte und jetzt beflissen kredenzte. Vorgeblich grüßte nach allen Seiten, lächelte mit der Unschuldsmiene des bescheidenen Mannes vom Lande und ging zielstrebig zu einem kleinen Bistrotisch, der etwas abseits stand. Ich folgte ihm schicksalsergeben, stellte mich ihm gegenüber und gab der netten Servicedame mit einer Geste zu verstehen, dass uns an Kaffee gelegen sei. Sie strahlte mich an und begann, die Kaffeemaschine für uns in Gang zu setzen.

„Nun", begann Vorgeblich, behutsam tastend, um mich nicht zu verschrecken, „wie geht es dir wirklich, mein Freund? Hast du Kummer?"

„Nein", entgegnete ich lapidar, „mir geht es gut. Kummer habe ich keinen."

116

„Ach, das freut mich aber", konterte Vorgeblich nicht minder lapidar. Seine Gabe, sich immer unbeirrt zu geben, war mir längst vertraut und so hielt ich den Mund und ließ ihn kommen. „Du siehst jedoch etwas mitgenommen aus. Du kannst mir immer sagen, wenn dich etwas bedrückt. Das weißt du, oder?"

„Sicher, das weiß ich, und das ist schön", erwiderte ich mit der leicht debilen Freundlichkeit eines herrenlosen Hundes, der um Zuwendung bettelt. Ich wollte Vorgeblich nicht nachstehen in verbaler Nächstenliebe. Vorgeblich ahnte, dass hier ein Spiel eröffnet wurde, aus dem er unter Umständen nicht als Sieger hervorgehen würde.

Seine Augen wurden hart und sein Lächeln gefror zu einer bemühten Grimasse. „David, du bist doch Jude und in Religion bewandert, nicht wahr?" Selbst für Vorgeblich war das eine gewagte Finte, um ein Gespräch in Gang zu setzen, das nicht den von ihm gewünschten Verlauf nahm.

„Wie meinst du das, Caspar?"

„Ich meine, du solltest doch wissen, dass Freunde sich vertrauen müssen." Vorgeblich konterte geschickt und appellierte an meine sensible Seite.

„Freunden vertraue ich immer", antwortete ich diplomatisch, in der Hoffnung, Vorgeblich würde nun endlich aufhören, mich mit persönlichen Fragen zu traktieren. Sein Gesicht wurde, wie es ihm oft geschah, spontan von hektischen Flecken besiedelt, die Hals, Wangen und Stirn in rot-weiße Parzellen unterteilten. Wenn Vorgeblich vor Publikum sprach oder sich erregte, erinnerte er immer an eine überreife Tomate. Die Rötung nahm violette Farbschattierungen an, die Vorgeblich zu neutralisieren versuchte, indem er, heftig pumpend, den Takt seiner Atemzüge verstärkte. Damit wurde das Elend jedoch nicht geringer, sondern größer. Vorgeblich drohte zu hyperventilieren und seine Augen quollen in Basedowscher Bedrängnis aus ihren Höhlen. Dieses Elend betrachten zu müssen, widerstrebte mir sehr; mein Blick verlor sich in den

Tiefen meines Espressos, den ich, entgegen gängiger Konventionen, am liebsten ohne Zucker und heiß genieße. Lauwarmer Kaffee war mir schon immer ein Gräuel, auch wenn der deutsche Hobby-Barista gern behauptet, das ganze Aroma eines Kaffees entfalte sich nur bei mäßigen Temperaturen von 60 bis 62 Grad Celsius.

Was ich im Sternheimer Landtag gelernt hatte, war wenig genug, doch mich in freien Gedankenassoziationen zu verlieren, zählte in jedem Fall dazu. Vorgeblich mochte gemerkt haben, dass ich mich ihm gedanklich entzog und so fuhr er, noch immer mit seiner hektischen Röte kämpfend, fort, mich, lauter als zuvor, mit Fragen zu traktieren. „David, warum verschließt du dich? War ich nicht immer dein Freund?"

„Mein Freund?", fragte ich tonlos und unbeteiligt.

„Ja, dein Freund. Von Beginn an. Weißt du das nicht?", insistierte Vorgeblich unverdrossen auf eine positive Reaktion.

„Wenn du das sagst", ließ ich ihn wissen, „ist das ein schönes Privileg".

„Wieso bist du so distanziert, David? Warum bist du nicht ehrlich?" Vorgeblich hatte die Stirn gekraust und empörte sich künstlich.

Jetzt musste ich lachen. „Ehrlich, Caspar, sind in diesem Haus nur die Narren."

Vorgeblich schaute betroffen, aber auch, auf die ihm eigene, pastorale Weise, vorwurfsvoll. „Du hast eine seltsame Sicht der Dinge, David." Er neigte dazu, den Vornamen seines Gegenübers oft zu sagen, sehr wahrscheinlich, weil ihm einer seiner Rhetoriklehrer gesagt hatte, dass damit Nähe aufgebaut und Vertrauen gestiftet werde. Vorgeblichs Manöver waren immer von den Ratschlägen anderer gespeist. Er tendierte dazu, sich nicht mit eigenen Überzeugungen oder Meinungen zu behelligen. Er hatte, das war offensichtlich, eine heilige Scheu, etwas selbst zu entscheiden. So groß sein Narzissmus war, so gering waren seine Fähig-

118

keiten entwickelt, Verantwortung zu übernehmen. Er zählte zu jenen Menschen, die glaubten, es sei möglich, Fehler oder Niederlagen ausnahmslos jenen anzulasten, die bei ihnen in Knechtschaft standen.

„Mag sein, dass ich seltsame Ansichten habe, doch das muss dich nicht kümmern. Schließlich bist du Abgeordneter und ich nur ein Mitarbeiter."

„Warum beharrst du immer auf Hierarchien? Wollen wir nicht alle das gleiche, du und ich, deine und meine Kollegen?"

„Und was wäre das, Caspar?"

„Was das wäre?" Vorgeblich wiederholte oft und gern die letzte Sequenz eines Satzes, „natürlich unsere Botschaft verbreiten". Er lächelte sichtlich zufrieden mit sich, seinem Pathos und der Gewissheit, dass ich fragen würde.

„Welche Botschaft?", gab ich mich ahnungslos.

„Welche Botschaft? Na, das liegt doch auf der Hand. Produktivität lohnt sich. Auch bei Humankapital." Die flackernde Röte in Vorgeblichs Gesicht war mittlerweile einer konstanten gewichen. Jeder ahnungslose Betrachter musste glauben, er habe hohes Fieber. „Sei produktiv und christlich, dann bist du christlich produktiv – das ist unsere Botschaft, David", redete sich Vorgeblich in einen Phrasenrausch. „Christlich, humanistisch, produktiv, verstehst du, das sind die Schlüssel zu Vermögen, Freiheit und Produktivität."

In jeder Fußballsendung hätte Vorgeblich nun seine sprachliche Diarrhoe mit einem Griff in die Geldbörse bezahlen müssen. Das Phrasenschwein hätte gezittert vor Glück, doch wir saßen im Sternheimer Landtag, Vorgeblich war stellvertretender VDP-Vorsitzender und, nicht zuletzt, Sozial-, Wirtschafts- und Arbeitsexperte einer Fraktion, die besser in einer Spielecke für inklusionsaffine Erwachsene Platz genommen hätte. Doch die Politik ist reich an Wirrnis und Idiotie und arm an Möglichkeiten, der Idiotie Einhalt zu gebieten.

So beschränkte ich mich auf das Naheliegende und schlug ihm meine Antwort lächelnd in sein leicht gedunsenes Gesicht. „Ich bin Jude, nicht Christ, lieber Caspar, und damit nicht berufen, deine konfessionelle Botschaft zu verbreiten."

Vorgeblich wurde still und erbleichte. Dieses seltene Phänomen sagte alles. Er fühlte sich ertappt und hatte Angst, ich könnte ihm seine Worte als antisemitische Kränkung auslegen. Das tat ich zwar nicht, ergriff jedoch ohne zu zögern die Chance, mich endlich Vorgeblichs Fragen zu entziehen.

„Ja, natürlich, du bist Jude", haspelte Vorgeblich leise, als sage er etwas Anzügliches. „Und das Christentum ist eigentlich jüdisch, nicht wahr, lieber David?"

„Jesus von Nazareth war von Geburt und Lebensführung Jude. Wäre er nicht Jude gewesen, hätte er nicht im jüdischen Tempel von Jerusalem lehren dürfen. Das kannst du den Evangelien von Matthäus und Lukas, aber auch der Apostelgeschichte entnehmen. So besehen hast du natürlich recht, das Christentum ist durch ihn jüdisch inspiriert. Doch das haben die Christen schon oft vergessen, wenn es um das Überleben der Juden ging", erwiderte ich mit unbewegter Miene. Es war mir nicht danach, zu scherzen, es war mir nicht danach, Vorgeblich neuerlich hyperventilieren zu sehen.

„Danke für den Kaffee und das nette Gespräch", nahm ich Abschied, reichte Vorgeblich meine Hand, raffte meine Unterlagen an mich und verließ eilig die Cafeteria, die sich zunehmend mit lärmenden Abgeordneten füllte. Nur Tamara Troll hielt sich abseits und ließ mich mit einer SMS wissen, dass sie von mir erwarte, in fünf Minuten am Eingang des Plenums zu sein, wo sie ein TV-Interview zur Bedrohung von Landwirten geben sollte. Nachdem mutmaßlich ein verirrter, einsamer Wolf ein verirrtes, einsames Schaf in der tiefsten Diaspora gerissen hatte, riefen die Bauern nach einer raschen, radikalen Lösung. Der Wolf hatte kein

Mitleid zu erwarten. Seine Tage waren, das wusste ich gleich, gezählt.

Als ich ankam, hatte das Filmteam bereits Kamera, Licht und Mikrofon arrangiert und Troll in Position gebracht, die mit zornigen Augen nach mir fahndete. Als sie mich sah und ich mich ihr auf zwei Meter genähert hatte, zischte sie halblaut: „Fotos, Davidson." Der etwas abseitsstehende Reporter musste die Trollsche Instruktion gehört haben. Er verdrehte die Augen, grinste leicht und schenkte mir einen wissenden Blick, der mich beruhigen sollte. Wann immer ich diesem älteren, klugen und welterfahrenen Journalisten begegnete, fühlte ich mich beschützt. Ihm gelang ein seltenes Kunststück in dieser Branche. Er echauffierte sich nie und blieb gelassen, was auch geschah. Er interviewte die Horde hysterischer Egomanen grundsätzlich distanziert und unaufgeregt wie ein Ringrichter. Ohne mit der Wimper zu zucken, ignorierte er selbst üble Entgleisungen oder konterte sie auch von Zeit zu Zeit, sachlich und trocken, wenn es ihm sinnvoll erschien. Wie, so wollte der Journalist wissen, reagiere sie, Tamara Troll, auf die Sorge der Landwirte? Und wie solle, ihrer Meinung nach, jetzt mit dem Wolf verfahren werden, der, wenn er denn überhaupt existiere, ein Einzelgänger sein müsse?

Tamara Troll zögerte keine Sekunde mit ihrer Antwort: „Der Wolf muss sterben. Besser heute als morgen. Wölfe haben bei uns nichts verloren. Sie sind eine Gefahr für Leib und Leben der Landwirte. Sie müssen weg. Endgültig und nicht erst, wenn es den Naturbewegten beliebt. Habedank sind die Bauern egal. Habedank hat kein Verständnis für ihre Sorgen", grollte Troll bissig. Mehr war nicht zu sagen. Mehr war von der VDP nicht zu erwarten. Wildtiere mussten sterben. Ob Biber, Waschbär, Wolf oder Luchs, allen drohte die Exekution. Die VDP liebte es drastisch und war – Erich Fromm hätte mir nicht widersprochen – *charakterlich nekrophil.*

Troll wandte sich eckig ab und gab mir, schon im Gehen begriffen, die Instruktion, ihr die Fotos zu schicken. Gleich. Nicht später. Jetzt. Nicht nachher. Ich nickte nur und genoss, dass Troll sich räumlich distanzierte.

„Manchmal ist es hart, nicht wahr?", hörte ich die Stimme des Journalisten in meinem Rücken ohne jeden Hohn fragen.

„Ja, manchmal schon", erwiderte ich, als spräche ich mit einem Freund, von dem ich wusste, dass er, was immer ich sagte, diskret behandeln würde.

„Sie müssen darauf achten, dass diese Menschen ihnen nicht die Lebensfreude nehmen", erklärte der Journalist, sachlich-bestimmt wie ein erfahrener Hausarzt, der wusste, welche Therapie seinem Patienten helfen würde, gesund zu werden.

„Sie haben vollkommen recht und ich mühe mich redlich", antwortete ich, ernster als mir lieb war. „Bisweilen ist der Ekel jedoch größer als die Fähigkeit, zu vergessen, was und wer einen umgibt"; jetzt hatte ich endgültig die Karten auf den Tisch gelegt und mich diesem freundlichen Menschen übereignet, der keine Anstalten machte, mir zu widersprechen.

Er nickte nur verständnisvoll, trat einen Schritt näher an mich heran und flüsterte, allein für meine Ohren vernehmlich: „Tamara Troll ist die logische Konsequenz einer langen Folge von Irrtümern. Irrtum eins: Politik dient den Bürgern. Irrtum zwei: Politiker interessiert das Gemeinwohl. Irrtum drei: Menschen mit Empathie haben in der Politik eine Chance." Der Journalist legte mir seine Hand auf den Arm, drückte ihn sanft, und schaute mir mit einer solch' entwaffnenden Offenheit in die Augen, dass ich beschämt meine Blicke senkte, denn ich begriff, was er sagen wollte: „Befreie dich, mein Freund, und befreie dich rasch."

Vor meinem inneren Auge sah ich eine haarige, fette Spinne mit Geduld und Akribie ihr Opfer mazerieren, das, fasziniert von der umsichtigen Bosheit seines Mörders, sachlich und unbeteiligt dem Prozess der eigenen Auszehrung beiwohnte. Es unternahm keinen Versuch, sich zu retten, es ließ seinen Mörder klaglos gewähren, ganz so, als verbinde beide ein heimliches Einverständnis zu diesem Akt der Barbarei. Das schaurige Bild stanzte sich mit unvergleichlicher Wucht in das zarte Wachs meiner schadhaft gewordenen Physis, die den seelischen Jammer in die Gegenständlichkeit eines körperlichen Erlebens überführte, das einer Auslöschung nahekam.

Ich wusste, es war höchste Zeit, zu gehen. Ich wusste, wenn ich mich länger weigerte, dem verseuchten Morast des Sternheimer Landtags zu entfliehen, würde ich in ihm versinken. Ich wusste, dass eine Zäsur unumgänglich war. „Erst nehmen sie dir deine Kraft, dann besudeln sie dich mit ihrem Schmutz und niemand weiß, was dann mit dir geschieht." Wer das sagte, hatte recht. Niemand wusste, was dann geschehen würde. Doch was immer es war, es würde abscheulich sein.

21. EfEf

Er hatte sich von mir abgewandt und ging mit raschen Schritten zu seinem Schreibtisch, um ein Dossier zu holen, von dem er glaubte, es werde die Menschheit davon überzeugen, dass calvinistischer Fleiß alles zum Besseren wenden würde. Längst hatte er aufgehört, Gespräche zu führen, die als solche gelten durften. Er schätzte den Monolog, nicht die Replik. Wenn er Fragen stellte, dann nur, um selbst ausschweifende Antworten folgen zu lassen, die sich in einer Beschwörung statistischer Daten verloren.

Rupf glaubte, was er sagte, doch nichts von dem, was er sagte, hatte Substanz. Wie Mjölnir, Thors Hammer, zerschlug er, was ihm entgegentrat, mit magischen Kräften, geschmiedet aus eherner Langeweile.

Rupfs Gesicht trug konstant eine Maske aus Verdruss, Besessenheit, aber auch dumpfer Heiterkeit. Seine Dämonen hießen ‚Arbeit' und ‚Manie'. Wer immer Rupf Aufmerksamkeit schenkte, begann es rasch zu bedauern, denn Rupf marterte jeden mit seiner Geschwätzigkeit. Seine in monotoner Stimmlage halblaut geführten Monologe besaßen nur Spurenelemente von Inhalt, seine exzessiven Wortkaskaden schläferten ein; selbst bei jenen, die Rupf gewogen waren, erzeugten sie Unmut. Mir war es nicht gegeben, Rupfs Gefasel gelassen hinzunehmen. Ab und an dachte ich darüber nach, ob ein Schlag auf Rupfs Schädel den schadhaften Mechanismus wieder in Gang setzen würde, widerstand jedoch der Versuchung und rauchte stattdessen vermehrt filterlose Zigaretten.

Auch heute quälte er mich mit der Unerbittlichkeit eines irren Finanzbeamten, der nicht begreifen kann, dass die zahlreichen Regeln und Vorgaben seines absurden Berufsstands anderen Menschen widerstreben. Rupfs Leben als Abgeordneter im Sternheimer Landtag war die logische Fortsetzung einer ländlichen Existenz, die Frohsinn und Lebenslust entschieden von sich wies.

Rupf war unerbittlich. Seine Mitarbeiter fürchteten seine Arbeitswut, seinen Ehrgeiz und Wahnsinn.

Rupfs Angewohnheit, mit dem ersten Hahnenschrei im Büro zu erscheinen, „um Arbeitsaufträge zu disponieren" und, was nicht selten geschah, auf Anrufbeantwortern Instruktionen zu hinterlassen, war berüchtigt. Es hinterließ jedoch keine präzisen Informationen, sondern diktierte lange Episteln. Unablässig durchwühlte er Papierkonvolute nach neuen „Anregungen" und „Impulsen", die ihn dabei unterstützen sollten, seine Arbeit „efef" – effektiv und effizient – zu erledigen. Effizienz ist der semantisch entkernte Kampfruf aller Vertreter der VDP. Der Glaube, nur wer unablässig Termine habe, sei produktiv, ist der Glaube von Menschen, die in ihrem Leben noch keinen Augenblick konzentrierter Stille und Inspiration genießen konnten.

Seine wissenschaftlichen Beraterinnen fürchteten seinen Eifer, selbst aus skurrilen Dingen Stellungnahmen, Positionspapiere oder Pressemitteilungen zu entwickeln. Wenn Rupf hörte, dass in seinem Wahlkreis ein Ortsrat Klage führte, es gebe zu große Rehpopulationen, rief er nach seiner persönlichen Referentin und diktierte ihr eine vierseitige Pressemitteilung, die in dem Aufruf gipfelte: „Jetzt ist Initiative gefragt. Wir müssen alle Rehpopulationen erheben, auszählen und dann vergrämen. Gundelbach darf nicht den Rehen geopfert werden." Parallel zu der Meldung ließ er noch ein 150 Seiten umfassendes „Extrakt" seiner prinzipiellen Überlegungen zu rotwildbedingten Schäden im Landkreis Gundelbach versenden.

Ein Journalist, der den Fehler beging, mit Rupf ein Pressegespräch zu einem eher harmlosen Sternheimer Thema zu vereinbaren, wurde *dekonstruiert*. Woran Jacques Derrida und Paul de Man gescheitert waren, gelang Tilmann Rupf: Er machte die *différence* physisch erfahrbar. Wo Rupf war, war der Riss, die Zäsur, der Abgrund nicht fern. Wo Rupf sein Unwesen trieb, gab es keine Rettung. Für niemanden, der nicht schnell genug fliehen konnte.

22. Das Pressegespräch

Rupf traf den Journalisten in einem Speiselokal, das täglich zwei
Eintopfgerichte anbot, die beide entsetzlich schmeckten. Doch sie
waren, wie Rupf häufig betonte, „günstig und nahrhaft" und die
Portionen wirkten gigantisch. Rupf beharrte darauf, dass ich ihn
begleiten möge, was mir umso unangenehmer war, als ich den
Journalisten mochte und unser gutes Verhältnis nicht gefährden
wollte. Doch es gab kein Entrinnen und so ergab ich mich, lustlos
und widerstrebend, meinem Schicksal, versuchte jedoch Rupf davon abzuhalten, mehrere Leitzordner mitzunehmen.
Rupfs krankhafte Lust, zu jedem Thema große Dossiers anzulegen
und in einem ständig überladenen Trolley mit sich zu führen, „um
gegebenenfalls sämtliche Daten verfügbar zu haben", konterka-
rierte alle Bemühungen, ihm in den Medien ein größeres Plätzchen zu sichern. „Mehr ist besser als wenig. Und viel am besten";
Rupfs Mantra war blind für die Wirklichkeit. Seine absurde
Freude an belanglosen Daten, Kompendien und Akten war genauso unveränderlich manifest wie Tamara Trolls Soziopathie.
Troll begegnete Rupf mit Gleichmut, weil sie wusste, mit Rupf
würde ihr nie ein ernstzunehmender Konkurrent entstehen.
Rupfs Ambitionen gingen nie so weit, Trolls Position infrage zu
stellen. Rupf fürchtete Troll, glaubte jedoch mit ihrer Unterstützung „mehr Schlagkraft" entwickeln zu können. Um seine Schlagkraft zu steigern, hatte er sich auch einen dubiosen PR-Berater
„eingekauft", der ihn dabei unterstützte, die Gundelbacher Region „medial abzusichern". Der Mann war Ende zwanzig und
hatte eine erschreckende Lust an Fäkal- und Hygienethemen.
Wann immer in Gundelbach eine öffentliche Toilette den Dienst
versagte oder hygienische Standards unterschritt, geißelte er in
Rupfs Namen die Verursacher dieser „Unmöglichkeit". Seit Kaiser Vespasian, der in Rom eine Latrinensteuer für die Benutzung
öffentlicher Bedürfnisanstalten erhob und damit Millionen schef-

126

felte, gab es niemanden mehr, der sich ähnlich begeistert dieser Materie gewidmet hätte. Rupfs Mitarbeiter war ein Analcharakter, der mit Rupf einen Chef erhielt, der seine regressiven Leidenschaften teilte.

Rupf arbeitete immer. Rupf ruhte nie. Er war immer bereit, das Leben zu zersetzen. An einem Ostersonntag rief mich Rupf zu früher Stunde an, aufgeregter als sonst und hektisch-betriebsam, als gelte es, eine nationale Katastrophe abzuwenden. Sein langatmiger Sermon fand nur langsam Zugang in mein Bewusstsein, das noch damit rang, die opake Oberfläche einer weit entrückten Traumwelt zu durchbrechen. Da ich nichts gehört und verstanden hatte, bat ich Rupf schlaftrunken, sein Anliegen zu wiederholen.

„Sie müssen unbedingt eine Meldung versenden. Heute wurde bekannt, dass Habedank vorhat, im Sternheimer Westen eine Wetterstation einzurichten. Darüber hat er die Opposition nicht informiert. Wir müssen reagieren." Sein nervöser Atem ließ erkennen, wie sehr diese Nebensächlichkeit Rupf erregte.

Warum mich Rupf kontaktierte, war mir längst gleichgültig geworden, wichtig war mir allein, *wie* ich ihn davon abbringen konnte, bei mir einen seiner heillosen Arbeitsaufträge zu deponieren. „Herr Rupf, wenn wir jetzt eine PM lancieren, verschwindet sie im Nirwana. Niemand wird sich für Ihre Meldung interessieren."

„So? Warum denn?", quengelte Rupf, als wolle ich ihn um eine wunderbare Erfahrung bringen.

„Weil", erwiderte ich geduldig, als redete ich mit einem zurückgebliebenen Kind, „morgen Feiertag ist".

„Feiertag, auch bei uns? In Sternheim?" Rupfs Misstrauen war spürbar.

„Ja, Ostermontag", antwortete ich, jetzt bereits weniger gelassen als zuvor, „und der ist bekanntlich in ganz Deutschland Feiertag".

„So etwas Blödes. Da würde es sich ja fast lohnen, Italiener zu werden." Rupf lachte krampfhaft. „In Italien feiert niemand

127

Ostermontag", nörgelte Rupf schließlich weinerlich.

„Das stimmt", gab ich ihm recht, „doch Italien ist fern und Protestanten lassen Ostermontag die Arbeit ruhen".

Rupf atmete laut in sein Telefon. Er knurrte. Rupf knurrte tatsächlich. Er hatte keine Worte für die fatale Situation. Er als „praktizierender Protestant" sollte zugeben, dass seinesgleichen nicht arbeitete, derweil die trägen, faulen Südeuropäer das Haus verließen, um zu „schaffen".

Kurz war ich versucht zu triumphieren, doch ich beherrschte mich und wollte ihm eben einen schönen Feiertag wünschen, als er wieder zu sprechen begann und mir mit der Stimme eines Militärausbilders in kurzen Staccato-Sätzen einen Arbeitsauftrag erteilte: „Wir machen das trotzdem. Schreiben Sie Folgendes: Habedank eröffnet heute heimlich eine teure Wetterstation, von der wir nicht wissen, warum er sie will. Die VDP wird nicht tolerieren, dass im Sternheimer Westen Infrastrukturprojekte stattfinden, die personalintensive Betriebskosten nach sich ziehen." Rupf hielt für einen Augenblick inne, ehe er die berüchtigte, für Rupf obligatorische Ergänzung machte: „Ich lasse Ihnen noch Materialien zugehen, die mitverschickt werden müssen. Es sind knapp 200 Seiten. Statistiken, Grafiken, zwei bis drei Expertenkommentare. Mehr nicht."

Rupf legte unvermittelt auf und ließ mich in der Gewissheit zurück, dass ich offensichtlich einer Arbeit nachging, die einem unsympathischen Irrsinn diente. Charmante Seiten besaß dieser Irrsinn keine, und das war vielleicht sein schlimmstes Manko. Selbst den gewöhnlichen Dingen des Arbeitslebens wohnt mittlerweile ein latenter Irrsinn inne. Er ist längst verankert in Politik, Wirtschaft und Familie, und Rupf ließ mich das nie vergessen.

Als wir Rupfs Lieblingslokal betraten, war der Journalist bereits da. Er kauerte beklommen hinter einem der viel zu kleinen Bistrotische mit applizierter Kunstmarmorplatte und starrte in sein Smartphone. Die fünf Nachbartische waren bereits von älteren

Menschen in Beschlag genommen. Alle aßen mit trüben Gesichtern Eintopf aus gelb getönten Steingutschalen, lustlos und traurig, als sei ihnen jede Lebensfreude abhandengekommen. Ich fühlte mich ein wenig an die Kantinenbeschreibungen von Orwell in „1984" erinnert. Hier war alles grau, trist und freudlos. In mir wuchs die Beklemmung und ich sah, dass es dem Journalisten ähnlich erging. Nur Rupf wirkte fröhlich und gelöst. Mit seinem unansehnlichen Konfektionsanzug schien er wie geschaffen für diese Umgebung. Der Journalist hatte uns wahrgenommen und bat uns, zögerlich winkend, näherzukommen. Mit einem mächtigen Ausfallschritt wuchtete Rupf seinen schweren Körper vor den Tisch des Journalisten, reckte ihm seine Hand entgegen und schrie ihm fröhlich, als träfe er einen guten Freund, ein „Grüß Gott" entgegen, das Lazarus zum zweiten Mal erweckt hätte. Die anderen Gäste hielten bei ihrer Nahrungsaufnahme erschrocken inne.

„Schön, dass Sie kommen konnten und Zeit mitbringen", begann Rupf seine Tirade. „Zeit ist kostbar, denn Zeit ist Produktivität." Rupfs Gesicht glühte, als er diesen sinnfreien Slogan der VDP fanfarengleich intonierte. Rupf bemühte ihn häufig, wenn er Menschen zum ersten Mal traf. Warum Zeit mit Produktivität korrelieren sollte, bleibt das Geheimnis der VDP, die vor kurzem noch Straßen mit grell gefärbten Plakaten verschönte, die für ein neues Deutschland der Produktivität warben: „Wir zögern nicht. Wir produzieren – VDP" „Nicht schlafen. Produzieren – VDP" „Nicht links, nichts rechts: WIR sind *vorn* – VDP"

Die VDP-Vorsitzende hat einen eigenen Wahlspruch erhalten, der, wenn nicht alles täuschte, ihrem Teint geschuldet war. „Wir bringen Farbe ins Spiel – VDP" prangte in pinken Lettern über ihrem rostbraun verbrannten Gesicht, das mit einem breiten Grinsen von den Vorzügen einer Partei überzeugen wollte, die sich zu 90 Prozent aus Beamten und geldverliebten Parvenüs rekrutierte.

Der Journalist war von Rupfs Begrüßung überrascht. Er wirkte perplex, fing sich jedoch schnell und schüttelte Rupf mit undurchdringlicher Miene die Hand. Er wusste, wofür die VDP stand und gab sich Mühe, seinen Widerwillen zu verbergen.

Der Journalist war wie ich ein passionierter Operngänger, und so datierte unsere erste Bekanntschaft nicht auf eine berufliche Verpflichtung, sondern einen Puccini-Abend.

Er war ein höflicher Mann, der mir an diesem Abend im Opernfoyer den Vortritt gelassen hatte, als ich meiner Frau an der Bar ein Glas Sekt holen wollte. Da ich in großen Menschengruppen zu phobischen Reaktionen neige, hatte ich aus meiner Warteschlange heraus immer wieder den Rückzug angetreten, wenn ich von links und rechts bestürmt und angerempelt wurde. Seine nette Geste signalisierte, dass er mit wachen Sinnen die Welt erlebte und Menschen gern aus einer Misere half. Er war ein sensibler, hilfsbereiter Mann und damit ein Präzedenzfall. Nach der Oper waren wir uns wieder im Foyer begegnet; wenig später saßen wir schon, wie selbstverständlich, in einer Weinstube, angeregt plaudernd, als würden wir uns schon seit Jahren kennen. Unsere Zufallsbekanntschaft hatte rasch freundschaftliche Züge angenommen. Instinktiv hüteten wir uns beide davor, Beruf und Privates zu vermengen. Gespräche über Politik waren tabu; umso unangenehmer war für uns dieses offizielle Treffen.

Rupf wusste von alledem nichts. Rupf kannte nur sich, seine Welt und den Wunsch, unablässig produktiv zu sein. Als wir alle, nach kurzem Gerangel, einen Stuhl requiriert und an der Tisch-Scheußlichkeit Platz genommen hatten, ging Rupf ansatzlos über, den Journalisten mit Daten und Zahlen zu traktieren: „Sie wissen", begann Rupf seinen ausufernden Monolog, „dass wir bundesweit große Probleme in der Schweinemast haben, auch im Sternheimer Umfeld. Von 143 Landwirten haben aktuell nur 54,7 Prozent eine staatlich zertifizierte Futterkrippe. 26,9 Prozent experimentieren mit südamerikanischen Futtermitteln und 16,4

130

Prozent injizieren ihren Ferkeln bei der Geburt Vitamin-B-Präparate." Rupf redete und redete. Der Journalist und ich blickten uns zunehmend beklommener an. Rupf sprach bereits 20 Minuten nur für sich und verlor sich eben in der Betrachtung, dass die Schweinemast nur dann produktiver werden könne, wenn eine von ihm ersonnene VDP-Initiative den Bundesrat passieren würde, als der Journalist es müde wurde. Er unterbrach Rupf, indem er laut und vernehmlich gähnte.

Rupf, tatsächlich aus dem Konzept gebracht, hielt inne und starrte den Journalisten an, ehe er sagte: „Haben Sie eine Frage?"

„Nein, keine Fragen, nur Hunger", erklärte der Journalist gereizter, als er wusste.

„Oh ja, Sie haben recht", gab Rupf beflissen zurück, „wir sind ja auch hier, um zu essen. Die Mahlzeiten kommen meist rasch." Mit schlurfenden Schritten trat auch schon die Wirtin an unseren Tisch, nickte Rupf wissend zu, ehe sie den Journalisten und mich verwundert in Augenschein nahm. Sie war in einem unspezifischen Alter. Vielleicht 60, vielleicht 70 Jahre. Ihr Aussehen hatte ein Stadium erreicht, das keine Unterscheidungen mehr nahelegte. Sie wirkte erschöpft, mitgenommen, vom Leben gezeichnet. Ihr langes, unzulänglich getöntes Haar changierte in vielen Orangetönen; es hing in fettigen Strähnen an einem langen, fahlen Gesicht kraftlos herab, in dem das Leben unerbittlich gewütet hatte. Die braunen Augen waren ohne Glanz, die Haut wirkte teigig und ungesund. Tiefgehende Falten gaben ihr den kläglichen Ausdruck einer englischen Dogge. Eine Grundierung aus Skepsis und Depression lag unter allem, was dieses Menschenleben gezeichnet hatte.

Als die arme Frau den Mund öffnete, grüßte eine Gebissruine, an der auch der beste Zahnrestaurator scheitern musste. Ihr Hals wirkte wie braun gebeizt, was auf viele Solarienbesuche verweisen oder auch nur das traurige Resultat jener Cremes sein mochte, die mit der Verheißung „natürlich gesunder Bräune" beworben werden. Gekleidet war sie in eine blaue Kittelschürze, wie sie in den 1970er-Jahren von vielen Hausfrauen getragen wurde. Die Frau, das war offensichtlich, hatte jedes Interesse an sich verloren. Sie ließ sich gehen und verleugnete sich in allem. Umso mehr erstaunte die helle, geschulte Stimme, die in perfektem Hochdeutsch fragte: „Was darf ich Ihnen bringen? Wir haben heute Kartoffelsuppe oder Gemüseeintopf mit Rindeinlage."

Rupf nahm kaum wahr, was die Wirtin sagte, da er mit fahrigen Händen in einem Konvolut von Blättern wühlte, die er eben aus seiner sperrigen Aktentasche gezerrt hatte. „Was würden Sie denn empfehlen?", fragte ich sie mit einem Lächeln, das sie diskret erwiderte.

Ihre erstarrte Miene belebte sich. „Die Gemüsesuppe ist heute besonders lecker, sie würde ich nehmen", antwortete sie mit einem schmalen, doch feinen Mädchenlächeln. Sie wirkte erfreut, wusste jedoch um den desaströsen Zustand ihrer Zähne und schämte sich ihrer.

„Dann nehmen wir sie zweimal", ergriff jetzt der Journalist das Wort; auch er war bemüht, der Wirtin eine kleine Freude zu machen. Er schenkte ihr ein warmes Lächeln, stieß Rupf in die Seite, und fragte ihn, mit Ungeduld in der Stimme: „Und Sie, was nehmen Sie, Herr Rupf?"

„Das ist mir ganz egal. Was eben da ist." Rupf starrte unverwandt in seine Blätter. Die Bestellung schien ihn nichts anzugehen.

„Auch wenn es Ihnen egal ist, müssen Sie eine Entscheidung treffen", entgegnete der Journalist, dem es schwerfiel, seinen Unmut zurückzudrängen. Rupfs unsäglicher Monolog hatte ihn bereits an die Grenzen seiner Geduld geführt.

„Dann nehme ich, was Sie nehmen"; Rupf hob bei seiner Antwort noch immer nicht den Blick und verlor sich weiter in seinen Unterlagen. Er sah und bemerkte nicht, wie der Journalist sardonisch zu grinsen begann.

Umständlich wie ein Advokat nahm er Notizblock und Stift und verstaute beides ostentativ bedächtig in den Innentaschen seines Sakkos. Dabei seufzte er laut und vernehmlich, als wolle er sich einer großen Last entledigen. Dann erhob er sich unter Mühen – er wog weit mehr, als ihm guttat –, stöhnte leise und drängte die Wirtin mit der altertümlichen Grandezza eines vornehmen Herrn, einen 20 Euro-Schein anzunehmen. Das Rückgeld verweigerte er sanft, zog dann, mir zugewandt, eine alberne Grimasse, schüttelte leicht den Kopf und pfiff, als müsse er Überdruck ventilieren, eine kurze, grelle Tonsequenz. Rupf merkte von all dem nichts und blätterte weiter in seinem Dossier. Betreten starrte ich in die Augen des Journalisten, der, das wusste ich mit Bestimmtheit, noch immer mit sich rang, ob er mir zuliebe nicht bleiben sollte. Dann, als folge er der Empfehlung eines unsichtbaren Souffleurs, traf er schließlich eine Entscheidung, legte mir seine Hand auf die Schultern und raunte leise: „Was für ein Spuk." Der Journalist atmete schwer, ehe er flüsternd ergänzte: „Davidson, dieser Mann ist eine Kanaille. Hauen Sie ab, sonst werden Sie krank. Die Geistertruppe der VDP passt nicht zu ihnen. In gar nichts." Erst jetzt verließ er, ohne Rupf noch eines Blickes zu würdigen, rasch das Lokal.

Rupf, der sich keinen Reim darauf machen konnte, was hier geschah, machte Anstalten sich zu erheben, um dem Journalisten zu folgen, doch hielt ich ihn davon ab und drängte ihn, sitzenzubleiben. „Was ist denn los, Davidson? Ist dem Mann nicht gut?" Rupf verstand tatsächlich nichts. Für ihn, den Berufspolitiker, waren menschliche Interaktionen nichts, was mit ihm, seiner Person, seinem Auftreten und Verhalten, zu tun hatte. Rupf war sozial erblindet. Es wäre müßig gewesen, ihn mit der Wirklichkeit vertraut zu machen, es wäre müßig gewesen, ihn daran zu erinnern, dass Menschen keine Freude daran besitzen, sich benutzt zu fühlen.

„Ja, ihm war nicht gut", antwortete ich pflichtschuldig, bemüht, nicht hysterisch zu lachen. „Möchten Sie noch hierbleiben und die bestellte Suppe essen?" Meine Stimme klang fremd, als ich, resigniert und erschöpft, Rupf diese Frage stellte.

„Natürlich", entgegnete Rupf entsetzt. Rupf erweckte den Eindruck, als hätte ich ihn gefragt, ob er nackt das Haus verlassen wolle. „Es ist ja schon gezahlt", gab Rupf fröhlich kund, „Ihr Kollege hat der Wirtin doch einen 20 Euro-Schein gegeben. Damit ist unser aller Essen bezahlt."

Fassungslos starrte ich in sein leicht debiles Gesicht, das, von Selbstsucht und Ignoranz überwuchert, nichts mehr erkennen ließ, dass einem Menschen Charakter verleiht. Dieser Mann, dieser Politiker Anfang der fünfzig, dachte ich mir, macht unserer ganzen Spezies Schande. Dieser Mann, dieser Politiker, sollte besser für immer schweigen.

„Dann wünsche ich Ihnen einen guten Appetit", sagte ich nur lakonisch, winkte die Wirtin zu mir heran, zahlte, vor einem jetzt fassungslosen Rupf, meine Suppe, erhob mich und sagte nur: „Ich muss gehen. Wir sehen uns später."

„Warum wollen Sie weg?", empörte sich Rupf. „Wir sind doch nicht nur zum Zahlen gekommen."

„Das stimmt", gab ich Rupf recht, „ursprünglich sollte hier ein Journalistengespräch stattfinden".

„Das ist jetzt leider nichts geworden", sinnierte Rupf. Ich sah, dass er mir das persönlich verargte. „Sie sollten ihm morgen in jedem Fall schreiben und noch eine kleine Auswahl von Unterlagen zukommen lassen. Zur Schweinemast und zum Gundelbacher Weg industrieller Erneuerung." Rupf starrte mich fordernd an.

„Ein guter Gedanke", heuchelte ich beflissen, um endlich fortzukommen. Rupf zu verlassen, war alles, das mich noch interessierte.

„Ja, sicher ist das ein guter Gedanke. Manchmal, Davidson", Rupf wurde nachdenklich, „frage ich mich, ob unser protestantisches

134

Glaubens- und Arbeitsprinzip mit Ihrer Mentalität vereinbar ist. Die VDP begreift nur, wer keine Probleme mit seiner Gesinnung besitzt."

„Meine Gesinnung ist koscher", rettete ich mich in eine Phrase, die mich immer rettet, wenn ich mich gar zu sehr von Menschen bedrängt fühle. Rupf und Konsorten mit nur einem Wort an meine jüdischen Wurzeln zu erinnern, half bisweilen, sie auf Distanz zu halten. Kein deutscher Politiker setzt sich gern dem Verdacht aus, Vorbehalte gegen jüdische Intellektuelle zu haben.

„So war das doch nicht gemeint, Davidson", beteuerte Rupf pflichtschuldig, „ihre religiösen Überzeugungen standen nicht zur Diskussion. Doch politisch gewinnt man durchaus den Eindruck, sie könnten linksintellektuelle Positionen vertreten."

„Linksintellektuelle Positionen? Was meinen Sie damit? Sozialistische, kommunistische, marxistische, humanistische Überzeugungen?"

„Nun ja, linke, anti-produktive eben."

„Anti-produktive?", fragte ich fassungslos.

„Nun reiten Sie doch bitte nicht auf den Worten herum. Sie wissen doch, was ich meine", betonte Rupf, ungeduldiger als zuvor. Er kostete ihn Mühe, mir keine verbale Abreibung zu erteilen.

„Nein, das weiß ich leider nicht", gab ich mich ahnungslos.

„Also, das ist doch offensichtlich. Unsere protestantische Arbeitsmoral ist Ihnen fremd und Parteimitglied sind Sie auch nicht. Jeder weiß das, so wie jeder weiß, dass Ihnen Menschen am Herzen liegen, die nichts Sinnvolles produzieren. Künstler, Maler, Tänzer, die ganze Bande ohne Leistungswillen."

Jetzt, so wusste ich, hatte ich ihn erwischt. Jetzt war er ganz bei sich selbst. Ein gewissenloser Workaholic, der dachte, es genüge, Autos zu produzieren und die *Autoproduktionszuliefererbranche,* Rupf liebte dieses Kompositum, dafür zu loben, dass die Welt auch weiter jährlich mit Millionen Blechvehikeln überflutet wurde.

„Diese Künstler-Bande verleiht unserem Leben Schönheit und Glanz", entgegnete ich Rupf mit großer Gebärde und lachend. Wer mich sah, musste denken, ich habe den Verstand verloren.

„Sei's drum", zischte Rupf, kurz davor, seine letzte Zurückhaltung zu verlieren. „Am besten geh'n Sie jetzt wirklich, Davidson, und widmen sich Ihren Aufgaben", erklärte Rupf, wieder geschäftsmäßiger als zuvor. „Und vergessen Sie nicht, dem Journalisten alle Unterlagen zu übermitteln. Alle, versteh'n Sie?"

Ich verstand Rupf sehr gut, nickte ihm zu, nahm meine Sachen, schenkte der Wirtin, die alles gehört haben musste, einen freundlichen Blick und ging zur Tür. Die graugesichtige Gästeschaft hatte sich zwischenzeitlich fast verloren. Nur ein Herr um die siebzig starrte weltvergessen aus den kondensbeschlagenen Fenstern, als gäbe es dort etwas Besonderes zu entdecken, und das gab es tatsächlich, für jeden, der mit wachen Sinnen die Welt betrachtet. Wer den Politikbetrieb kennt, *ohne* seinen Verlockungen zu erliegen, begreift, wie wichtig es ist, den Blick auf das andere Leben nicht zu verlieren. Wer seinen Verlockungen erliegt, mutiert in Jahresfrist zu einer boshaften Kreatur, die keine Freude mehr kennt als den Niedergang seiner Kontrahenten.

23. Familienleben oder Hysterisches Gelächter

Liebe und Freude waren Rupf längst fremder als die Vorstellung, Glück könnte etwas anderes sein, als sich in Arbeit zu suhlen, freudig und lustvoll wie ein Schwein im Morast. Seine Frau wurde von Rupf auf den Status einer nützlichen Ikone familiärer Wohlanständigkeit reduziert. Sich selbst hatte Rupf zu einem gefühllosen Neutrum degradiert, das die Familie finanzierte. Seine Kinder betrachteten ihn als eine traurige Notwendigkeit, der sie ihren monatlichen Wechsel verdankten.

Rupfs Töchter vermieden es peinlich, in der Öffentlichkeit mit ihrem Vater aufzutreten. Wenn er wieder einmal in Gundelbach eine Rede hielt und der heimische Marktplatz in einem Wall von Plakaten der VDP ertrank, die alle den grinsenden Rupf präsentierten, konnte sie niemand dazu überreden, das Haus zu verlassen. Sie schämten sich ihres Erzeugers. Rupfs stetes Schwadronieren über ein produktives Leben und seine Bereitschaft, alles der VDP zu opfern, ruinierte jede Hoffnung auf Liebe und seelische Nähe. Was ihm bedeutsam, wichtig und sinnvoll erschien, war für sie nur morbide Geschäftigkeit.

Rupf begriff jedoch nichts. Rupf war so hermetisch wie ein Faradayscher Käfig. Er war kein Mann, der Liebe schenkte. Seine Kinder waren für ihn emotional nicht erfahrbar, doch immerhin vorhanden und wichtig, seine Frau aber war nur noch Objekt und dazu verurteilt, eine Funktion zu erfüllen. Sie war sein *sozialer Appendix*, auf den er karrierebedingt nicht verzichten konnte. Rupfs Frau hatte längst aufgegeben, mehr zu sein, als ihr Mann erwartete. Sie erduldete seine Behandlung in widernatürlicher Demut, als erhebe sie Anrecht auf dieses Elend.

Rupfs Frau hatte mit den Jahren nicht nur äußerlich eine erschreckende Metamorphose durchlaufen; auch ihr Intellekt war verkümmert. Ihre Tage verbrachte sie damit, den Haushalt mit krankhafter Pedanterie zu führen und Menschen anzurufen, die

– wie sie – jede Hoffnung verloren hatten. Von ihren Töchtern wurde sie mit abschätziger Nachsicht behandelt. Jede von ihnen fürchtete sich, Parallelen zu ihrer Mutter zu entdecken. Sie hatten gesehen, wie ihre Mutter sich von einem lebensfrohen Geschöpf in eine alte Matrone verwandelt hatte, deren letzte Freude darin bestand, gebrauchte Kleider umzunähen, die sie dann auf Kirchenbasaren für wohltätige Zwecke verschacherte. Der Erlös wurde vorgeblich darauf verwendet, armen, hungernden Somalia-Kindern eine Grundschulbildung im Nonnenkonvikt zu ermöglichen. Daran glaubte sie, denn dieser Glaube trug sie über das Brachland ihrer trostlosen Tage. Als hinge ihr Seelenheil davon ab, in diesem Bereich nicht zu versagen, nähte sie mit frenetischer Hingabe. Rupf ließ es gewähren, wie er alles gewähren ließ, das seine politische Zukunft nicht gefährdete. Seine Frau war ihm an guten Tagen gleichgültig, an schlechten jedoch überaus lästig.

Wenn Rupf spät am Abend von einem seiner zahllosen Termine zurückkehrte, fand er seine Frau immer am gleichen Ort, in der gleichen Position und im gleichen Zustand. Sie schlief und erweckte dabei den Eindruck, bewusstlos zu sein. Ihre Gesichtszüge waren ihr gänzlich entglitten. Meist waren die schlaffen Mundwinkel von Speichel verkrustet. Die schmalen Lippen ihres welken Gesichts erzählten von Entbehrung und Kummer. Das sonst toupierte Haar war zerzaust und gab ihr das Aussehen einer alten, trunksüchtigen Frau, die ihrem Rausch erlegen war.

Rupfs Frau, früher schlank und ansehnlich, hatte mittlerweile eine beachtliche Korpulenz entwickelt. Ihr schwerer Busen lastete auf einem mächtigen Bauch, der keine Taille mehr kannte. Hüfte, Gesäß und Oberschenkel waren zu einer unförmigen Masse verschmolzen. Rupfs Frau, das ließ sich nicht übersehen, war seelisch und körperlich ruiniert und führte ein Leben resignativer Entsagung. Ihre Abende waren öde, freudlos und einem Fernsehprogramm gewidmet, das selbst sie nicht zu fesseln vermochte.

Rupf hasste es, seine Frau jeden Abend von ihrer Fernsehcouch aufzuschrecken und ihr, was ihn nahe an die Grenze seiner Ekeltoleranz brachte, aufzuhelfen. Ihr Gewicht war beträchtlich und ihr strenger Geruch erinnerte ihn an ranzige Butter. Der sich dabei entspinnende Dialog folgte nahezu immer dem gleichen Muster: „Komm, steh auf", grollte Rupf mit halblauter Stimme, „es ist Zeit für dich, schlafen zu gehen".

„Ach, du bist es, Klaus, wie schön, dass du da bist", antwortete Rupfs Frau mit sanfter, weich modulierter Stimme, die erkennen ließ, dass sie noch nicht alle Gefühle für Rupf verloren hatte. Flehentlich sah sie dann zu ihm auf und bat ihn, um eine schlichte Geste der Zuneigung werbend: „Hilfst du mir auf, mein Lieber?" Rupf ignorierte die Frage fast immer. Er verzichtete auf die Antwort und wuchtete seine Frau wie Frachtgut mit einem großen Schwung wortlos nach oben. An manchen Abenden wählte er auch eine andere Variante; um es sich leichter zu machen, ging er in die Knie, griff seiner Frau unter die Achseln und zog sie langsam mit sich hoch. Diese Vorgehensweise forderte weniger Kraft, verurteilte ihn jedoch zu mehr Intimität und so tendierte er oft zu der harten Methode. Wenn Marianne Rupf endlich auf ihren Beinen stand, ließ er sie abrupt los, nahm zwei Schritte Abstand und sagte nur: „Geh nach oben. Mach dich bettfertig. Lies noch ein bisschen, doch warte nicht auf mich."

Mit diesem Hinweis war es für ihn getan. Rupfs Frau ergab sich keinen Illusionen. Viele Jahre hatte sie über Stunden hinweg auf Rupf gewartet, doch je älter sie wurden, je weniger gab sich Rupf noch Mühe, sein Missfallen über diese Ehe zu verbergen, die er nur aufrechterhielt, weil er glaubte, eine Scheidung würde ihm in der Wählergunst schaden.

Rupf hatte keine Beziehung zu seiner Frau; er nahm sie noch nicht einmal wahr, er nahm sie im besten Fall mit Widerwillen zur Kenntnis. Seine Karriere war noch nicht abgeschlossen, sein Mandat im Sternheimer Landtag durch Neider gefährdet. Mit jeder neuen Legislatur wuchs die Sehnsucht nach noch mehr Status, Einfluss und Macht, und so benutzte er alles und jeden, wenn es ihm diente, im Landtag zu bleiben. Seine Frau war nur eines der Opfer seiner Egomanie. Rupfs Verhalten war umso abstoßender, als er glaubte, sein Tun diene der Gesellschaft und ihrem Zusammenhalt. In seiner Familie statuierte er laufend Exempel, dass ihm das Wohlergehen anderer nichts bedeutete.

Bei einem der wenigen Gespräche mit ihm, die als solche gelten durften, hatte er mich gefragt, warum ich gern nach Hause ginge. Meine Antwort befremdete ihn mehr, als er zugeben konnte: „Zu Hause erwartet mich meine entzückende Frau. Ist das nicht Grund genug?

„Wie meinen Sie das?", fragte Rupf, ungewöhnlich interessiert.

„Was ich meine, ist schlicht: Meine Frau verleiht meinem Leben Glanz. Sie rettet mich an jedem Tag neu." Ich merkte, dass ich, zumindest für Rupfs Verhältnisse, schwülstige Bekenntnisse gab, doch es war mir gleich, und so fuhr ich, unbekümmert für seine verständnislosen Blicke, fort: „Ohne meine Frau wäre mein Leben entseelt. Ich würde ihr folgen. Sofort."

„Ernsthaft?" Rupf hakte nach, als wolle er sich zu hundert Prozent versichern, keinem albernen Scherz aufzusitzen.

„Ja, ernsthaft", betonte ich glaubhaft, weil es der Wahrheit entsprach, wenn ich auch wusste, dass Rupf diese Wahrheit nicht erfassen konnte.

„Also, wenn meine Frau stirbt, suche ich mir eine neue. Das Leben geht weiter und allein zu sein wäre nicht vorteilhaft. Verstehen Sie, was ich meine?" Rupfs Antwort mochte zynisch, ehrlich oder auch beides sein, Missverständnisse, wie er die Dinge sah, erlaubte sie keine.

Schweigend schaute ich Rupf in die Augen und wartete, was er noch weiter sagen würde. „Wenn meine Frau tot ist, *hat sie's verschafft*, doch *mir* bleibt noch viel zu tun. Dabei brauche ich Unterstützung." Rupfs Blicke wirkten dabei, als erkläre er mir, was ich tun müsse, um eine Kastration sauber vorzunehmen.

„Ja, sicher", gab ich lakonisch zurück, und begann darüber nachzudenken, ob es der Menschheit helfen würde, diese herzlose Monstrosität einzukerkern. „Wenn sie's verschafft hat, ist das ganz gewiss eine Möglichkeit."

Mein Sarkasmus wurde von Rupf nicht als solcher erkannt; im Gegenteil fühlte er sich bestätigt, nickte mehrmals entschieden, gab mir, was für ihn sonst außerhalb jeder Regel stand, einen Klaps auf die Schulter und sagte lachend: „Sehen Sie, Davidson, man muss nur die richtige Perspektive einnehmen. Romantik ist etwas für Lebensverweigerer. Wir sind produktiv. Wir sind die VDP."

Seine Töchter mochten mit ihrem Vater vielleicht auch einmal von Liebe gesprochen haben. Harmlos, unschuldig und verwirrt von einem Gefühl, das ihre Pubertät, wie die eines jeden Kindes, zu einer Zeit schmerzlicher Irrungen und Erfahrungen machte. Seine Töchter hatten vielleicht lange gehofft, Rupf werde ihre Gefühle begreifen oder zumindest respektieren. Wie oft waren sie wohl enttäuscht worden? Zehnmal, hundertmal, unzählige Male? Rupf würde es nie erfahren.

Wie Troll konnte auch Rupf nicht erkennen, wohin ihn seine politische Reise geführt hatte. Je umfassender sich sein Charakter deformierte, desto weniger fühlte er mehr als die Sehnsucht, bekannt zu sein. Was er verfolgte, galt nur noch sich selbst, und seine Ziele trugen alle nur seinen Namen. „Rupf", dachte Rupf, „Rupf ist Ausdruck für Produktivität".

Was er produzierte, war ihm gleichgültig, solange sein Name auf der Tafel des Landtags prangte, in der 125 Männer – Frauen bildeten eine überschaubare Minderheit – Aufnahme gefunden hatten. Viele Parlamentarier waren es längst gewohnt, in 5-Jahres-Zyklen ihre Plätze unter sich neu zu verteilen. Gleichgültig, wie sehr Rupf und Konsorten gegen die Regierung opponierten, egal, wie boshaft ihre Kommentare zu jenen ausfielen, die über Macht und Einfluss verfügten, der Wunsch, im Landtag zu bleiben, einte sie alle. Keiner wollte mehr als landtagsinterne Rochaden. Das Stammpersonal sollte bleiben. Die politische Beute musste immer denselben Jägern zufallen, die dann das Wildbret in traditioneller Weise verteilten. Mal bekam der eine, mal der andere ein größeres Stück. Der Beute-Proporz mochte alle fünf Jahre kleine Korrekturen erfahren, mehr jedoch nicht. Umso heftiger hatten sich die arrivierten Parteien empört, als zum ersten Mal zahlreiche Vertreter der *Volks-Reformierten Vaterlands-Partei (VRVP)* den Landtag besiedelt und die bestehenden Verhältnisse erschüttert hatten. Die Empörung galt nur in Teilen der retrofaschistischen Ausrichtung dieser unguten Männer und Frauen. Tatsächlich war die mit Pathos inszenierte Sorge um Demokratie, Parlamentarismus und Wertekanon weniger moralischer als vielmehr materieller Natur. Der Kuchenanteil für die Rupfs und Trolls im Sternheimer Landtag wurde geringer. Sie mussten berechtigte Sorge haben, dass VDP-Politiker wie sie schon bald ihre Privilegien und üppigen Staatsbezüge verlieren würden.

Trolls unablässiges Toben gegen die VRVP wurde rasch zu einer öden Übung ohne Überraschungsmoment. Die Glaubwürdigkeit ihrer lärmenden Attacken wurde allein durch den Umstand konterkariert, dass die VDP, parallel zu ihren Pro-Demokratie-Kampagnen, laut und vernehmlich nach einem rigiden Vorgehen gegen Asylanten schrie. Das neue, hippe, effiziente und technologieoffene Deutschland, von dem die VDP unablässig fabulierte, war ein Deutschland, das in allem produktiv sein sollte, auch bei Praktiken, die sich im Grundsatz von jenen der VRVP nur graduell unterschieden.

Dass VDP und VRVP – für die VDP unerwünschte, für die VRVP willkommene – Überschneidungen in politischer Haltung und Nomenklatur aufwiesen, wurde immer am meisten kenntlich, wenn Trolls Reden stürmischen Applaus bei der VRVP fanden.

142

Troll hatte in fremden Lagern sonst wenige Sympathisanten. Ihr rüpelhaftes Auftreten, ihr stetes Pöbeln und ihre offensichtliche Aversion, mit anderen Menschen zu sprechen, waren jedem bekannt. Sofern es sich irgend umgehen ließ, sprach niemand sie an. Wer bei Verstand war und kein Interesse daran besaß, den Rest seines Tages in schlammfarbenen Bildern des Widerwillens zu ertränken, mied ihre Nähe.

Nur die VRVP bewunderte Tamara Trolls Auftreten und schenkte ihr einen öffentlichen Zuspruch, den sie zuvor noch nie erleben durfte. Troll konnte sich dieser Liebe nicht erwehren. Troll musste sie zähneknirschend ertragen und mit steinerner Miene zuhören, wenn ihr jene akklamierten, die sie, die selbsternannte Wächterin über Rechtsstaat, Demokratie und Marktwirtschaft, verachtete. Troll erkannte das Dilemma, wusste jedoch nicht, wie sie es auflösen sollte. Zwar wies sie jede Annäherung von VRVP-Parlamentariern brüsk von sich, konnte jedoch, angesprochen darauf, dass ihre innen- und sozialpolitischen Positionierungen der VRVP „aus dem Herzen sprächen", nur entrüstet den Kopf schütteln. Sie wusste, jede Antwort hätte sie kompromittiert und so hielt sie den Mund. Das zornige Beben ihrer grimmig geweiteten Nasenflügel ließ dann erkennen, wie schwer es ihr fiel, *nicht* zu eskalieren. So sehr sie sich mühte, gelang es Tamara Troll nie, ihren Hass zu kaschieren.

Rupf bewunderte Troll für ihre Fähigkeit, Aversion und Hass auch *auszuleben*. „Troll ist immer gnadenlos", erklärte mir Rupf an einem Plenartag, an dem ich gezwungen war, Trolls Klamauk am Rednerpult eine Viertelstunde zu folgen. Trolls Geschrei von der politischen Kanzel war immer bemüht, vergessen zu lassen, dass auch brüllende Zwerge Zwerge bleiben. Daran änderte nichts, dass die Zwerge glaubten, es verliehe ihnen Bedeutung und Größe, auf einem Podest zu stehen.

Michel Foucaults kluger Aphorismus, auf den Schultern von Riesen zu stehen, erlaube uns, weiter zu sehen, als es uns sonst möglich wäre, missfällt nur jenen, die keinen Weitblick wünschen. Im politischen Zirkus negiert jeder Zwerg die Richtigkeit dieser These; hier werden die Riesen oft rasch von den Beinen geholt. Ein Heer von Zwergen hat schon den Riesen Gulliver sehr in Verlegenheit gebracht. Titanen wie Willy Brandt straucheln selten in Phasen großer Probleme und gesellschaftlicher Verwerfungen. Wenn sie fallen, so fallen sie nur, weil sie findige Zwerge in einem Intrigengespinst von Tücke, Lügen und *böser Fama* zu Fall bringen. Rupf würde das nie verstehen, Rupf würde nie ein Gefühl für menschliche Größe entwickeln. Er war ein Zwerg, der nach Zwergenart dachte und lebte; ihm war nicht bewusst, was es hieß, ein *moralisches Leben* im Kästnerschen Sinne zu führen.

Was immer mir Übelkeit bereitete, begeisterte Rupf und war für ihn Ausdruck von Stärke. „Kämpfen, wir müssen kämpfen. Tag und Nacht. Davidson, sie müssen lernen, mit uns an vorderster Front zu kämpfen", erinnerte Rupf mich von Zeit zu Zeit an meine Pflichten. „Schauen Sie sich Tamara Troll an. Die kämpft immer", wisperte Rupf verschwörerisch, als verrate er mir ein bedeutsames Geheimnis. Warum und für wen Troll kämpfte, blieb genauso im Dunkeln, wie die Antwort darauf, wer sich hinter dem „wir" und „uns" verbergen mochte.

Rupf war zu Trolls Homunkulus mutiert. Er hinterfragte nicht, er exekutierte, was Troll ihm beispielgebend demonstrierte, und was seine Familie betraf, so hatte auch sie nur noch eine Aufgabe, eine Funktion und einen Zweck, wenn sie seinen politischen Ambitionen im Hoheitsgebiet der Provinz – seines Dorfes und dessen Wählern – diente.

Die Provinz ist nicht nur die Negation des städtischen Daseins. Sie steht bisweilen auch für eine bewusste Abkehr von Toleranz, Demokratie und Müßiggang. Ich hatte die schlimmste Provinz, den Obersalzberg, nicht nur gesehen und kurz besucht, sondern mehrere Jahre aus Gesundheitsgründen in dieser Region verbracht. Die Umgebung – das Berchtesgadener Klima – sollte meiner Konstitution guttun, so zumindest wurde mir von ärztlicher Seite wiederholt versichert; dass meine Seele im Dunstkreis provinzieller Bigotterie sterben würde, hatte mir niemand gesagt, und so wurde ich in doppelter Hinsicht betrogen.

Meine körperliche Genesung schleppte sich über Wochen und Monate träge dahin und meine Psyche verlor mit jedem Tag an Substanz. Als ich schließlich ging, war nicht mehr viel geblieben von meiner früher nahezu unerschöpflichen Energie; sie hatte sich fast verloren im Psychodrama dieser Provinz. Der Blick in den Abgrund war in dieser Provinz gesichert.

Am Abreisetag bat ich den Taxifahrer, mein Gepäck vorsichtig zu verstauen. Es enthielt auch Porzellan, Glas und eine wertvolle Keramik, die ich in Salzburg erworben hatte. Der vierschrötige Mann mit graugrünem Janker, Keilhosen und gemusterten Gamaschen starrte mich böse an. Er hatte meinen Namen auf den etikettierten Koffern gelesen und murrte vernehmlich, er gab sich keine Mühe, seine Verachtung zu verbergen: „Diese Drecksjuden fahren immer den Reichtum spazieren..."

Bis heute hat im dörflichen Alltag Berchtesgadens der Nationalsozialismus Tradition; in Geschäften und Gasthöfen sprechen die Menschen ganz ungeniert von *ihrem* „Führer", der sich an diesem weltvergessenen Ort, am Fuße des Obersalzbergs, eine zweite Reichskanzlei bauen ließ, die auch nach Ende des II. Weltkriegs „in Betrieb" geblieben ist. Bis heute besitzt die Berchtesgadener Bevölkerung in weiten Teilen Schwierigkeiten damit, sich 75 Jahre nach Kriegsende mit den „neuen Verhältnissen" zu arrangieren.

Nach Sprengung der Nazibonzen-Villen im „Führersperrgebiet" durch die anglo-amerikanischen Siegermächte sollten wenigstens einige „Reliquien" aus der Kampfzeit des Führers einen angemessenen Erinnerungsort finden. Erstaunlicherweise war den nationalsozialistischen Einheimischen gelungen, woran der Rest Deutschlands gescheitert war. Berchtesgaden hatte den Führer und seine Zeit konserviert, als sei nichts geschehen, was sicher auch der Nähe zu Salzburg geschuldet war, wo die Stadtoberen noch heute Werbekampagnen in Auftrag geben, die reaktionäre Herzen höherschlagen lassen. So bemühte sich Salzburg lange, zeitgenössische Künstler aus der Stadt „verschwinden zu lassen". Der Slogan „Weg mit dem Dreck" erhielt eine üble Konnotation, an der sich in Salzburg und Berchtesgaden kaum jemand störte. Die Städte waren sich sehr verwandt, historisch und ideologisch. Für Rupfs Töchter mochte Gundelbach sein, was für mich Berchtesgaden gewesen war, für Rupfs Töchter mochte gelten, was für jeden Menschen gilt, der die Welt in ihrer Entgrenzung liebt. Nur, wer seinem Heimat-Gefängnis entflieht, heimlich und ohne zu fragen, was ihm die Zukunft bringt, hat eine Chance, von der Freiheit zu kosten.

Den Rupfs dieser Welt kann man zuweilen entfliehen, sie zu überwinden jedoch ist fast unmöglich. Es gibt ihrer so viele, es gibt ihrer *zu* viele und alle reden und finden kein Ende, sich an sich selbst zu begeistern. Wer Rupf hört, seinem Produktivitätsgestammel lauscht und erkennt, in welchen Niederungen sein Geist vegetiert, weiß, dass seine Kinder nur eine Antwort für ihn haben: hysterisches Gelächter.

24. Wolfsvergrämung

Es war einer jener Morgen, die keine Barmherzigkeit kennen. Meine Anreise zur Arbeit in einem der hochtechnisierten U-Bahn-Vehikel des Sternheimer ÖPNV hatte mich bereits um 7 Uhr dazu verurteilt, Zeuge eines telefonisch ausgetragenen Ehekonflikts zu werden. Sternheims ÖPNV trug daran keine Schuld, doch er bot entgegen seiner Werbeverheißungen nichts dazu bei, mein Reiseerlebnis zu verschönern. Die Sternheimer U-Bahn sei, wie der CEO ihres Unternehmens auf zahlreichen Plakaten beteuerte, für Reisende „eine Komfort-Oase in der Großstadt-Wüste". Ihre „automatisierte Linienführung und das besondere Flair ihrer Ausstattung" garantiere für jede Generation „ein Erlebnis aus Licht und Lust". Der nach eigenem Bekunden „Branding-affine CEO" und seine überteuerte Agentur sprachen tatsächlich von „Licht und Lust". Die Sternheimer Preisgestaltung hätte ein solches Erlebnis nahegelegt, doch der U-Bahn-Alltag war anstrengend und sozial prekär. Keine U-Bahn erreichte ihr Ziel zur angegebenen Zeit. Sternheimer U-Bahn-Nutzer wussten, dass jede Fahrt eher zufällig begann und nie pünktlich endete. Geregelte Fahrzeiten grenzten an Utopie. Ältere Bürger erinnerten sich in nostalgischer Stimmung daran, wie sie rasch und verschont von längeren Unterbrechungen mit überirdischen Trams die Stadt durchqueren durften.

Zur Gegenwart, in der die VDP erklärte, Sternheim stünde „am Scheideweg zwischen Erfolg und Niedergang einer Autostadt", hatte diese Erinnerung keinen Bezug.

Die riesige Baustelle im Herzen der Stadt gab dem ÖPNV den Todesstoß. Sie wirkte wie ein bezugsloses Muster aus Absurdistan: Hier gab es nichts mehr zu tun. Verkehrsplanung war zur Farce verkommen. Das von konservativen Kreisen als „alternativlos" gefeierte Zukunftsprojekt war ästhetisch und funktional eine Bankrotterklärung.

In der Politik avancieren sinnlose Dinge recht schnell zu alternativlosen Lösungen; je mehr sie sich einer logischen Begründung verweigern, desto heftiger die Propaganda. Wenn ein Politiker, wie unlängst geschehen, dafür wirbt, Sternheimer Gummidichtungen als „systemrelevante Bauelemente der Automobilherstellung in Fernost" geringer als andere Güter zu besteuern, ist auch das „alternativlos", solange regionale Zulieferer davon profitieren.

Für die VDP war eine Bahn-Baugrube von biblischem Ausmaß eine „alternativlose Millenniums-Chance", um aus Sternheim „eine Verkehrsdrehscheibe zwischen Nord und Süd und zwischen Ost und West zu machen". Gäbe es weitere Himmelsrichtungen, die VDP hätte fraglos auch sie zitiert. „München und Duisburg müssen gleich schnell erreichbar sein", hatte Denis Feuchting, der VDP-Verkehrsexperte, vor kurzem kundgetan. Auf die Frage, warum er glaube, es bestünde dafür eine Notwendigkeit, hatte er nach kurzem Zögern geantwortet: „München liegt im Süden, Duisburg eher im Norden, deswegen." Das Lachen des Journalisten war für ihn Zuspruch und so hatte er diesen Satz noch mehrmals am Tag wiederholt.

Erstaunt musste er dann am Abend feststellen, dass er zwar an Popularität gewonnen, an Ansehen aber verloren hatte, oder, wie einer der Kommentatoren im Fernsehen anmerkte: „Die VDP bleibt ihrer Maxime treu. Sie produziert. Gern auch Nonsens."

Troll hatte getobt und ihren Kollegen Feuchting am Telefon nicht nur die Leviten gelesen, sondern mit Worten tranchiert: „Warum redest du solchen Scheiß? Ohne dich vorher mit mir abzustimmen, gehst du nicht ins Fernsehen. Kapiert?" Das Telefonat war für jeden hörbar gewesen. Troll gab sich niemals Mühe, ihre Kollegen diskret zu rüffeln. Sie genoss es, sie coram publico zu demütigen. Troll kannte „kein Pardon", denn sie hielt sich für „alternativlos", unbesiegbar und, was noch schwerer wog, für unersetzlich.

148

„Dein Intellekt ist begrenzt", hatte sie, über die Gänge, für die Mitarbeiter gut vernehmbar, Feuchting angebrüllt, „verstehst du das?" Die letzten Worte wurden, zerlegt in jede einzelne Silbe, mit einer Stimme geschrien, der nichts Menschliches mehr zu eigen war. „Wenn du Blödsinn im Fernsehen verbreitest, ist das tödlich für unser Image", tobte Troll weiter, ehe sie, etwas leiser und nachsichtiger als zuvor, nach einer Kunstpause fortfuhr, ihrem Kollegen eine verbale Abreibung zu erteilen. Als rede sie mit einem geistig zurückgebliebenen Kind, gab sie ihm letzte Erklärungen, die schließlich in einem expliziten Befehl gipfelten: „Habedank wird's freuen, wenn er sieht, dass wir uns vor laufender Kamera lächerlich machen. Zum letzten Mal: Du redest mit keinem Journalisten, ehe du mit mir geredet hast. Keine Diskussion. Ende." Dann hatte Tamara Troll ihr Telefonat krachend gegen die Wand geworfen und nach ihrer Assistentin gebrüllt, die sich im Vorzimmer krümmte und dem Ende des Telefonats mit Schrecken entgegensah.

Trolls Assistentin war wie niemand sonst Beute ihrer Launen, und da Trolls Launen selten Gutes verhießen, war sie immer in Angst und Sorge, etwas könnte Troll missfallen oder provozieren. Sie wusste, Trolls Reaktionen pendelten nahezu ausnahmslos zwischen Zynismus und Tobsucht. Wann immer eines dieser beiden Extreme eintrat und wirksam wurde, wünschte sich Trolls Assistentin, es wäre das andere Extrem aktiviert. Warum sie nach sieben Jahren noch immer keine Ambitionen erkennen ließ, eine andere Arbeit zu suchen, war das Resultat ihrer Sozialisation, in der die VDP immer eine Dominante gewesen war. Ihre Eltern hatten sie früh gelehrt, dass die VDP als einzige Partei im Land klar benenne, woran der Staat kranke. „Eine gesunde Härte ist die beste Medizin für uns alle", hatte ihr Vater sie unterbrochen, als sie damit beginnen wollte, ihm zu erzählen, was sie bei Troll zu ertragen hatte. Sie wusste, ihr Vater war überzeugt, dass ohne die VDP der deutsche Wohlstand verloren ginge, und so hatte sie nichts mehr gesagt und alles für sich behalten. Das mochte erklären, warum sie damit begann, Troll im Kleinen zu kopieren. Es war eine Art der Kompensation, die Menschen am schnellsten lernen, wenn ein System sie zu sehr bedrängt und quält. Je länger sie für Troll arbeitete, desto öfter erinnerte sie ihre Kollegen daran, dass ihre Chefin auch die Chefin aller anderen sei. Damit, so dachte sie ernsthaft, hätten sich alle auch ihr gegenüber, die sie Troll in *bevorzugter Position* diente, devot zu verhalten. Sobald Troll das Büro für Tage oder seltener auch für Wochen verließ, um Dienstreisen „abzuarbeiten", wurde ihre Assistentin übermütig und ging mit ihren „renitenten" Kollegen boshaft ins Gericht. Sie fügte ihnen bei jeder Gelegenheit Schaden zu, um ihre Karriere zu ruinieren oder zumindest empfindsam zu stören. Ihre Rechnung war so simpel wie ihr Gemüt, das in den Jahren bei Troll eine unübersehbare Neigung zur Niedertracht entwickelt hatte.

Nicht nur in Märchen gebären große Ungeheuer kleine Ungeheuer und freuen sich daran, ihr scheußliches Erbe weiterzugeben. Politik ist ein Panoptikum personifizierter Scheußlichkeiten, die das Schöne verachten und das Hässliche wollen. Politiker bieten selten Anlass, sich ihnen nahe zu fühlen. Vielleicht verdankte Habedank seine Beliebtheit nur der Tatsache, wie ein *normaler* Mensch zu wirken, der sich seinem Land und dessen Bewohnern verpflichtet fühlte. Habedank beherrschte die Rolle des jovialen Landesvaters, ließ sich von nichts irritieren und sprach mit der burschikosen Leidenschaft eines Volkstribuns. Seine Überzeugungen waren populär, weil sie verständlich waren. Doch wo Macht ist, sind die Meuchelmörder nicht fern. Ob Provinzkönig oder europäischer Politikmessias – was sie eint, ist die Gewissheit, schon bald verraten zu werden.

Die VDP war voll von Kreaturen, die im Schatten der Bedeutungslosigkeit ihre Messer wetzten, um im richtigen Augenblick präsent zu sein. Das Erbe des „Sternheimer Cäsars" zu fleddern, war alles, wonach sie sich sehnten.

Das *Epitheton ornans* „Sternheimer Cäsar" war Habedank von einem Günstling im Suff verliehen worden, mit ironischem Ernst, was seine sich ständig verstärkende Wirkung erklären mochte. Tatsächlich gab es keine cäsarischen Lichtgestalten im Politikbetrieb eines Landes, dessen Bewohnern es zu genügen schien, jene zu wählen, die unbekümmert versprachen, all ihre Wünsche zu erfüllen. Die Illusion, das Volk werde ernstgenommen, entzaubert sich schnell. Die soziale Realität der Politik hat mit dem Willen des Volkes wenig gemein. Das in seinen Wünschen und Anliegen ernst genommene Volk ist die kalkulierte Fiktion gut dotierter Berater, die Politiker dabei unterstützen, massenkompatible, sympathische Bilder von sich zu erschaffen.

Habedanks Chefstratege und *Spin Doctor* war nicht etwa einflussreich, weil Habedank ihm vertraute und er ihm gute Vorschläge unterbreitete. Sein Erfolg gründete auf der von ihm unablässig verbreiteten Mär, er stünde – wie Jago hinter Othello – immer in Habedanks Schatten, und sei schuld, wenn dieser die falsche Entscheidung treffe. Habedanks Spin Doctor reklamierte klugerweise nicht die Erfolge, sondern die Misserfolge für sich. So blieb Habedank immer der weise, tugendhafte und, wenn es nottat, naive Nestor inmitten egozentrischer Politiker, die nur ihren Profit, doch kein Gemeinwohl kannten.

Troll hatte wie ihre Kollegen der VDP nie begriffen, dass Integrität zu verkörpern weit größere Erfolge nach sich zieht, als es Hasstiraden vermögen. Die Trollsche Angewohnheit, politische Gegner mit Polemik zu überziehen, war charakteristisch für die gesamte VDP. In der VDP wurden Verbindlich- und Freundlichkeit als Ausdruck von Schwäche verachtet.

Die Abgeordneten der VDP waren niemandem treu und dachten, sie seien damit ihrer Umwelt überlegen. Ihr Bild von sich und der Welt war die abstoßende Persiflage eines amoralischen Mensch-Seins. Ihr Zynismus war viel zu aggressiv und geschmacklos, um erfolgreich zu sein. Selbst ausgesprochen zynische Menschen haben keine Freude daran, ihresgleichen zu wählen, und so blieb die VDP, auf sich selbst beschränkt, immer ein kleiner Haufen boshafter Schwätzer mit dem Potenzgebaren komplexbehafteter Zwerge. Ihr hässliches Geschrei berührte jeden unangenehm, der noch Gewissen genug besaß, sich zu schämen.

Im Öffentlichen Personennahverkehr ist es ähnlich. Wer Pech hat und einen Waggon betritt, in dem die Impertinenten sich wichtigmachen, wird seinen Platz mit großer Umsicht wählen und versuchen, seine zwangsläufigen Nachbarn auf Distanz zu halten. Leider gelingt das nur selten und mir zuletzt; ich kann mich an keine Fahrt erinnern, die ich nicht besser sofort vergessen hätte.

Meine U-Bahn-Fahrten waren eine Tortur, an jedem Morgen, der mich dem Sternheimer Landtag entgegenführte. Selten hatte ich Ruhe, selten umgab mich mehr als ein Klon unfrischer Menschen, die ihr Umfeld mit finsteren Blicken fixierten, als drohe von allen Seiten Gefahr.

Die etwa 30-jährige Frau, die sich an diesem Morgen mit ihren weit ausufernden Hüften, schwer atmend und transpirierend, an meine Seite gezwängt hatte, ließ ihrem Beziehungsunmut freien Lauf. „Du dreckiges Schwein", kreischte sie lauthals in ihr überdimensioniertes Handy, „dann geh doch zu deiner Schlampe. Soll sie doch für dich kochen, deinen Dreck wegräumen und die Kinder großzieh'n. Mal schau'n, ob sie dich immer noch mag, wenn sie deine verdreckten Unterhosen waschen darf. Weiß die Schlampe eigentlich, dass du bereits in die Hose schiffst? Weiß sie's oder weiß sie's nicht?" Die Frau schrie in einer Tonlage, die Schmerzen erzeugte, und sie schien entschlossen, ihr ordinäres Geschrei fortzusetzen.

Heftig drückte ich auf den Halteknopf der U-Bahn, die bereits 15 Minuten Verspätung hatte, und zwängte mich an meiner tütenbewehrten Sitznachbarin mühsam vorbei. Mit einem fast rauschhaften Glücksgefühl verließ ich den Waggon an der nächsten Haltestelle. Mit mir drängte sich ein älterer Herr aus dem Gewühl der

U-Bahn, der mir bekannt vorkam; ich benötigte etwas Zeit, um zu erkennen, dass er einer der Abgeordneten war, die mein Leben bevölkerten.

Dr. Durchlauf war einer der Landtags-Veteranen und zählte, trotz seiner erst 50 Jahre, zum Inventar einer Partei, die dafür bekannt war, immer bei den ersten zu sein, die sich für die *Vergrämung* seltener Tierarten aussprachen.

Vergrämen, keulen, dezimieren sind die unscheinbaren Politikervokabeln für die Vernichtung von Leben. Ob ein Biber auf dem Land einen harmlosen Damm gebaut, eine Landstraße überflutet, oder ein Wolf einfach nur sorglos die Dummheit begangen hatte, sich in bergigen Höhen unter 3000 Metern sehen zu lassen, sofort wurde der Ruf laut, „hart, konsequent und rücksichtslos" diese armen Kreaturen „auszumerzen". Selbst exotische Enten, die sich dazu entschlossen hatten, im Sternheimer Stadtpark zu leben, wurden zu „einer existentiellen Gefährdung für Mensch und Kind". Die VDP hatte diese Formulierung tatsächlich gewählt. Die VDP stilisierte damit nicht allein Enten zu monströsen Gefährdern, sondern unterschied auch zwischen Menschen und Kindern.

Die VDP hatte längst aufgegeben, sich Gedanken zu machen. Sie opponierte, wann immer möglich, und war freundlich betrachtet ein Muster einfältiger Propaganda, die *in Affekten dachte* und *in Floskeln sprach*. Hart und unbarmherzig wurde jeder zu einem Judas erklärt, der sich ihren verbalen Vernichtungsappellen widersetzte. Sie lebte und warb für eine Welt ohne Mitleid und Nachsicht für Tiere. Die VDP wurde damit zu einem Paradebeispiel für die kollektive Bequemlichkeit, nur das zu sehen, was uns gefällt. Längst haben sich viele von uns daran gewöhnt, nicht nachzufragen oder einzugreifen. Lieber geben wir uns blind, tolerieren das Falsche und zerstören damit das Richtige. Wer das begreift, sollte sich nicht empören, sondern handeln. Das gilt für uns alle, Politiker wie Bürger.

153

Wir tolerieren Massenkastrationen, Massenhinrichtungen und Beinhäuser von gigantischer Größe. Wir wissen, dort, in Hallen aus Stahl und Beton, werden täglich tausende Rinder, Schweine, Hühner, Hasen und andere Geschöpfe industriell getötet, vernichtet und zerstückelt. Bolzenpistolen, automatisierte Dekapitierungs- und Strangulationsinstrumente zertrümmern die Illusion, es gelänge uns, mehr als nur herzlos zu sein. 67 Prozent aller Säugetiere auf Erden existieren nur, um unsere Fleischgier zu saturieren, doch wir empören uns, wenn der letzte verbliebene Wolf eines Landes ein Schaf reißt, um seinen Hunger zu stillen. Man muss kein PETA-Aktivist sein, um die Obszönität dieser Haltung zu erfassen.

Dr. Durchlauf jedoch hatte an solchen Überlegungen kein Interesse. Skrupel und Tierliebe zählten nicht zu seinen Schwächen. Vielleicht, weil er als studierter Landwirt und passionierter Jäger immer Freude daran besessen hatte, das Sielmannsche Paradigma vom „Fressen und Gefressen-Werden" zur Leitmaxime seines Lebens zu erheben. Wer ihn etwas besser kannte, wusste, dass er nicht zimperlich war, wenn Tierköpfe rollen sollten. Sein persönliches Mantra speiste sich aus missverstandenem Darwinismus und Lust an Bestrafung.

Nur selten ließ Dr. Durchlauf eine Möglichkeit ungenutzt verstreichen, radikale Lösungen „mit Nachdruck" zu fordern. Seine Anträge und Reden waren durchsetzt von einer leidenschaftlichen Sehnsucht, allem den Garaus zu machen. Ob Rot-, Damm- oder Niederwild, was immer sich bewegte und geeignet schien, in einer Pfanne zu schmoren, war vor seinen Nachstellungen nicht sicher. „Jäger müssen jagen, Fischer fischen, und das ganze Tierschutzgefasel führt nur dazu, dass immer mehr Menschen hungern", dröhnte er oft.

Tier- und Umweltverbände waren seine erklärten Feinde, Aktivisten auf pathologische Weise verhasst: „Die haben alle noch nie ihren Arsch um fünf Uhr aus dem Bett geschoben, um zu arbeiten.

Die fordern und fordern und sind schon erschöpft, wenn sie ihren Cappuccino mit geschäumter Sojamilch bestellen müssen", lästerte er, wann immer die Sprache auf NABU, BUND oder WWF kam, die für ihn „Verbrechersyndikate langhaariger Linker" waren. „Diese Bolschewiken kommen mir nicht ins Büro", tobte er einmal, als eine kleine Delegation verdienter Biologen ein Terminersuchen gestellt hatte, um Durchlauf jüngere Forschungsergebnisse vorzustellen. Sie hofften darauf, ihn mit faktenbasierten Studien von einer moderaten Gangart bei Wölfen zu überzeugen. Durchlauf hatte jedoch kein Interesse an Forschung und Fakten; wissenschaftliche Untersuchungen, Ergebnisse und Empfehlungen waren ihm egal. Egal war ihm auch, ob die Welt sich zunehmend in eine Kloake aus den Überresten unserer Exzesse verwandelte.

„Der Mensch ist die Nummer Eins in der Evolution. Wir haben das Sagen. Punktumschluss." An dieser Überzeugung hielt er fest, und wer immer es wagte, ihm zu widersprechen, landete auf Durchlaufs Stapel „aussortierter Menschen", die es nicht verdienten, von ihm gekannt zu werden. „Ich habe bereits politische Lösungen gefunden, als diese Öko-Gutmenschen noch bekifft darüber sinnierten, ob sie zur Wahl gehen wollen", erklärte er gern im Beisein von Menschen, die unter 20 Jahren und damit, aus seiner Sicht, daran erinnert werden mussten, „wo der Hammer hängt".

Selbst seine Scherze waren zynischer als ein fröhliches Picknick inmitten sterbender Biotope. „Wenn der Eisbär sein Eis verliert, lernt er endlich das Schwimmen und das", Durchlauf liebte seine Pointe, „ist hygienisch bestimmt die beste Lösung für ihn und sein Weibchen". Sein höhnisches Lachen klang dann immer, als zerbräche ein stählernes Rohr unter Druck in tausend Partikel.

Gefragt, was er dazu sage, dass in Indien zahllose Elefanten elend stürben, weil deutsche Pharmakonzerne Flüsse und Seen mit giftigen Chemikalien verseuchten, brachte ihn nur dazu, eine boshafte Volte zu schlagen. Seine Antwort war symptomatisch für einen Charakter, der jeden Anstand vermissen ließ: „Wenn die indischen Elefanten aussterben, haben die afrikanischen Konjunktur. Oder, damit sie es besser verstehen: Die afrikanischen stehen für Elfenbein, die indischen stehen für Übergewicht und Verzweiflung. Wer braucht schon verzweifelte, adipöse Elefanten?"

Durchlauf liebte es, seine Ansichten vor sich und anderen aufzuhäufen; am meisten jedoch genoss er, vor vielen Menschen zu reden, und so war sein ländlicher Wahlkreis ein Ort steter Unruhe. Durchlauf aktivierte unablässig seine „Jungs", Veranstaltungen auszurichten, in denen er, Durchlauf, als einziger Redner darüber sprechen würde, was getan werden musste. Niemand seit Lenin hat ähnlich hingebungsvoll über „Was tun?" räsoniert.

„Produzieren heißt, mehr zu tun als andere", schrie Durchlauf am Ende jeder seiner Veranstaltungen in die erregte Menge 50- bis 70-jähriger Männer, die dafür bekannt waren, in einem Akt solidarischer Kameradschaft Durchlauf zu bejubeln. Durchlaufs *Performance* ließ deutlich erkennen, warum deutsche Revolutionen im Dunstkreis von Bierkellern beginnen. Nirgendwo lässt es sich lauter grölen, schreien und leichter im Suff vergessen, was sich gehört und was nicht.

„Wo Durchlauf steht, ist auch Durchlauf drin"; diesen sinnlosen Wahlspruch hatte Durchlauf auf jedes seiner Plakate gedruckt. Über seinem grinsenden Bauerngesicht mit exakt getrimmtem Oberlippenbärtchen prangte die Botschaft in großen Versalien. Darunter, etwas kleiner und abgesetzt, wurde der Betrachter noch aufgefordert, es Durchlauf gleichzutun. „Wählen Sie Dr. Durchlauf. Machen Sie einen Durchlauf. Werden Sie zum Durchlauf-Erhitzer. Werden auch Sie produktiv."

Durchlauf war bei seinen Mitarbeitern gefürchtet. Nicht nur, dass er endlos lange über Gott und die Welt schwadronierte, auch seine Arbeitsaufträge waren durchsetzt von Geschwätz und Beliebigkeit. Oft vergaß er bereits, was er wollte, während er seinen

Auftrag erteilte. Durchlauf war auf seine ganz eigene Weise ein Beispiel für *Agitprop*, wenn auch keine, die Wladimir Iljitsch Uljanow-Lenin gefallen hätte. Durchlauf war der Prototyp eines VDP-Aktivisten: Er redete immer, dachte nie und wollte immer alles anders. Er war für sich die Wahrheit und das Licht. Die Antwort auf jedes Problem schlummerte in den Ganglien seines Cortex', dem er, frei von Ironie, geniale Arbeitskraft attestierte. „Wer mich kennt, weiß, dass ich ohne Rücksicht auf mich arbeite und ich arbeite viel", tönte er gern, wenn ein kritischer Geist den Fehler beging, den Effekt seiner Arbeit zu hinterfragen.

Bei einer von Durchlauf arrangierten Anti-Wolf-Veranstaltung im ländlichen Raum hatte er, um seine Zuhörer von sich und seinen Qualitäten als Jäger zu überzeugen, einen toten Hasen an den Hinterläufen hochgehalten, ihn mehrmals heftig geschüttelt und dann gebrüllt: „Dieser Hase war mein Freund. Jedes Tier ist mein Freund, denn ich bin Jäger. Jäger töten nicht. Sie arbeiten. Für ihre Freunde. Sie setzen ihnen aber auch Grenzen. Und dieser Hase hat die Grenze überschritten. Er gefährdet Ihre Arbeit. Er gefährdet den Ertrag Ihrer Äcker. Er war der eine Hase zu viel. Dazu stehe ich." Im Publikum regte sich niemand. Durchlaufs emotionaler Appell blieb ohne die gewohnte, lärmende Resonanz. Kein Klatschen, kein Jubel, nichts.

Endlich erhob sich ein junger Mann im grünen Janker, der, seine Körperhaltung verriet es, Waidmann und Bauer war. Mit ernstem Gesicht trat er vor und fragte Durchlauf, das unausgesprochene Einvernehmen der anderen Gäste im Rücken, wie er dazu komme, für sie zu sprechen. Sein schwerer Dialekt ließ keine Emotion erkennen, und doch war in jedem Wort ein Vorwurf zu hören. Offensichtlich, fuhr der junge Mann fort, kenne er, Durchlauf, das Waidwerk und die Arbeit des Landwirts nur aus Hochglanzprospekten. Die Rede des jungen Landwirts wurde persönlich und Durchlauf begann zu schwitzen. „Sie haben gewiss noch nie einen Acker bestellt, einen Stall ausgemistet, ein Tier aufgezogen oder geschlachtet. Oder irre ich mich?" Die Frage war rein rhetorisch. Jeder der Anwesenden wusste das, so wie auch jeder wusste, dass Durchlauf ein Blender war.

Der Bauer verstand sich, ganz ohne Zweifel, auf das Erzeugen von Aufmerksamkeit. Jeder seiner Sätze war durchdacht, jedes seiner Worte wohl erwogen und Teil jenes Strafgerichts, das heute über Durchlauf erging. Auch die Pointe war meisterlich und für Durchlauf kaum zu ertragen. Er, der sich immer als volksnah und Freund der Bauern inszenierte, wurde in schlimmster Weise vorgeführt. „Sie hatten noch nie eine Schwiele", geißelte ihn der junge Landwirt, „und keiner von uns", seine Hand beschrieb einen Halbkreis um die vielleicht fünfzig anderen Zuhörer, „würde auf den Gedanken kommen, einen toten Hasen als Freund zu präsentieren". Der junge Landwirt räusperte sich, ehe er, den Spannungsbogen vollendend, seine Rede mit dem Aufruf beschloss: „Sie sind hier falsch. Gehen Sie zurück in die Stadt und lassen Sie uns unsere Arbeit tun. Der Wolf ist unsere Sache." Ungeachtet seines Redetalents war es dem jungen Mann schwergefallen, dieses Plädoyer für seinen Berufsstand zu halten. Er wirkte introvertiert und zurückhaltend und nicht, als bereite es ihm Freude, sich vor Publikum zu erklären. Durchlaufs Geschwätz musste ihm schwer auf den Magen geschlagen sein. Anders hätte er sich kaum zu diesem Auftritt verleiten lassen.

Durchlauf stand erstarrt vor der Menge. Den toten Hasen hatte er achtlos fallen lassen. Seine Hände verkrampften sich heftig im Rednerpult. Als sei das harmlose Pult schuld daran, dass er, der sonst erfolgsgewöhnte Provinzmatador, hier vor Jägern und Landwirten eine öffentliche Abreibung erhalten musste, quetschten Durchlaufs massige Hände die holzverstrebte Auflage, bis sie nachzugeben und schließlich zu splittern begann.

Durchlaufs beflissener Referent, der sich bislang im Hintergrund gehalten hatte, machte Anstalten, selbst das Wort zu ergreifen. Er wusste, Durchlauf hatte sich in eine fatale Situation manövriert, aus der er sich allein nicht mehr befreien konnte. Die Spannung zehrte an seinen Nerven, die in höchster Erregung vibrierten. Entlastung, dachte der Referent, ich muss für Entlastung sorgen. Wenn ich jetzt nicht handle, verliert Durchlauf sein ganzes Renommee, und ohne Renommee kein Mandat. Kein Mandat aber bedeutet auch keine verfügbaren Stellen. Und was wird dann aus mir? Der Referent resignierte bereits, denn er wusste, Durchlaufs Temperament ließ immer das Schlimmste befürchten. Noch während er über seine berufliche Zukunft nachdachte, triumphierte in Durchlauf cholerischer Hass.

Die Zuhörer hatten dem jungen Bauern lange und anhaltend applaudiert. Durchlauf jedoch verlor jeden Zuspruch. Er stand allein und sein Zorn begann sich Bahn zu brechen. Mit einer barschen Geste wies er den Referenten zurück, der sich eben anschickte, Bühne und Mikrofon zu erobern. Durchlauf brüllte enthemmt: „Ja, was denkt ihr eigentlich, wer sich in Sternheim den Arsch für euch aufreißt? Glaubt ihr wirklich, ohne mich wäre jemand im Parlament, der eure Interessen vertritt? Die überlassen euch bedenkenlos den Wölfen."

Sein Gesicht war eine empörte Maske, die in dunklen Rottönen schwelgte. Es schien, als strebe das ganze Blut Durchlaufs in dessen kreisrunden Kopf, der nur mehr spärlichen Haarwuchs kannte. Sein Kopf erinnerte an die tonsurierten Schädel feister Benediktinermönche, die im Kulinarischen schwelgten. Wer ihn sah, sah das Abbild hässlicher Leidenschaften.

So sehr sich Durchlauf empörte, so wenig entstand daraus; sein Wüten blieb wirkungslos. Schlimmer noch, die Landwirte begannen jetzt laut über Durchlauf zu lachen, ihn auszupfeifen und im Chor zu skandieren: „Lieber Wölfe im Wald, als den Durchlauf im Dorf."

Sein Entsetzen über die Reaktion jener Menschen, die ihm „so viel verdankten", hatte fast etwas Rührendes. Er konnte und wollte sich nicht beruhigen und schrie in sein Mikrofon: „Verräter. Ihr seid aller Verräter. Ihr seid eine Schande. Für jeden Bauern und jeden Jäger. Ich wollte euch schützen. Auch vor den Wölfen. Doch ihr verdient keinen Schutz." Der letzte Satz war kaum zu verstehen, so sehr überschlug sich Durchlaufs brüllende Stimme. „Schaut, wie ihr allein zurechtkommt, ihr Idioten", schimpfte er weiter, bis sich ein Hagel von Eiern über ihn ergoss. Die Arme schützend vor sein Gesicht gelegt, verließ er die Bühne und eilte zum Ausgang. Alle Versuche seines Referenten, ihn zu beruhigen, waren gescheitert. Die Landwirte hatten sich offenbar abgesprochen und darauf vorbereitet, Durchlauf eine Lektion zu erteilen; anders ließen sich die vielen Eierkörbe nicht erklären, die wie aus dem Nichts aufgetaucht waren, nachdem der junge Landwirt gesprochen hatte.

Die VDP besaß also selbst bei jenen Menschen keinen Rückhalt mehr, die bei der Jagd radikalen Maßnahmen oft den Vorzug gaben. Sogar der Sternheimer Försterverband hatte sich abfällig über den Vorschlag der VDP geäußert, „mit maximaler Produktivität alle Wölfe auszumerzen", „denn", so der Verbandssprecher, „wer ernsthaft behauptet, zwei Wölfe seien Grund genug, von menschen- und tiergefährdenden Populationen zu reden, hat entweder keine Ahnung oder erliegt einem Ammenmärchen. Das ist in etwa so, als glaube man, Rotkäppchen sei kein Sekt, sondern ein als Flasche getarntes Mädchen."

Durchlauf hatte sich, maßlos erbost von der „Landwirt-Verarsche", dazu entschlossen, wenige Tage später, gleichsam im Nachgang, vor einer militanten Jägerorganisation zu sprechen, die mit dem Wahlspruch warb: „Töten heißt: Verantwortung übernehmen." Hier dachte er, würde er jene Anerkennung finden, die er verdiente.

Seine Überraschung darüber, vor Beginn der Veranstaltung einen präparierten, auf Bretter genagelten Wolfskopf in seinem Hotelzimmer vorzufinden, war eher gering. Das Begleitschreiben versicherte ihn, endlich wieder unter seinesgleichen zu sein. „Lieber

Dr. Durchlauf, unser Geschenk soll sie daran erinnern, dass wir gemeinsam das gleiche Ziel verfolgen – ein wolfsfreies Deutschland, ein sicheres Deutschland für unsere Kinder und Enkel. Für Ihren verdienstvollen Einsatz in der Wolfsbestandsdezimierung danken wir Ihnen von Herzen." Dr. Durchlauf fühlte, er war angekommen.

25. Fahrer

Es gibt nur wenige, die den Politikbetrieb besser kennen als die Fahrer jener Männer und eher rar gesäten Frauen, die ihre Tage damit verbringen, sich fünf Sekunden im Fernsehen zu sichern. Derweil auf Instagram 18-jährige Models Millionen Menschen erreichen und becircen, ringen Politiker um Popularitätswerte, welche diese Bezeichnung streng genommen nicht verdienen.

Gabriele Treusch, die Sozialministerin der *Partei für Regenerative Moral* (PRM), war eine der weiblichen Ausnahmen im Kabinett der „Siegerallianz", wie sich die Regierungskoalition auch im dritten Jahr ihrer Amtszeit gern bezeichnete. Sie hatte das Aussehen einer freundlichen, 45-jährigen Matrone, die unaufgeregt, aber entschlossen und tatkräftig ihren Haushalt bestellte, ganz so, als könne sie nichts irritieren oder in Wallung bringen.

Nur wenige wussten, wie sehr dieser Eindruck täuschte. Ministerin Treusch war ambitionierter als jedes andere Kabinettsmitglied und entschlossen, ihre Stellung nicht nur zu sichern, sondern eines Tages Habedanks Erbe anzutreten, den sie, gefragt oder ungefragt, immer für seinen Regierungsstil lobte, da sie wusste, Habedank konnte nur beerbt, doch nicht gestürzt werden. Seine Popularität war zu groß, als dass sein Königsmörder im politischen Betrieb eine Zukunft erwarten durfte. Ihr Ziel war es demnach nicht, Habedank zu stürzen, sondern, in seinem Windschatten gut und sicher geborgen, an Statur zu gewinnen, bis sie sich zu seiner zwangsläufigen Nachfolgerin gemausert haben würde. Ihre gesamte Strategie konzentrierte sich darauf, den Eindruck zu erzeugen, was ihr an Souveränität fehle, würde durch hohe fachliche Kompetenz und *Liebe zum Land* ausgeglichen. Wer ihr dabei dienlich war, dieses Ziel zu erreichen, war Treusch willkommen, wer nicht, musste mit Konsequenzen rechnen und Treusch war bekannt dafür, nachtragend zu sein. Sie vergaß keine Kränkung und sie erlebte alles als Kränkung, was nicht genau

162

dem entsprach, was sie von Menschen erwartete. So musste ihr Sprecher, ein netter, verbindlicher Mann ohne Allüren, überraschend erfahren, dass die Ministerin ihn künftig nur noch in ihrer Nähe duldete, wenn es sich gar nicht vermeiden ließe. Seine erst telefonisch, dann schriftlich gestellte Frage, was er denn falsch gemacht habe, wurde nach mehrmaligem Insistieren von Treusch mit einer harschen E-Mail beantwortet.

Die Ministerin schrieb: „Sie haben offenbar vor zwei Tagen bei einer Abendveranstaltung damit geprahlt, Sie würden mich auch bei modischen Dingen, so zum Beispiel bei Einkäufen von Garderobe und Schuhen, unterstützen. Intime Details über mich nach außen zu tragen, ist bei einem Menschen in ihrer Vertrauensposition untragbar. Diesen üblen Verstoß werde ich öffentlich nicht rügen. Sie sollten jedoch in der Lage sein, auch von sich aus, die richtige Konsequenz zu ziehen. Mich um ein Arbeitszeugnis zu bitten, würde ich Ihnen nicht nahelegen."

Der Mann wusste nicht, wie ihm geschah. Treuschs implizite Kündigung kam für ihn doppelt unerwartet. Erst vor wenigen Tagen hatte sie ihn darum gebeten, im Gespräch mit Journalisten „mehr Privates einfließen zu lassen". Harmloses, beispielsweise, dass sie Unterstützung beim Einkauf von Kleidung benötige, dürfe er gern erwähnen. Sie stelle ihm frei, „das Richtige zu platzieren" und habe großes Vertrauen in seine Fähigkeit, ihre Interessen gut zu vertreten. Treusch hatte sogar in ihrer burschikosen Kumpelmanier ihrem Sprecher auf die Schultern geklopft und lachend getönt: „Buntschuh, Sie wissen doch immer, was passt und was nicht. Besser noch als mein Mann und der kennt mich wirklich schon lange."

Buntschuh sah sich eines Besseren belehrt. Treusch hatte alles vergessen; auch ihre eigenen Worte waren vergessen; sie waren nie gesprochen worden, denn sie hatten nicht den gewünschten Erfolg erzielt; sie waren in der Medienwelt ohne die Resonanz geblieben, die sie wünschte.

Symptomatisch für den Habitus vieler Politiker, die länger als ein bis zwei Jahre in diesem Betrieb verharren, ist die stetig wachsende Bereitschaft, Journalisten – entgegen ihrer steten Elogen auf den freien, unabhängigen Journalismus – als PR-Lakaien zu betrachten, die ihre Aufgabe nur dann gut erledigten, wenn sie exakt das kolportierten, was ihren eigenen Pressemitteilungen zu entnehmen sei. Je weniger sie ihre Meinung *buchstäblich* vertreten sehen, desto mehr sind Politiker willens, Journalisten als parteiische, elende Sinn- und Wortverdreher zu diskreditieren. Politiker klagen oft, Journalisten redeten immer der Konkurrenz nach dem Munde. Der Vorwurf, sie verschacherten ihre journalistische Integrität für ein teures Abendessen oder andere Annehmlichkeiten mit Freuden, wird gern bemüht, wenn Politiker nicht erhalten, was sie sich wünschen. Unliebsamen Journalisten, *die nicht hören wollen*, wird grundsätzlich angelastet, wenn Politiker glauben, die Öffentlichkeit kenne und verstehe sie nicht oder habe ein falsches, abwegiges Bild von ihnen, ihren Motiven und Zielen.

Den Sprechern ist es dann vorbehalten, die Zeche zu zahlen, das Missvergnügen zu ertragen und Selbst- und Fremdwahrnehmung der Minister in Relation zu setzen. Sie werden dafür bestraft, wenn Journalisten, ihre Aufgabe ernst nehmen und sich Fraternisierungsversuchen verweigern. Journalisten, die distanziert und sachbezogen über Motive und Ziele von Politikern berichten, haben keinen leichten Stand.

Sprecher aber, die Mandatsträger an die Vorzüge der Presse- und Meinungsfreiheit erinnern, sind entweder heroisch oder naiv oder verliebt in die Wahrheit und auf der Suche nach einer neuen Beschäftigung. Jeder Sprecher im Polittheater erkennt rasch, dass die Gier nach *blinder* Anerkennung und *vorbehaltlosem* Zuspruch sich, je länger ein Politiker sein Mandat behält, immer schwerer stillen lässt.

Buntschuh begriff mit einem Mal, warum Treusch ihm den Dienst quittierte. Treusch kannte keine Skrupel. Was ihr nützte, war opportun, was ihr missfiel, ein Fall – ein *Abfall*. Wie anders hätte sie sich sonst erlaubt, die Drecksarbeit, den unfähigen Buntschuh bei Seite zu schaffen, an Buntschuh zu delegieren? Buntschuh sollte sich selbst *neutralisieren*, ohne zu murren und Aufruhr zu stiften. Dabei hatte Buntschuh nur getan, was Treusch ihm aufgetragen hatte. Buntschuh hatte, Treuschs Weisung folgend, die Medien darüber informiert, die Ministerin lasse sich von Zeit zu Zeit in Modefragen von Mitarbeitern beraten. Mit keinem Wort hatte er anklingen lassen, er selbst berate die Ministerin bei Alltags- und Modefragen. Einige Boulevardblätter hatten jedoch freie Interpretationen der von Buntschuh lancierten Nachricht geliefert.

Die größte deutsche Zeitung mit Versalien im Titel folgerte kühn, Treusch finde sich ohne die Unterstützung ihres Sprechers im normalen Leben nicht mehr zurecht. „Sozialministerin gibt zu: „Ich bin hilflos im Leben. Ohne Buntschuh geht's bei mir bergab" – das waren Head- und Subline gewesen. Die Ministerin hatte die Zeitung auf der Anfahrt in ihr Ministerium gelesen und lange und anhaltend im Fond ihrer hybridbetriebenen Staatskarosse getobt. „Diese Arschlöcher. Journalisten sind doch das Letzte. Das alles kotzt mich so an. Putin hat ganz recht. Die Pressefreiheit nützt nur der Presse." Treusch war außer sich und fand kein Ende der Empörung: „Die Schmierfinken dürfen sich einfach alles erlauben, zumindest bei uns. Doch die werden sich wundern."

Ein grimmiges Lächeln entstellte ihr derbes Gesicht, über das ein Wetterleuchten vorweggenommener Rache hinwegging. Sie wusste, ihr Tag der Rache würde kommen, doch bis dahin galt es, Geduld zu üben. Als Kabinettsmitglied musste sie sich, wohl oder übel, für die Freiheit der Presse verwenden. Das war beschwerlich, verlogen und falsch, doch nicht zu vermeiden. An jedem noch so sekundären Gedenktag war sie gefordert, daran zu erinnern, dass der Wert einer Demokratie sich in erster Linie daran bemesse, wie mit der Presse- und Meinungsfreiheit verfahren werde. „In einer lebendigen Demokratie müssen sich auch Politiker damit abfinden, dass ihr Tun und Handeln von unabhängigen Journalisten bewertet wird, auch und insbesondere dann, wenn es schmerzt", das hatte Treusch unlängst bei einem Jubiläum der Öffentlich-Rechtlichen Rundfunkanstalten in ihrer Laudatio mit künstlichem Pathos verkündet. Der Applaus ihrer Zuhörer – zahlreiche Medienmacher und Journalisten – war exakt noch genau so laut gewesen, dass er sie nicht kompromittierte. Obwohl sie Journalisten nicht mochte und den öffentlich-rechtlichen Journalismus, wann immer sich eine Gelegenheit bot, verlachte, erwartete sie Respekt und Bewunderung. Die Bewunderung blieb ihr jedoch versagt und das verstimmte sie mehr, als ihr lieb war. Der heutige Artikel jedoch verstimmte sie nicht, er brachte ihr Blut in Wallung. Treusch schrie und tobte weiter in ihrem Auto, verwünschte die „bürgerliche Journaille", bis sie – endlich – für sich die Lösung gefunden hatte: Buntschuh war für alles verantwortlich. *Er* hatte die Geschichte erst in die Welt gebracht. Er *allein* war *schuld*. Er musste büßen.

Als sie ihre Büroleiterin wissen ließ, dass Buntschuh nicht länger, wie bislang üblich, freien Zutritt bei ihr habe, fühlte sie sich bereits besser. Der Schuldige war identifiziert. Sie hatte sich nichts weiter vorzuwerfen. Buntschuh hatte versagt. Telefonate von Buntschuh würde sie künftig ignorieren und sollte er schreiben, war die Antwort bereits parat. Er sollte sich selbst wegschaffen. Buntschuh war bereits Vergangenheit und *persona non grata*, denn er hatte auf Dinge beharrt, die ihr unangenehm waren.

Seine Situation war Treusch vollkommen gleichgültig. Sie glaubte, sich zu erinnern, dass er drei kleine Kinder und eigens für die Arbeit bei ihr eine sichere Position aufgegeben hatte. Angeblich, weil er sie für ihre politische Agenda bewundere. Es sei für ihn eine Herzenssache, Treusch bei der Verwirklichung ihrer Ziele zu helfen. Die von Treusch geforderte *moralische Erneu-*

166

erung im öffentlichen Sektor habe große Bedeutung. Sie sei, ließ Buntschuh, ehe er seine Funktion bei der Ministerin übernahm, wiederholt verlauten, ein wichtiger Fundamentstein, um unsere Gesellschaft gerechter zu machen. Ihre Erklärung gleich zu Regierungsbeginn, sie wolle als Sozialministerin Bedürftige nicht nur besser unterstützen, sondern auch unabhängiger von der Willkür staatlicher Institutionen machen, hatte Buntschuh sehr gefallen. Buntschuh hatte Treusch vertraut. Wie sich jetzt herausstellte, grundlos. Doch Treuschs triviale Erscheinung hatte schon viele vor Buntschuh hinters Licht geführt.

Die zur Schau getragene Freude am Leben, am Essen, an Süßigkeiten, an Hunden und Kindern, war fingiert. Treusch hatte ihre drei Kinder in Schweizer Internaten „geparkt" und was ihren Mann betraf, so hatte er freie Hand bei der Lebensgestaltung. Er durfte, was immer er wollte, solange er davon Abstand nahm, die Scheidung einzureichen oder ihre „Gewohnheiten" zu kommentieren.

Ihre *Lebensdominante* und alles beherrschende Gewohnheit, der Alkohol, hatte Treuschs Körper und Gesicht verfetten, ihre grauen Augen verwässern und ihre Umgangsformen unberechenbar werden lassen. Wenn der Alkoholspiegel sank, sank auch ihre Laune und wich einer affektiven Lust, jene zu strafen, die ihr am meisten ergeben waren. Dieser Genuss war unbezahlbar. Dann fühlte sie sich mächtig und attraktiv und genoss es besonders, Ministerin zu sein. Buntschuh mochte vor die Hunde gehen, nur Lärm durfte er keinen dabei verbreiten. Sklaven sollten diskret sein, insbesondere dann, wenn ihre Dienste verzichtbar wurden.

Politik war nichts für Menschen mit Idealen. Wer Ideale hatte, dachte sich Treusch häufig, wenn sie als Gastrednerin gebeten wurde, sich für die Interessen armer Menschen oder, schlimmer noch, armer Menschen mit Kindern zu verwenden, sollte keine Freude an Luxus haben. Wer Luxus liebte, hatte keine Ideale. Besser zu leben, hieß für Menschen wie sie, die Sorgen anderer niemals kennenzulernen. Besser zu leben, bedeutete für sie, Privilegien zu genießen, ohne sich dadurch verpflichtet zu fühlen.

Verpflichtet fühlte sie sich niemandem. Ihrem Fahrer zuletzt, der zu jeder Tages- und Nachtzeit verfügbar sein musste und selten Gelegenheit fand, länger als zwei bis drei Stunden unbehelligt zu schlafen.

Wenn Treusch nachts keinen Schlaf fand und unruhig wurde, ließ sie oft ihren Fahrer kommen, dem dann die Aufgabe zufiel, seine Chefin durch die Stadt zu fahren, in konzentrischen Kreisen, unablässig, bis die ersten Sonnenstrahlen dem grauen Asphalt der Straßen einen mattierten Schimmer verliehen und die Ministerin glauben ließen, der Morgen brächte auch ihrem Leben alten, längst erloschenen Glanz zurück.

Treusch war zu diesem Zeitpunkt meist auf eine Weise alkoholisiert, die sie schon fast ernüchterte. Die emotionslose Passivität des Spiegeltrinkers begann sich in ein wohliges Gefühl zu verwandeln; die Ministerin wusste, jetzt war sie wieder gewappnet und konnte den Tag durchkämpfen. Ihr diskreter, unbeteiligter Fahrer fuhr mit verlässlicher Souveränität durch die erwachende Stadt und wartete auf den ersten Befehl seiner Chefin, die nach durchzechter Nacht dazu neigte, mit sich selbst zu reden und dabei lange und heftig zu husten. Treusch rauchte immer bei ihren Exzessen und behielt es sich vor, ihre Kippen, gesammelt, in einem Schwung aus dem Fenster zu werfen, wenn sie an einem Straßenreinigungstrupp vorüberfuhren. Es machte ihr sichtlich großen Spaß, die verdutzten Gesichter jener Männer zu sehen, die sich jeden Morgen um drei Uhr früh aus ihren Betten quälten, um jene Stadt zu reinigen, deren soziales Elend sie gern zitierte, um darüber zu sprechen, wie viel Kraft und Energie sie darauf verwendete, landesweit allen Armen und Bedürftigen zu helfen. Wenn sie durch das Rückfenster die Männer in orangefarbenen Westen empört hinter ihr her gestikulieren sah, fühlte sie sich glücklich. Dann wusste sie, ihr Tag konnte beginnen. „Make my day", grölte sie dann meist, Clint Eastwoods *Dirty Harry* parodierend, „make my day, ihr Idioten und Trottel. Ich bin Ministerin. Ich habe das Sagen."

Ihr Fahrer wusste dann immer, jetzt würde er gleich beauftragt, die Chefin heim zu bringen; danach würde auch er kurz nach Hause fahren, um sich zu duschen und umzuziehen. Wenn Treusch selbst das Bedürfnis entwickeln sollte, zu Bett zu gehen, hatte er Glück und konnte vielleicht zwei bis drei Stunden schlafen. Er lag dann, wie ein treuer Gardist in Hab-Acht-Stellung, angekleidet auf seinem Sofa, mit halb geöffneten Augen, das Telefon neben sich, wachsam, immer auf dem Sprung, nie ganz vom Dienst befreit. Selbst diese porösen Ruhephasen waren nicht sichergestellt; bisweilen blieb ihm nur die Zeit für einen kurzen Dämmerschlaf. Er zehrte von den Tagen, an welchen die Ministerin bei Kabinettssitzungen oder Plenardebatten durchgängig Präsenz zeigen musste und keine Zeit fand, ihm Aufträge zu erteilen. Dann stand er mit seiner Ministerkarosse in der Auffahrt für Kabinettsmitglieder und genoss es, wortlos und still, der leisen Musik zu lauschen, die dem High-End-Gerät von Treuschs sündhaft teurer Limousine entstieg, die ihr, wie jedem Minister, Staatssekretär und Fraktionsvorsitzenden, ganzjährig zur Verfügung stand. Noch in der letzten Legislatur, als die PRM in der Opposition gegen die drastische Verschwendung von Steuergeldern ihre Stimme erhob, wäre dieses Vehikel als Ausdruck inakzeptablen Anspruchsdenkens und Dünkels verurteilt worden; heute jedoch war ihre Ministerkarosse längst eine Selbstverständlichkeit, die Treusch nicht missen wollte.

Treuschs Fahrer war darüber nicht erstaunt. Er war bereits Anfang sechzig und hatte über Jahrzehnte hinweg Kabinettsmitglieder aller Parteien kutschiert. Seine persönliche Bilanz war ernüchternd und wahrscheinlich auch repräsentativ. Je länger die Damen und Herren im Amt waren, desto schlechter wurden die Umgangsformen. Cholerische Minister überraschten ihn nicht.

169

Tobende Amtsträger mochten jene befremden, die nie gesehen hatten, welche Wirkung ein hohes Staatsamt auf Menschen ausübte, deren Charakter schon fragwürdige Züge aufwies, als sie damit begannen, politische Ambitionen zu entwickeln.

Der Fahrer hatte erlebt, wie ein Staatssekretär auf dem Weg zu einer Gedenkfeier zu toben begann, weil er vergessen hatte, einen Regenschirm im Auto zu deponieren. Außer sich vor Wut hatte der Staatssekretär von hinten mit einer gerollten Zeitung auf ihn eingeschlagen. Erst als eine klaffende Wunde im Nacken des Fahrers entstand, die heftig zu bluten begann, hatte er aufgehört, ihn zu traktieren, und gebrüllt: „Fahren Sie an die Seite und halten Sie an, Sie gottverdammter Idiot!" Der Fahrer hatte das Auto ohne Hektik und professionell gestoppt. Schweigend und ohne sich umzudrehen, hatte er dann sein Taschentuch gegen die Wunde gepresst, um die Blutung zu stillen. Er war geschult im Umgang mit jähzornigen Egomanen und bemüht, keine weitere Eskalation freizusetzen; doch seine Umsicht blieb wirkungslos. Der Staatssekretär war nicht etwa zur Ruhe gekommen, sondern hatte wutentbrannt die Limousine verlassen und mit Berserkerschlägen seinen Aktenkoffer gegen den Autokühler gehämmert, bis ihn die Kräfte verließen. Danach hatte er die Fahrertür aufgerissen, den Fahrer vom Sitz gezogen und unter Flüchen und wüsten Verwünschungen mit Tritten bearbeitet, bis dieser schließlich nicht mehr anders konnte, als sich zur Wehr zu setzen. Dabei ging der Staatssekretär zu Boden, wenn auch, ohne sich weh zu tun. Dieser Akt der Selbstverteidigung hätte den Fahrer jedoch fast seine Arbeitsstelle gekostet. Der Staatssekretär hatte sofort in der Landtagsverwaltung angerufen und eine Tätlichkeit des Fahrers gemeldet; um seinen Worten den gebührenden Nachdruck zu geben, hatte der Staatssekretär noch ein Foto von sich versendet, das ihn mit schmutzigen Hosen zeigte. Sein selbstverschuldeter Sturz wurde zu einem Nachweis der Schuld jenes Mannes, dem sich nichts vorwerfen ließ als Loyalität und Bescheidenheit.

Alle Beteuerungen des Fahrers, es handle sich um ein Missverständnis und der Staatssekretär habe ihm keine Alternative gelassen, blieben wirkungslos; dass der Staatssekretär ihn zuvor geschlagen, verletzt und auf üble Weise beschimpft hatte, wurde im Protokoll geflissentlich übergangen. Das Wort eines Staatssekretärs wog ungleich mehr als das eines Fahrers. Selbst wenn man ihm geglaubt hätte, wäre nichts unternommen worden. Kein Landtagsverwaltungsbeamter hatte Verlangen, sich mit einem Staatssekretär zu überwerfen, der vielleicht morgen bereits in der Lage war, ihm, avanciert zum Minister, erheblich zu schaden. Um die Sache ohne viel Aufhebens aus der Welt zu schaffen, wurde der Fahrer versetzt und der Staatssekretär mit einem größeren Wagen und einem Fahrer belohnt, von dem jeder wusste, dass er kein Problem damit hatte, beschimpft zu werden.

Treuschs Fahrer wusste demnach, dass er gut daran tat, still und unauffällig seinen Dienst zu verrichten, nichts zu fragen, nichts zu sagen und alles zu vergessen, was er von Treusch sah und hörte.

Treusch hatte ihn, trotz oder vielmehr wegen seines schlechten Leumunds als „renitenter Charakter" in Dienst genommen. Ihr Kalkül war bezeichnend für *ihren* Charakter: Sie erhielt einen Fahrer, auf dessen Verschwiegenheit sie verbindlich setzen durfte. Dieser Fahrer, dachte sich Treusch, hatte jeden Kredit verspielt. Der Vermerk über die „Staatssekretär-Affäre" degradierte ihn auf die Stufe eines Parias. Wer sonst würde ihr ähnlich beflissen, devot und bedingungslos dienen? Sie allein entschied über sein Schicksal. Seine Zukunft lag in ihren Händen und er wusste um das *ganze* Ausmaß seiner Abhängigkeit.

Der Fahrer hatte vier Kinder, ein Häuschen auf dem Land und, wie er seinen Kollegen oft sagte, „einen Sack voll finanzieller Verpflichtungen", die ihn erdrückten. In den wenigen Tagen, wenn er Urlaub oder Freizeit hatte, verdiente er sich noch ein karges Zubrot als Busfahrer für regionale Speditionen. Der Fahrer war, wie so viele mit ihm, ein Opfer jener Verbindlichkeiten, die Menschen

171

jede Entscheidungsfreiheit nehmen. Seine Frau, seine Kinder, sein Haus, sein überschaubares Einkommen und die Gewissheit, bis zum Ende seines Erwerbslebens ein Lohnsklave zu bleiben, dem es untersagt war, Kritik zu äußern, hatten ihn seiner Gegenwart und Zukunft beraubt.

Das bedingungslose Grundeinkommen, von fast allen Parteien mit höhnischer Miene als Utopie beiseite gewischt, würde uns nicht nur von zahlreichen nutz- und wertlosen Institutionen befreien, sondern auch jenen die Freiheit zurückgeben, die in eine Korsage gezwängt sind, die ihnen jedes Leben zu nehmen droht.

Die Angst vor der Arbeitslosigkeit ist heute mächtiger als die Angst vor dem Tod. Der Tod besteht nur noch als Abstraktion. Das erscheint umso erstaunlicher, als noch nie zuvor so viele alte Menschen gelebt haben, die uns mit ihrer Hinfälligkeit – ihren Gebrechen und Restriktionen – daran erinnern, was es bedeutet, dem Tod unerbittlich nahezukommen. „Rasch tritt der Tod den Menschen an, es ist ihm keine Frist gegeben." Schillers Erfahrungen aus einer zweihundert Jahre zurückliegenden Epoche sind heute längst nicht mehr repräsentativ. Der Tod tritt in der Regel heute langsam, fast träge an uns Menschen der westlichen Hemisphäre heran, die wir oft glauben, unsere Freiheit begänne erst, wenn das Rentenalter erreicht und unsere Haut welk und ledrig geworden sei. Das ist fast so deprimierend wie die Vorstellung, Arbeitsämter besäßen die Funktion von Hospizen für verzichtbare Menschen in den Produktionsmaschinerien von Industrie und Gewerbe. Doch genau das sind sie, denn sie bestätigen den meisten nur ihre Wertlosigkeit. Wer etwas genauer hinhört, kann ihre höhnische Stimme vernehmen. *Niemand besitzt noch Verwendung für dich. Niemand sieht einen Nutzen für das, was du kannst. Du solltest dich schämen. Fordere nichts. Akzeptiere alles. Ohne Arbeit bist du nichts. Ohne Arbeit bist du dysfunktional und verloren.*

172

Arbeit befreit und bereichert jedoch seit jeher nur Menschen, die ihr Sinn und Bedeutung verleihen. Alle anderen rackern sich ab, zählen die Stunden und glauben, Werktage, die flugs vorübergingen, seien etwas grundlegend Gutes. Das zu glauben, ist auf eine Weise fatal, dass ich vergeblich nach einer brauchbaren Metapher suche. Wer nicht begreift, dass über unserem Leben ein gefühlloser Engel die Noten zählt, die unserem kurzen Lebensakkord zugestanden wurden, begreift nicht, was es heißt, im Schatten des Todes zu steh'n und *endlich* zu sein. Der Schierlingsbecher unseres Daseins muss getrunken werden, und niemand kennt den Augenblick, wenn er geleert aus kalten Händen gleitet und zerbricht. „Der Tod hat Pause", machen sich die Menschen glauben und starren Löcher in die Dunkelheit der Zeit, als stünden sie abseits der Fristen, die uns ein Körper setzte, der aus anderen Körpern kam, die ihre Frist bereits erreicht und *vollendet* haben.

Der Tod, scheint es, wurde aus unserer Gesellschaft entfernt, in der "die stets arbeitenden Wilden" Regeln festlegen, die keinen Konnex besitzen zu uns und unserem sterblichen Leben, das an die Ewigkeit erinnert, eben weil es endlich ist. Der Tod ist auf Reisen, der Tod ist fern, singen die Konzerne, Aktienmärkte und Politiker, die niemanden unterstützen, der nicht willens ist, in den großen Chor der Puritaner einzutreten, die immer denselben Choral anstimmen: „Wer arbeitet, ist willkommen. Wer die Muße liebt, ein nutzloses Subjekt."

Wir laufen entlang einer Straße, deren Ziel wir nicht kennen. Wir begegnen uns mit gesenkten Blicken, grüßen kaum, eilen hastig aneinander vorüber, um an Orte zu gelangen, die einer Produktivität dienen, die keinen Mehrwert der Schönheit erzeugt.

Die VDP sagt uns, Produktivität besitze einen Wert, denn es steigere unser Vermögen. Die Frage bleibt jedoch, wozu?

26. Die Hof-Journalistin

„Ich seh' schon, Sie wollen mich ärgern", das heisere Husten von Gastlludic drang in mein Ohr, als habe der Schall eine schadhafte Stelle gefunden, die mich verletzbar machte. Das Telefon, von Alexander Graham Bell noch als glückliche Innovation gefeiert, da es phonetisch selbst große Distanzen vergessen ließ, war für mich längst zu einer Folterapparatur geworden, die mich nötigte, Tag für Tag Menschen zu lauschen, die ich besser nie in mein Leben gelassen hätte. Die Journalistin ahnte nicht, wie sehr es mir widerstrebte, ihr zuzuhören; ihre gezierte Sprechweise war mir ein Gräuel. Sie kokettierte immer und sie kokettierte frei von Talent. Sobald sie in Erscheinung trat und ihrer Stimme ein physisches Äquivalent verlieh, war die Posse vollkommen.
Gastlludic war von sich überzeugter, als ihr guttat, und kannte *jeden*. Bisweilen vergaß sie darüber, dass Opportunismus und Journalismus verfeindet sind.
Wenn sie mit wiegendem Gang den Sternheimer Landtag durchmaß, eine Stola schwingend, als nähme sie von der Reling eines Dampfers für immer Abschied von Europa, wusste ich, diese Frau glich ihrem Lächeln: Gastlludic war klebrig. Wer immer von Relevanz ihre Wege kreuzte, wünschte sich sehnlichst, nicht an ihr haften zu bleiben. Jeder, der sich nicht rasch genug verabschiedete, hatte gute Aussichten, sich wie eine arme Mücke im Möbiusband ihrer unsichtbaren Fliegenfalle zu verfangen. Gastlludic nahezukommen, barg viele Gefahren. Arglose Menschen ahnten nicht, dass ihre ständige Operette nur dazu diente, von ihren wahren Motiven abzulenken.
Emma Gastlludic konnte – und wollte – ihre Herkunft nicht verleugnen. Ihr Elternhaus war, wie sie immer betonte, so weltläufig wie weltoffen. Sie habe, beteuerte sie, es immer genossen, ein Kind der Kultur zu sein. Das zu kommentieren, verbot sich, so wie es sich prinzipiell verbot, Gastlludic nach etwas zu fragen, das sie

betraf. Sie hatte sich, wie sie glaubte, „einen Namen gemacht",
denn sie hatte in den 30 Jahren ihrer Sternheimer Hofberichter-
stattung wirklich jedem die gepuderten Wangen zum schwester-
lichen Judas-Kuss entgegengereckt, der Minister war oder sich
berechtigte Hoffnung machte, einer zu werden. Jeder Ministerpräsident in den letzten drei Jahrzehnten hatte ihr, wie sie sagte,
„Porträt gesessen" und sein Innerstes geöffnet. Sie dachte das
wirklich und sie lebte ihren Traum, bedeutend zu sein, mit er-
schreckender Intensität. Das Rentenalter drohte bereits und damit drohte auch der Abschied von allem, das ihr teuer war – das
ihr *Bedeutung* verlieh. Gastlludic hielt sich für eine Jeanne d'Arc
des investigativen Polit-Journalismus' und schrieb doch immer
nach dem Munde jener, die bei Banketten am Kopfende der Spei-
setafel präsidieren.

Mich nahm sie nur wahr, weil ich einer Aufgabe nachging, die
mich zu einem, wenn auch nachgeordneten, so doch zeitweise
brauchbaren Informanten machten. Wenn sie mich anrief und
mit sanft modulierender Stimme eine Atmosphäre des Einvernehmens herzustellen versuchte, wurde ich augenblicklich wort-
karg oder begann, über Dinge zu sprechen, die noch belangloser
waren, als sie klangen. Gastlludic wusste genau, was sie tat, und
sie wusste auch, dass ich gegen ihren Charme resistent war. Wann
immer unser Gespräch im Sumpf belangloser Konversation zu
versickern drohte, zog sie ihr letztes Register und erklärte triumphierend: „Wir müssen uns einfach treffen, Davidson. Es ist so
schön, einmal nicht über Politik zu sprechen. Gönnen Sie mir die
Freude. Seien Sie freundlich zu mir. Wo trinken wir den Kaffee?
Das *Ciao* gefällt ihnen bestimmt. Also abgemacht. Morgen 12 Uhr,
im *Ciao*. Schönen Tag, mein Lieber." Sie erwartete weder Antwort
noch Kommentar. Sie legte auf, setzte auf ihre Impertinenz und
meine Höflichkeit und erhielt, was sie wollte.

Das *Ciao* entsprach ihrem schwülstigen Auftritt. Es war auf pro-
vinzielle Weise pompös und gab sich das Odium weltläufiger

175

Eleganz. Der Besitzer hatte länger in Wien gelebt und unternahm den Versuch, das mondäne Café Landtmann in Sternheimer Dimensionen zu übersetzen. Das Ergebnis war eher beschämend, doch für Gastlludic genau der richtige Ort, um zu „ratschen". Sie verwandte das harmlose Wort, um jeden Zweifel an ihrer Jovialität zu verdrängen. Gastlludic ratschte, doch sie ratschte nur, um ihre Begierde, *alles* über die Mächtigen ihrer kleinen Welt zu erfahren, zu stillen.

Selbst der kauzige Habedank, auf den sie gern Elogen verfasste, hatte ihrem Drängen vorgeblich nachgegeben. Er habe ihr, beteuerte Gastlludic wiederholt vor Kolleginnen und Kollegen, intimste Einblicke in sein Leben gewährt.

Je mehr sie dachte, er gebe alles von sich preis, je mehr erhielt er von ihr. Habedank schlug sie mit ihren eigenen Waffen, bediente sich ihrer Eitelkeit und ließ sich in vielen ihrer Kolumnen als weisen Nestor des Sternheimer Landtags feiern. Nicht wenige Politiker der Opposition empörten sich über Gastlludics Panegyrik, doch sie empörten sich kraftlos. So hatte auch Tamara Troll für Gastlludic ein Informationsverbot verhängt, weil sie davon überzeugt war, von ihr weder verstanden, noch unterstützt zu werden. Dieses Verbot kümmerte freilich niemanden, Gastlludic zuletzt, die mir jetzt gegenübersaß.

Gastlludic hatte mich mit großer Geste willkommen geheißen. Sie inszenierte ihre künstliche Euphorie gekonnt. Ihre Hamsterbacken blähten sich fröhlich, doch die Augen blieben kalt und berechnend. Es hatte den Anschein, als säße sie bereits geraume Zeit im *Ciao*, das sie, aufgrund seines konspirativen Wintergartens, schätzte und gern als „persönlichen Arbeitssalon" deklarierte. Zahlreiche Unterlagen türmten sich vor ihr auf dem kleinen, hässlichen Tisch mit künstlicher Marmorplatte. „Davidson, wie schön, Sie zu seh'n." Gastlludic log mit der Souveränität eines Gastronomen, der nur an den Umsatz denkt, wenn ein Gast sein Restaurant betritt. Viele Menschen schätzen es sehr, wenn der *Maître* ihres

Lieblingsitalieners sie namentlich kennt, ihnen Sonderrechte einräumt und sich, mit heuchlerischer Miene, nach Gesundheit, Familie und Arbeit erkundigt. Der als besondere Köstlichkeit am Ende des Essens nur den *Vorzugsgästen* kredenzte Trester ist der Kontrapunkt eines erfolgreichen Lügen- und Werbespektakels. Wer viele und teure Speisen „auf besondere Empfehlung des Maître" konsumiert, gefällt sich gern in der Vorstellung, die Rechnung sei dem Maître eigentlich unangenehm und mehr lästige Zwangsläufigkeit als gewünschtes Ergebnis seiner Bemühungen. Exakt diesen Eindruck wollte auch Gastlludic bei ihren „geschätzten Konversationspartnern" hinterlassen, die sie zwangsläufig benötigte, um ihrer Berichterstattung „ständig neue, frische Impulse zu schenken".

Ich war gewappnet, nahm an dem Tischchen Platz, wies auf die zahlreichen Materialien und fragte nur: „Sie haben viel Arbeit mitgebracht, ich dachte, Sie wollten nur plaudern?"

„Ja, freilich will ich mit ihnen plaudern." Gastlludic hob in gespielter Entrüstung die Augenbrauen und gab sich den Anschein, als verletze sie bereits die Vorstellung, ich könnte ihr unlautere Absichten unterstellen. Ich musste mich beherrschen, nicht in das ruinierte Gesicht zu lachen, das sich mir heuchlerisch freudig entgegenreckte. Gastlludic war nie schön oder hübsch gewesen, doch jetzt, mit 67 Jahren, wirkte sie wie eine aufgeschwemmte Karikatur der sehr alten Simone Signoret. Das grellrot gefärbte Haar, als Pagenkopf geschnitten, schien erstarrt in einer irregulären Welle, ganz so, als habe sie sich über Stunden hinweg einem heftigen Westwind entgegengestellt. Ihre Hände waren chlorbleich und von hektischen Altersflecken gezeichnet; ihre Augen wässerten leicht.

„Gut, dann plaudern wir." Ich lächelte unverbindlich, bestellte mir einen Kaffee, entledigte mich meines Sakkos und schwieg.

„Nun, was macht die Familie?", fragte Gastlludic, verbindlich lächelnd.

„Gut, danke. Wie geht es ihrem Mann?" Ich eröffnete sofort die Gegenoffensive; Gastlludic durfte von mir nichts Privates erfahren.

„Danke, sehr gut. Wir genießen es sehr, nun auch in Basel ein Domizil zu besitzen. Sie können uns gern einmal besuchen. Es ist wirklich sehr schön dort. Und erholsam." Gastlludic lachte lauter als angebracht und gewährte dabei tiefe Einblicke in ihren Rachen, der, das mochte ihren süßlichen Mundgeruch erklären, ein schadhaftes Gebiss enthielt.

„Wenn es sich einmal ergibt, vielleicht..." Ich blieb bei Gastlludic in allem unverbindlich. Selbst dann, wenn ich wusste, ihre Offerte war nichts als eine wertlose Floskel, enthielt ich mich des erwarteten Kommentars. Gastlludic ahnte, wie wenig ich ihrer Fassade traute.

Manche meiner Kollegen ließen sich von ihrem Theater blenden und erzählten kindlich-naiv dieser klatschsüchtigen Marketenderin politischer Waren, was immer sie wissen wollte. Gastlludic versprach immer all jenen Stillschweigen, die sich nach dem Gespräch mit ihr verwirrt fragten, was genau eigentlich Gegenstand ihres Gesprächs gewesen sein mochte. Sie setzte auf das schlechte Gedächtnis ihrer Informanten. Die meisten registrierten kaum, wenn sie Indiskretionen begingen und sich um Kopf und Kragen redeten. Gastlludic besaß keine Hemmungen, naive Menschen zu benutzen. Sie dachte an ihren Exklusiv-Bericht, ihren boshaften Kommentar und die Reaktion ihrer „Neider"; alles andere interessierte sie wenig. Selbst ihre vierfache Mutterschaft war für sie ein Manifest beruflicher Autonomie. „Jedes Kind ist ein Statement. Für mein Leben, für mich, was ich bin und möchte." Diese abenteuerliche Argumentation bemühte sie immer, wenn das Thema auf Kinder kam. Gastlludics Weltbild war nur ein Selbstbild und dieses Selbstbild gewiss nichts, das ich ergründen wollte. Diese Frau war mir grundlegend unsympathisch und so versuchte ich, dieses Gespräch rasch zu beenden.

178

„Was beschäftigt Sie derzeit, Frau Gastlludic? Wer muss sich ängstigen?" Ich lächelte das schamlose Lächeln eines Harlekins, dem es egal ist, ob sein Gegenüber weiß, dass er ihn durchschaut. Gastlludics Gesicht verfinsterte sich: „Sie sind nicht nett, Davidson. Warum solche Verdächtigungen?"

„Gnädige Frau" – ich kannte bei dieser Person keine Hemmung, ihre Übertreibungen mit gleicher oder größerer Münze zu entgelten –, „ihre Feder ist ein Florett, das viele fürchten. Ob zu recht oder unrecht, mag jeder für sich entscheiden."

Gastlludics Augen wurden hart. Ihr üppiger Mund verzog sich zu einer bösen Grimasse und ich wusste, diese Frau würde nicht vergessen, dass ich ihr, wenn auch versteckt, Paroli bot. Gastlludic war so nachtragend, wie sie parteiisch war und das seit Jahrzehnten.

„Herr Davidson, I verstohn Sie nit. I komm hier her für e gschalcht Unterhaltig, und Sie ha ke guets Wort für mi." Immer wenn Gastlludic sich besonders erregte, wechselte sie ostentativ in ihren heimischen Berner Dialekt, der dem Gespräch eine joviale und ihr selbst eine liebenswürdige Note geben sollte. Dieser Schachzug, so durchschaubar er war, hatte oft großen Effekt. Bei den meisten genügte ein Exkurs in Gastlludics Schweizer Heimatidiom, um jede Skepsis im Umgang mit ihr zu zerstreuen. Umso mehr verargte sie mir meinen kaum kaschierten Sarkasmus und, mehr noch, meine beharrliche Diskretion.

„So dürfen Sie das nicht sehen, liebe Frau Gastlludic. Menschen in meiner Position wissen in der Regel nicht viel, das sich für Sie verwerten ließe. Ich bin kein Geheimnisträger, ich lanciere nur Botschaften, die mir aufgetragen werden."

„Ach, so ein Nonsens." Gastlludic war nach ihrer wirkungslosen Exkursion in den Dialekt ihrer Ahnen wieder im Hochdeutsch angekommen. „Lieber Davidson, Sie machen sich gar zu klein. Sie sind doch kein Botenjunge." Sie lachte keuchend, ehe sie, um dem Lachen noch mehr Effekt zu verleihen, ihre Hände gegen den

Mund presste, als ließe sich nur mit dieser drastischen Maß-nahme ein heftiges Gelächter unterdrücken. Das alles hatte nur die Aufgabe, mir anzudeuten, dass ich mit meiner Einschätzung vollkommen falsch läge. Gastlludic lebte in einer Welt, in der sich alle eminente Bedeutung zusprachen. Sie war es gewohnt, meist Narzissten zu treffen, die dazu tendierten, in Hybris zu schwelgen. „In meinem Metier gibt es viele Botenjungen, gnädige Frau", er-widerte ich lächelnd und ließ ihren Appell an meine Eitelkeit re-sonanzlos verhallen. Um sie etwas zu provozieren, ersann ich noch einige Plattitüden, deren Belanglosigkeit selbst mich in Er-staunen setzte. „Manche sind jung, manche sind alt, manche sind gut und manche sind schlecht informiert. Das lässt sich leider nicht ändern." Mein unveränderliches Lächeln gab dieser Aus-sage das passende Minenspiel.

Gastlludic schaute jetzt, wie ich innig hoffte, in das Gesicht eines leicht debilen Mannes, der weder eine eigene Meinung besaß, noch ersehnte. Mein Intellekt saß hinter einer erstarrten Gri-masse geistlosen Frohsinns verborgen und hatte jeden Zugang für Menschen wie sie vermauert. Gastlludic hatte Mühe, ihren Zorn zu unterdrücken, und so spie sie mir, sichtlich um Contenance be-müht, noch einige boshafte Worte entgegen, die unser Gespräch beenden sollten: „Na dann wünsch' ich ihnen viel Spaß in der Be-deutungslosigkeit! Und einen schönen Tag!"

Gastlludic wuchtete ihre Materialien zurück in ihre schrille Ta-sche von *Dolce & Gabbana*, die sie immer mit sich herumzutragen pflegte, raffte ihre Jacke an sich, nickte mir zu, erhob sich schwer-fällig und begann hektisch, als wisse sie, diese Suche sei sinnlos, nach ihrem Portemonnaie zu fahnden.

„Darf ich Sie einladen, gnädige Frau?" Meine Frage ließ sie erstar-ren, meine Frage machte ihr Elend offenbar. Sie war, absichtlich oder nicht, ohne Geld zu unserem Termin gekommen. Gastlludic kannte keine Situationen wie diese. Sie war darauf konditioniert, eingeladen zu sein.

180

„Ja, bitte schön, wenn Sie so freundlich wären. Ich revanchiere mich bei unserem nächsten Treffen", würgte sie zornig hervor. „Dummerweise hab' ich meine Börse verlegt." Meine Augenbrauen zuckten amüsiert, als ich sie das sagen hörte.

„Ja, natürlich, verlegt", wiederholte ich mechanisch ihr Bekenntnis. „Das passiert ab und an", konzedierte ich freundlich und blickte sie unschuldig an. Noch immer lächelte ich das Lächeln eines heiligen Narren. Nichts, das wusste ich, hätte Gastlludic besser verstehen lassen, dass ich sie durchschaute. Sie mochte sich winden, wie immer sie wollte, sie war ertappt. Die selbsternannte *Grande Dame* schätzte es nicht, an profane Belange erinnert zu werden und grollte.

Gastlludic würde mir nie verzeihen, dass ich sie gezwungen hatte, sich im Spiegel Calibans zu betrachten. Ihr Charakter glich den Wiener Kaffeehäusern, die Thomas Bernhard in seinem beißenden Spott als hübsch drapierte Aborte beschrieben hat. Im Schaufenster locken betörende Arrangements von Torten, Mehlspeisen und Konfekt, doch sobald der Gast gezwungen ist, einem natürlichen Trieb zu folgen und den Raum des zelebrierten Konsums verlässt, betritt er unvermittelt das Reich der Fäkalie. Kein guter Ort erwartet ihn dann, sondern ein stinkender Abtritt, in Schmutz erstarrt und jenseits aller Hygiene. Vielleicht, so dachte ich damals und denke es noch, ist Bernhards Metapher für die hässliche Fratze scheinheiliger Menschen einer Wahrheit verpflichtet, die wir alle nur schwer ertragen können, weil wir ihre kollektive Dimension täglich erfahren. Was aber haben wir ihr entgegenzusetzen? Der Glaube, Politik besitze redliche Züge und wahre den Anstand?

Politik in Land und Bund ist eine Bühne für zahllose Monomanen, Narzissten und Karrieristen, die der deutschen Sprache kaum mächtig sind. Es genügen wenige Tage in einem Parlament, um jede Illusion zu verlieren, man fände auch selbstlose Menschen.

Der Gemeinsinn triumphiert nur noch in Pressemitteilungen, die jene verbreiten, die ihn zerstören.

Das Parlament ist eine riesige Wechselstube. Jeder Gefallen, jedes Entgegenkommen, jede Konzession, jeder Kredit auf einen politischen Vorteil wird abgegolten mit einem Obolus der Gefälligkeit. Karriere entwickelt hier einen strengen Geruch. Nahezu jede Entscheidung fordert ihren Tribut und stinkt. *„Pecunia non olet"*? Selbst Kaiser Vespasian hätte für Sternheim sein Urteil revidiert. Sein rustikaler Kopf hätte sich angewidert abgewandt. Die Egomanie unserer Eliten in Wirtschaft und Politik verhöhnt jede Hoffnung, irgendwann werde alles besser, weil eben alles besser werden *müsse*. Dieser fromme Wunsch bleibt wohl für immer den Nachweis auf Erfüllung schuldig. Es spielt fast keine Rolle mehr, wer über das Landtagsgeschehen berichtet und was berichtet wird. Was im Parlament geschieht, bleibt hermetisch. Der Faradaysche Käfig des Landtags lässt selten Signale nach außen dringen; längst genügt sich das Parlament selbst. Es lebt und zehrt von der Arbeit eifriger Journalisten und Korrespondenten, die das politische Kabarett kommentieren. Gastlludic hatte das, ohne zu wissen, längst internalisiert. Sie war nicht ohne Interesse an Lesern, sie hatte, weit schlimmer, vergessen, wofür es sie gab. Sie nahm nur wahr, was im Narrenkäfig geschah. Die Bürger des Landes stehen abseits dabei, schütteln die Köpfe und wundern sich still.

27. Auf Reisen

„Die Fraktion", entnahm ich, angekommen in meinem Büro, einem offiziellen Rundschreiben unseres Geschäftsführers, „geht Anfang des nächsten Jahres auf Reisen".

Solche Schreiben lernte ich früh zu fürchten. Ihr gewöhnlicher Duktus kontrastierte erheblich zu ihrer versteckten Botschaft, die einen Alptraum aus Arbeit und Hektik verhieß. Eine endlose, wirre Reihung von Unternehmensbesuchen, ergänzt um „bi- und multilaterale Gespräche" oft zufällig ausgewählter Gesprächspartner, sollte Renommee und Einfluss der Fraktion „bei Entscheidungsträgern in Industrie und Wirtschaft" stärken. Jeder Reisetag kulminierte in einem Dinner, in dem die Mitarbeiter nur die Aufgabe hatten, schweigsam, ergeben und still Tamara Troll zu lauschen, die sich darin erging, die Fehler von Landes- und Bundesregierung in endloser Redundanz zu geißeln. Selbst die Abende verhießen keine Tröstungen, um das am Tag Erlittene zu vergessen. Reisen mit der Fraktion waren wahrhaftig nichts, worauf zu freuen ich Anlass besessen hätte.

Was ich fühlte, war Müdigkeit; eine unangenehme, sperrige Last und Schwere, die sich bleiern auf meine Augen legte. Meine Augen träumten davon, geschlossen zu bleiben und die Lektüre des Briefes nicht fortzusetzen. Als ich sie wieder öffnete, begannen die Eisblumen vor meinen Bürofenstern bereits zu verblassen. Sie verloren ihre strenge, geometrische Schönheit und wichen dem fleckigen Atem eines grauen Dezembertages, der von außen das erblindete Glas bedrängte und mit hässlichen Schlieren überzog. Mir schwante Schlimmes und ich musste mich zwingen, auch die nächsten Zeilen zu lesen. „Wir treffen unsere Kolleginnen und Kollegen aus den anderen Bundesländern in Berlin, um uns auszutauschen und natürlich auch, um uns auf den nächsten Wahlkampf einzustimmen", der, so las ich zwischen den Zeilen, endlich wieder das politische Berlin in ein Zentrum bedingungsloser Produktivität verwandeln sollte.

Der neue VDP-Guru Günther Kiebich hatte bei der letzten Bundesversammlung der Partei die Marschrichtung vorgegeben, als er, berauscht von sich selbst, in eine Menge alternder Männer und denglisch schwatzender Karrieristen schrie: „Jetzt oder nie! Nie oder jetzt! Die VDP ist gesetzt!" Mein geflüstertes „besser nie" hörte niemand.

Die Menge hatte begonnen, Fahnen und Wimpel schwingend, ekstatisch „Jetzt, jetzt" zu skandieren, lauter und lauter, als müsse ein tosender Lärm jeden Zweifel beiseite fegen, der den ein oder anderen noch beschleichen mochte, die Wahlen könnten scheitern. Der kollektive Spasmus am Ende schenkte mir eine vage Ahnung davon, welche Dynamik massenpsychotische Zustände entwickeln konnten.

Sigmund Freud hat in *Massenpsychologie und Ich-Analyse* sehr glaubhaft darüber referiert, welche Gefährdung für unsere Gesellschaft daraus entstehe, wenn der sonst diskret agierende Einzelne, inmitten einer in Ekstase vereinten, namenlosen Masse, beginne, ein Gefühl *ungezügelter* Macht zu entwickeln. Erst dieses Gefühl erlaube dem Einzelnen, Triebe ungehemmt auszuleben, die sonst, zumindest im Regelfall, von ihm kontrolliert und gebändigt würden.

Mich fröstelte, als ich den fanatischen Ausdruck sah, der die vielen Gesichter erfasst hatte, die sich, beseelt und gläubig, ihrem neuen Partei-Messias entgegen reckten. Kiebichs Jünger feierten sein politisches Festspiel mit einer bacchantischen Freude, als werde durch ihr „Jetzt, jetzt" mit Kiebich eine Gottheit geboren, die sie von allem Kummer und jedem Zweifel erlöste.

Das von Freud eingängig beschriebene Phänomen der *gegenseitigen Induktion* ließ sich hier gut beobachten. Die Affekteverstärkung jedes Einzelnen durch die Masse und der Masse durch jeden Einzelnen wurde nur allzu offensichtlich. Die Masse, auch darin

184

irrte Freud nicht, war „impulsiv, wandelbar und reizbar" und „fast ausschließlich vom Unbewussten geleitet". Das mitzuerleben, war ein unterhaltsamer Alptraum, der auch tapfere Menschenfreunde unsicher werden ließ, ob die Misanthropen nicht recht behielten. Ihre Skepsis und Abscheu, was Menschenmassen – was Menschen im Allgemeinen – betraf, hatten manches für sich.

Günter Wallraff mochte Ähnliches gefühlt haben, als er, angekommen im Allerheiligsten der BILD Zeitung, angestachelt vom Ehrgeiz der Kollegen merkte, wie verführerisch leicht es war, sich einer Sache hinzugeben, die uns *eigentlich* in der Seele zuwider ist. Das von Adorno so lang und ausführlich erörterte Problem der Eigentlichkeit hat bis heute keine Antwort gefunden, die diesen Namen verdienen würde. Wallraff hatte am Ende seines Experiments als Undercover-Autor der BILD keine Unterschiede mehr zwischen sich und seinen Kollegen entdecken können. Wie sie kannte auch er nur noch den Ehrgeiz, seinen Chefredakteur mit einer grandiosen Headline zu überraschen. Ethische Vorbehalte, moralische und inhaltliche Bedenken waren ihm, wenn ich ihn richtig interpretiere, schließlich fremd geworden. Was zählte, war das Überraschungsmoment – die *Suggestivkraft*, nicht die Semantik seiner Worte.

Eben, weil Kiebichs Reden *semantische Wüsten* waren, wirkten sie bisweilen ausgesprochen suggestiv. Kiebich hatte verstanden, dass ihm alles gelingen konnte, solange er seine VDP-Predigten inbrünstig psalmodierte. Leidenschaft, nicht Sinn und Logik, verlieh ihm Erfolg. Es war sein Charisma, das ihn trug und das auch die anderen tragen sollte. Kiebich wusste, eine gute Rede war immer ein *akrobatischer Akt*, der die anderen hob und *erhob*, über ihren Alltag hinweg, einem kollektiven Wollen entgegen. Letztendlich, auch das wusste Kiebich besser als jeder andere, war nur eines tabu: das Pathos zu drosseln, solange die Menge nicht bebte. Kiebich war ganz ohne Zweifel ein Profi. Wenn es angemessen erschien, wirkte er jungenhaft, verschmitzt und hintersinnig oder auch konservativ und lebenserfahren, ganz, wie es die Umstände nahelegten; nur volksnah zu wirken, war ihm fremd, ja, unmöglich. Umso mehr war er prädestiniert, seinesgleichen zu ködern. Sein Talent, jeden Yuppie glauben zu lassen, Kiebich sei besonders an ihm gelegen, diente seiner Akquise weit mehr als jedes ambitionierte Programm. Er hatte die einzige Wahrheit internalisiert, die Erfolg in der Politik begründet. Was den meisten VDP-Politikern fremd blieb, war für ihn soziale Realität: Menschen wählen Menschen, nicht Programme. Menschen wählen Menschen, die sich ihrer *annehmen*, nicht nur im metaphorischen Sinn, sondern auch physisch. So besaß Kiebich die erstaunliche Gabe, selbst dann, wenn ihm jemand den Weg verstellte, diese Person mit einer Geste beiseite zu schaffen, die den Betroffenen glauben ließ, ihm sei eine persönliche Auszeichnung widerfahren. Kiebich wusste immer, was er tat, solange er wusste, wofür er es tat. Selbst in der Zeit, da ihm die Fähigkeit abhandengekommen war, sich eine brauchbare Legitimation zurechtzulegen, gelang es ihm immer wieder, ehrgeizige Menschen für Ziele zu begeistern, die er selbst vergessen hatte. Kiebich war auch phänotypisch das dramatische Gegenteil von Tamara Troll, die selbst jene körperlich abstieß, die ihre verstörend radikalen Überzeugungen teilten. Was ihm gelang und was er erhielt, war für Troll eine ständige Wunde.

Wonach Troll sich sehnte, war der Applaus und die Zuwendung des Bürgertums, der Wirtschaftsmagnaten und Finanzexperten, der Schönen und Reichen, aber auch der Intellektuellen und Künstler. Was sie erhielt, war der Applaus reaktionärer, im besten Fall erzkonservativer Gruppierungen. Ihre üblen Anfeindungen, ihre Hasstiraden und Invektiven gegen jeden und alles, das ihren Ambitionen und Vorstellungen widerstrebte, konnte nur bei den patriotisch getünchten Nationalisten Widerhall finden. Alle anderen reagierten entweder peinlich berührt oder angewidert. Tamara Trolls Entgleisungen waren zwar hinlänglich bekannt, akzeptabler oder leichter zu ertragen als jene der Volks-Reformierten Vaterlands-Partei wurden sie deswegen nicht. Troll war oft auf eine Weise außer sich, dass ein Psychiater das Urteil „schizoaffektive Störung" vermutlich auch aus der Ferne unterschrieben hätte.

Es sind die vielen kleinen Trumps beider Geschlechter, die unser Leben *unmittelbar* mit Hass besiedeln. Sie sind der menschenfeindliche Mehltau, der sich über unsere Gesellschaft legt, sobald wir ihre Entgleisungen tolerieren. Die kleinen Trumps mögen lächerlich wirken, doch auch sie sind gefährlich; sie bereiten den Weg für jene, die massenkompatibler und damit erfolgreicher agitieren. So war auch Günther Kiebich ungleich erfolgreicher als Tamara Troll. Kiebich, der die Attitüde des jung-vitalen Machers pflegte, wurde von seinen Jüngern selbst nachgesehen, wenn er, eingeladen in eine Talk-Show zu Genderthemen, die Diskussion mit sexistischen Zoten eröffnete. Sein Auftritt hatte nicht nur Feministinnen in Rage versetzt. Das blasierte, selbstgerechte Grinsen, mit dem er die Moderatorin bedachte, war schwer zu ertragen. Seine breitbeinige Pose wirkte wie ein Bekenntnis zu jener Epoche, als Testosteron noch die Welt beherrschte. Die weibliche Hälfte der Menschheit fand selten Freude an Kiebichs Partei. Jene Frauen aber, die mit der VDP sympathisierten, huldigten Kiebich hemmungsloser als jeder Mann; wenn sie sich einen Vorteil versprachen, gab es kein Halten und Skrupel verloren sich rasch, solange es nur der Karriere diente.

Kiebichs Parteifreunde glichen seinem künstlich gestrafften Gesicht, das jeden Charakter verloren hatte. Was zählte, war persönlicher Profit. Der kollektive Nutzen interessierte nur noch im Ringen um Wählerstimmen.

Seine Persönlichkeit und Partei wurden zu seinem Erfolgsmodell für komplexbeladene Männer, die – darin lag eine gewisse Ironie – meist solche Freiheiten reklamierten, die anderen Menschen Freiheiten streitig machten. Ihr Traum von Männlichkeit war wenig mehr als eine egomanische Phantasie. Was diese Männer ersehnten, war Herrschaft, nicht Parität der Geschlechter. Sie pervertierten das Freiheitsprinzip und dachten, es würde von niemandem bemerkt; in einer Epoche, die Freiheit zu einer Frage von Konsumgewohnheiten degradiert, war das keineswegs illusorisch.

Die Männer der VDP karikierten nicht nur die Freiheit, sondern sie inszenierten gemeinsam mit ihrem Idol ein chauvinistisches Kammerspiel. Die Protagonisten memorieren altbekannten Text; die Dialoge sind monoton, sie schläfern ein, und geben jenen eine ideologische Heimat, die sich von Widersprüchen nicht irritieren lassen. Wer antiquierte Geschlechter- und Rollenvorbilder offiziell verwirft, doch beruflich wie familiär mit Hingabe praktiziert, ist immer willkommen bei der VDP.

Die Männer der VDP wussten, was sie Kiebich schuldig waren, und belächelten nur, was die anderen an ihm störte. Er war es, dem sie die Chance verdankten, wieder lang entbehrte Mandate und Gelder rotieren zu lassen. Kiebich wusste das. Er erinnerte sie gern an die Vorzüge seiner Führung, wenn auch nur indirekt. Was er trotz steten Trainings nicht abzulegen vermochte, war seine maßlose Eitelkeit, die ihn immer wieder dazu verführte, krampfhaft den Staatsmann zu geben. Oft wirkte er wie eine Hipster-Persiflage des jungen Joschka Fischer, der zu Beginn seines Höhenflugs auch in Fragen des Kleidungsstils gern den Revoluzzer gegeben hatte. Anzug mit Turnschuh wird seitdem als „Statement" für „jugendlichen Spirit" verstanden und Kiebich bediente sich dieses Klischees.

Ohne Kiebich fehlte der VDP ein menschlicher Attraktor. Selbst Tamara Troll konzedierte ihm besondere Qualitäten. Ob sie ihn beneidete, ließ sich schwer sagen. Wahrscheinlich, in Teilen, wenn auch nicht derart, dass sie jemals den Aufstand geplant oder beabsichtigt hätte, ihm seinen Status als Alpha-Männchen, „Brain" und „Leader" der VDP streitig zu machen. Trolls Beritt waren die Provinzen, nicht die Metropolen, die sie dazu verurteilt hätten, an ihren sozialen Defiziten zu arbeiten.

Troll und Kiebich kannten sich, wie sie einander instrumentalisierten. Kiebich nutzte seinen rüden Provinztrampel, wenn er eine Frau „fürs Grobe" brauchte und Konkurrenten verhöhnt werden mussten. Wünschte er radikale Maßnahmen, schickte er die Sternheimer Kampfhündin vor, ließ sie wüten und intrigieren, ohne je selbst in Erscheinung zu treten.

Sich in solchen Fällen „persönlich zu engagieren", kam Kiebich nicht in den Sinn. Er schätzte, wie er unermüdlich betonte, den „konkurrierenden Diskurs", den „Wettstreit der Ideen" und den „lebendigen Austausch der Argumente". Kiebich gebrauchte gern euphemistische Wendungen, um den wahren Charakter seiner Machenschaften zu verbergen. Wenn er Troll bat, „eine Sache zu bereinigen", verhieß das nichts Gutes. Was das hieß, wusste jeder, der Trolls Bereitschaft kannte, unerbittlich „aufzuräumen". Troll tat immer, wie ihr geheißen. Sie wusste, dass Kiebich ein Dossier von ihr besaß, in dem jede ihrer großen Verfehlungen akribisch gelistet wurde. Ein Telefonat von Kiebich hätte genügt, um Trolls ohnedies fragwürdigen Ruf endgültig zu ruinieren. Er konnte Troll mühelos in die Gosse treten. Sie wusste das so gut wie Kiebich. Wer wie Troll in den Verdacht gerät, für ein wenig Macht und Einfluss jede Hemmung abzulegen und Verrat zu üben, ist auch in der Politik ruiniert. Illoyalität und Bestechlichkeit, selbst Dummheit und Größenwahn, mögen im Einzelfall toleriert sein, Verrat aufgrund *kleiner* Vorteilsnahmen ist hingegen verpönt und tabu.

Tamara Troll kannte weder Anstand noch Integrität und verkaufte jeden, ohne zu zögern, in einem Anfall von Hybris, Hass oder cholerischem Ungestüm. Sie war eine Soziopathin, der es dummerweise gelungen war, sich in einem System festzusetzen, das Personen wie ihr die Möglichkeit gab, ganz offiziell ein Scheusal zu sein.

Troll hatte über Jahre hinweg mit üblen Menschen jeder Couleur paktiert. Sie hatte um Geld und Einfluss geschachert, unappetitliche Arrangements getroffen und kein Mittel gescheut, nach oben zu kommen. Es wäre ihr nie in den Sinn gekommen, eine „Partnerschaft" anders als „funktional" zu betrachten, und so nahm sie auch keinen Anstoß daran, Protegé einer Industriellen zu werden, die wenig Skrupel, doch umso mehr Einfluss besaß.

Petra Engel, Trolls Mäzenin, die über Jahre hinweg in der Wirtschaft Furore machte, hatte schließlich den unverzeihlichen Fehler begangen, ehrlich zu werden. Nicht, weil sie dachte, es sei an der Zeit, sich zu ändern, sondern aus Eitelkeit; sie fühlte sich unbesiegbar. Was dann publik wurde, zerstörte die Reputation dieser Frau so grundlegend, dass sie alles verlor. Geld, Macht und Einfluss waren für immer dahin. Binnen eines Tages wurde Trolls Mäzenin zu einer *persona non grata*, die keine Freunde mehr hatte. Der Konzern, in dem sie den Aufsichtsrat führte, wurde zerschlagen; die Aktien verglühten rascher als die Börse fähig gewesen wäre, den Verfall zu dokumentieren. Fast wäre Troll im Mahlstrom dieses Skandals auch zugrunde gegangen, doch mit Geschick und Bauernschläue lavierte sie sich unter großen Mühen aus der Affäre. Trolls Bedeutungslosigkeit bewahrte sie davor, kompromittiert *und* erledigt zu sein. Das Kainsmal einer amoralischen Karrieristin, die auch mit den schlimmsten Personen paktierte, wenn es ihrem Vorteil diente, war ihr jedoch von jetzt an auf die Stirn geschrieben. Umso mehr hatte sie nach dieser Affäre darauf geachtet, jeden Widerstand, jeden Widerspruch und Anklang von Renitenz in ihrer Fraktion konsequent zu ersticken. Jahr für Jahr hatte sie achtbare Konkurrenten, die damit drohten, ihr den Vorsitz streitig zu machen, unerbittlich beseitigt. Wo sonst Vertrauen herrschte, begann sich ein Klima der Angst zu entwickeln.

Ihre Fraktionskolleginnen und -kollegen, wie Troll vom Volk gewählt und *eigentlich* frei in dem, was sie sagten und taten, hatten sich immer vor ihrer Knute geduckt und gekuscht. Keiner hatte je die Courage entwickelt, ihr zu widersprechen, ihr Grenzen zu setzen oder entschlossen entgegenzutreten. Sie waren feige, alle, und jene, die es punktuell wagten, gegen Trolls autokratische Herrschaft zu rebellieren, büßten es bitter. Solidarität durfte kein VDP-Abgeordneter von seinen Kollegen erwarten.

In Trolls Rücken wurde geflüstert, gelästert und gehöhnt, doch in ihrer Gegenwart verlor sich jede Würde und die Bereitschaft, Kritik zu üben. Die kollektive Unterwerfung nahm ihre unrühmliche Fortsetzung, die VDP zeigte, was sie war.

Fraktionsreisen mit Troll waren der hässliche Kontrapunkt des parlamentarischen Lebens, und so fürchtete ich jede Reise mit dieser Frau und ihren Lakaien.

Unsere Berlin-Reise mit dem Bus begann bereits um fünf Uhr morgens an einem Montag, dem der fahle Geruch eines trostlos verbrachten Sonntagabends noch anhaftete. Meine Kollegen wirkten wie eine elektrisierte Horde von Zombies, die – willenlos und ergeben – einem unsichtbaren Befehlshaber folgten.

Es war kalt, regnerisch, und eine satte Brise geruchlosen Kohlenmonoxids ließ die Nüstern der meisten beben. Der Kollege neben mir hielt sich krampfhaft an einer Zigarette fest, deren aromatischer Duft mich lockend umwölkte. So sehr ich bemüht war, nicht mehr zu rauchen, so groß war mein Verlangen, in vollen Zügen das süße Gift zu inhalieren: das Gift, das die Helden früh sterben lässt. Errol Flynn wäre ohne Zigaretten gewiss etwas älter geworden, doch wozu? „Wer Trinken, Rauchen und Sex aufgibt", beteuerte ein süffisanter Sigmund Freud, „lebt auch nicht länger. Es kommt ihm nur so vor." Der obsessive Zigarrenraucher Freud traf seine Analyse mit selbstironischem Lächeln; er ahnte bereits, dass sein Gaumen von Krebs zerfressen wurde. Selbst der greise Hölderlin war ein leidenschaftlicher Raucher und dankbar für diese kultivierte Form, das Leben rascher zu beenden. Warum unsere Puritaner-Regierung das Rauchen verurteilt, mit allen Mitteln bekämpft und Tabak auf den Index schädlicher Genussmittel setzt, lässt sich mit Logik nicht erklären. Welchen ökonomischen Nutzen sollte es haben, jene Bürger zu bestrafen, die sich auf freiwilliger Basis um all die Lebensjahre bringen, die der Staat verpflichtet wäre, ihnen nach Ende ihres Erwerbslebens zu finanzieren? Raucher zahlen zeit ihres Lebens horrende Steuern für ihre Leidenschaft und sterben, zum Vorteil aller besteuerten Bürger dieses Landes, in der Regel acht bis zwölf Jahre früher als ihre abstinenten Zeitgenossen. Oft wird vergessen, dass Nichtraucher über viele Jahrzehnte hinweg Pensionen und Renten beziehen, auf die ein toter Raucher zwangsläufig verzichtet. Die Rentenbezüge von Rauchern enden nicht selten nach einem Jahr. Infarkt, Schlaganfall oder Krebs setzen eine Zäsur und die Zahlungen werden eingestellt.

Der Verdacht, Raucher würden benutzt, um von tatsächlichen Problemen unserer Gesellschaft abzulenken, scheint mir nicht gar zu gewagt. Solange sie eine dankbare Angriffsfläche bieten, um Schuldzuweisungen zu adressieren, erfüllen sie eine wichtige Funktion für unsere „Gesellschaftshygiene". Sie sind die Parias einer Nation, die sich darauf verständigt hat, eine Sündenbock-Kaste für jedes kollektive Problem unserer „Solidargemeinschaft" in Regress zu nehmen.

Mein Kollege hätte, obgleich sie ihn selbst betrafen, kein Interesse an meinen Betrachtungen gehabt. Er war bekennender Jünger Kiebichs, seit seiner frühen Jugend in der VDP und damit kein Freund kausaler Schlussfolgerungen. Seine Gedankenwelt ging nicht über die engen Grenzen hinaus, welche die VDP ihren Parteisoldaten setzte. Er schrie, wann und was er sollte und hatte kein Verlangen, etwas zu überdenken, dass die Partei ihm als *unhinterfragbar* nahebrachte. Seine Sprache war wie sein Aussehen eine Karikatur jenes Mannes, dem er mit solcher Unerbittlichkeit nacheiferte, dass es unmöglich geworden war, ihn länger als zwei Minuten reden zu hören. Er liebte Phrasen des Widersinns, die

192

seine Nähe zu Kiebich bekunden sollten. Er bildete Sätze wie: „Sobald ich Response habe, werde ich mich committen und nach neuen Opportunities researchen. Mal schau'n, was heute noch von der Berliner Zentrale announced wird." Anfangs musste ich lachen. Mittlerweile wusste ich, wenn sich diese Pestilenz wieder in Berlin verbreitete, würde vieles schlimmer werden. Früher hatte ich das Mittelmaß gefürchtet, heute waren es die politischen „Eliten".

Kiebichs Sternheimer Klon wirkte noch nervöser als viele der Kolleginnen und Kollegen, die darauf drängten, endlich den Bus zu besteigen, der uns in die Bundeshauptstadt bringen würde. Im Bus wurden Abgeordnete und Mitarbeiter streng separiert. Kein Abgeordneter wollte sich dem Verdacht aussetzen, er könne mit Untergebenen fraternisieren, die, wie Tamara Troll zu sagen pflegte, „eine Kontrollnorm erfüllen müssen, um nützlich zu sein. Eine menschliche Komponente ist verzichtbar."

Unter den Mitarbeitern herrschte seit Hartmuts skandalumwitterter Geschichte die Sorge, einige Abgeordnete könnten an ihrer Zuverlässigkeit Zweifel hegen. Diese Zweifel wären umso naheliegender gewesen, als Hartmut über Jahre hinweg Verlässlichkeit personifizierte. Er hatte nie den Eindruck erweckt, er könne zu einem ernsthaften Problem werden. Seine Ironie, seine skurrilen Eigenarten, seine Verschrobenheit und selbst sein heftiger Sarkasmus hatten niemanden beunruhigt. In einer pathologischen Welt werden pathologische Verhaltensweisen nicht als solche erkannt, sondern als normal gewertet. Niemand hatte Anlass gesehen, Hartmuts Verwandlung zu einem autodestruktiven Zyniker mit Skepsis zu betrachten, niemand hatte ernsthaft erwogen, ihm zu helfen. Hartmuts Niedergang war *unumkehrbar* programmiert.

Für viele war Hartmut immer der ideale VDP-Prätorianer gewesen. Er tat, was ihm aufgetragen wurde, doch er tat es mit Eigensinn und klugem Kalkül. Seine Intelligenz war unstrittig, sein

Talent, geringfügige Vergehen der Gegner medial in politische Katastrophen zu verwandeln, wurde selbst von Tamara Troll anerkannt und öffentlich honoriert.

Die Angst, Hartmuts Beispiel könne Schule machen, war demnach naheliegend. Warum, fragte sich mancher Parlamentarier sorgenvoll in Betrachtung seiner Mitarbeiterinnen und Mitarbeiter, sollten nicht auch andere, eher mittelmäßige Berater eine ähnliche Pathogenese durchlaufen wie Hartmut? Verzögert vielleicht, weil es ihnen an Hartmuts Intelligenz mangelte, doch deswegen nicht minder drastisch. Sie wussten, auch einfältige Opportunisten sind nicht ganz gegen das Gift der Skepsis gefeit. Mit Hartmuts Fall schien sich ein Gift zu entfalten, das, einmal injiziert, langsam, doch unabänderlich seine Wirkung entfalten würde und diese, daran bestand kein Zweifel, würde verheerend sein.

Viele Mitarbeiter ahnten, dass die Abgeordneten einer kompletten Erneuerung des Mitarbeiterstabs den Vorzug gegeben hätten. Sie begannen um ihre Karriere zu fürchten. Jeder hofierte *seine* Abgeordnete oder *seinen* Abgeordneten und versuchte, sich unentbehrlich zu machen. Doch jeder wusste auch, dass nichts leichter war, als Mitarbeiter *adäquat* zu ersetzen.

Die meisten hatten mit Anfang dreißig bereits einen Beamtenstatus erreicht, der ihnen auf Lebenszeit garantierte, im Zwei- bis Drei-Jahres-Turnus eine neue Besoldungsstufe zu erklimmen. Doch die Konkurrenz war groß; trotz ihrer Unkündbarkeit gab keiner von ihnen Frieden. Jeder versuchte, im unablässigen Wettkampf mit seinen Kollegen immer neue Privilegien und Sonderrechte zu erstreiten. Keiner gönnte dem anderen, was ihm noch versagt war, und wenn er Gleichstand erzielte, fühlte er sich diesem überlegen und dachte, er sei unterbezahlt.

Meine Kolleginnen und Kollegen erinnerten mich an kleinformatige Abbilder ihrer Abgeordneten, die sich in endloser Konkurrenz um Posten befanden und keine Ziele verfolgten, die ihren

Wählern dienten. Die Abgeordneten und ihre Mitarbeiter waren sich einig darin, dass sie einander bedingten wie Krankheit und Tod und sie waren sich einig darin, dass der Wählerwille nur einen Tag in jeder Legislaturperiode Bedeutung besaß.

Menschen sind fast immer verzichtbar für Menschen, die nur Ambitionen, doch keine Menschlichkeit besitzen. Die Frage nach dem *Cui bono* stellte sich in ihrer Welt nicht. Alles, das zählte, war das, was ihnen selbst Nutzen brachte. Wer keinen Beitrag leisten konnte, ihre Karriere zu fördern, war nutzlos. Gleichgültigkeit war das Beste, was er erwarten durfte. Gleichgültigkeit oder Bosheit, sofern, heimlich oder nicht, Konkurrenz drohte.

Diana, eine junge Kollegin, die sich vor zwei Jahren um eine befristete Anstellung beworben hatte, um als wissenschaftliche Mitarbeiterin bei einem Untersuchungsausschuss mitzuwirken, war streng genommen keine Konkurrenz für ihre abgesicherten Beamtenkollegen, die Diana dennoch um jede Chance brachten, sich mit ihrer guten Arbeit auszuzeichnen. Das arme Mädchen war eine *exogene Gefährdung* und damit zum Abschuss freigegeben.

Diana hatte anfangs nicht begriffen, dass ihre Kollegen keine Skrupel besaßen, gegen sie *vorzugehen*, Gerüchte zu verbreiten und sie in Misskredit zu bringen. Die Niedertracht ihrer Kollegen war umso größer, als diese selbst keinen persönlichen Vorteil daraus beziehen konnten. Diana wusste, sie war für niemanden eine Gefahr. Sie brachte keinen um seine Stellung und Privilegien. Sie konnte nicht verstehen, warum ihre Kollegen ihr schaden sollten. Die Antwort war so einfach wie traurig: Es gab kein Motiv. Ihr Niedergang war allein der perfiden Lust ihrer Kollegen geschuldet, jede Person, die kompetent und anständig wirkte, unter einer Lawine haltloser Verdächtigungen zu begraben. Verfehlungen, die sie nie begangen hatte und von welchen sie noch nicht einmal wusste, dass sie möglich waren, wurden Diana zum Verhängnis. Ihr Vertrag war nicht verlängert worden; in weniger als drei Monaten würde sie arbeitslos sein.

195

Ihre Kollegen hatten sich freudig die Mäuler darüber zerrissen, dass Diana jetzt für den politischen Bereich für immer „verbrannt" sei. Sie hatte gelernt, was es heißt, im Politbetrieb zu arbeiten. Sie war von ihrer Naivität kuriert. Nie wieder würde sie Vertrauen zu anderen Menschen haben, nie wieder denken, wirkliche Kollegialität sei möglich.

Diana saß, wie sonst auch, im Bus für sich allein hinter einer Zeitung verborgen und durch Kopfhörer abgeschottet von den Unterhaltungen ihrer Jobmörder, die erregt darüber sprachen, was aus dem ersehnten Wahlsieg der VDP an Stellenwachstum entstehen würde.

Mit einem sachten Klopfen auf ihre Schultern ließ ich sie aus ihrer fernen, eigenen Welt zurückkehren in das Hier und Jetzt unserer Reise. Erschrocken schaute sie zu mir auf, mit geweiteten Augen, in welchen der Fluchtreflex flackerte.

„Ich bin es nur, Diana", sagte ich freundlich, „darf ich mich zu dir setzen? Oder möchtest du lieber allein bleiben?"

Dianas Gesicht verlor seinen panischen Ausdruck. Ein vages Lächeln flatterte mit dem unwirklichen Flügelschlag eines Kolibris über ihre Züge, ganz so, als könne sie nicht entscheiden, ob es klug sei, mir Vertrauen zu schenken. Allein, Diana wusste, was die anderen Kollegen nur vermuteten: Ich besaß kein Talent für Intrigen. Ambitionen, andere Menschen zu ruinieren, hatte ich nie. Meine Instinkte waren noch nicht morbide, sie waren *vital*. Niedertracht säen, nähren und verbreiten war nicht Teil meines Gedanken- und Handlungsrepertoires.

Diana wies einladend auf den leeren Sitz neben sich und sagte: „Nein, nein, setz' dich nur zu mir. Bitte, sehr gern."

Nachdem ich Platz genommen und in Erwartung neuer Trollscher Instruktionen mein Notebook geöffnet und aktiviert hatte, widmete ich mich wieder Diana, die vergeblich versuchte, sich diese Reise angenehm zu gestalten. Sie wusste längst, dass uns nichts Schönes erwartete. Positive Überraschungen würde es keine geben. Uns alle erwartete ein Terminmarathon, der in einer Großveranstaltung der VDP gipfeln würde. Kiebich hatte sein Kommen angekündigt und Kiebich war der neue Messias der VDP oder zumindest der neue Paulus, der uns mit seinen ideologisch parfümierten Verheißungen für „die Sache" gewinnen wollte.

Kiebichs messianische Botschaft reduzierte sich auf wenige Aussagen, deren Trivialität ihre Wirkung – ihren *Effekt* erklären mochten. Sie erinnerten an das Werbemantra großer Automobilkonzerne, die sich nur darauf konzentrierten, den Kaufimpuls ihrer Interessenten anzusprechen; alles andere war für sie belanglos.

„Deutschland lebt wieder", schrie Kiebichs Porträt von den violetten Wahlplakaten der VDP, „denn die VDP meldet sich zurück". Das war nicht sonderlich geistreich, doch genug, um all jene an die Urne zu treiben, die glaubten, das *wahre* Deutschland ließe sich mit solchen Parolen reanimieren. Die Werbung der VDP wandte sich auch gezielt an Menschen „mit konservativem Wertbegriff", die sich noch nicht entschließen konnten, das nationalistisch-reaktionäre Pendant zur VDP – die Volks-Reformierte Vaterlands-Partei – zu wählen.

Meine Hoffnung, die VDP könne sich, wie in zurückliegenden Regierungsperioden, wieder ihrer selbstzerstörerischen Prädisposition erinnern und ihre Anhänger mit absurden Forderungen, Erklärungen und Programmen vergrämen, war nicht sonderlich groß. Nach ihrer acht Jahre währenden Bundesabstinenz schienen sich selbst erbitterte Intimfeinde im VDP-Präsidium ausgesöhnt zu haben. Aus Kalkül, nicht, weil sie gern darauf verzichteten, sich zu bekriegen, wurde jede Fehde ausgesetzt. Alle wollten wieder zurück an die Futterkrippen des Bundestags, alle wollten wieder bedeutsam sein.

Die millionenschweren Verschwendungen in den Länderparlamenten wirkten, eingedenk der horrenden Summen, die für das Berliner Heer geltungssüchtiger Frauen und Männer aufge

197

wendet werden mussten, nahezu lächerlich. Die Politprominenz in Berlin mochte prahlen, sie bestimme nicht nur die Geschicke des Landes, sondern nehme entscheidend Einfluss auf die Zukunft des Kontinents, ökonomisch besehen begründete sie den Ruin der Nation. Die aufzuwendenden Gelder für den Berliner Parlaments- und Bürokratiebetrieb waren fast so groß wie die Gier jener Menschen, die sich, gedeckt durch Mandat und Status, ganz ungeniert auf Basis von Steuergeldern ein privilegiertes Leben gönnten.

Meine disparaten Gedankengänge wurden von Dianas sanfter Stimme unterbrochen. „Clemens, denkst du wir haben Zeit, uns Berlin ein wenig anzusehen?"

„Ich befürchte, wir werden nicht einmal ausreichend Zeit finden, uns im Spiegel anzusehen." Meine Antwort kam spontan, war ehrlich und frei von Ironie. Langsam wanderte meine Hand zu den Programmheften, die in violett schillernden Umschlägen wie chinesische Lampions über den Sitzen hingen. Geräuschlos pflückte ich ein Programm, riss den Umschlag entzwei und nahm, angeekelt und müde, die darin befindliche Karte heraus. Wort für Wort las ich vor, wie unsere Reise verlaufen würde:

Montag, 14. Januar –
5:30 Uhr Gemeinsame Anreise nach Berlin
12 Uhr Gemeinsames Mittagessen in der Rastplatz/Restaurant
Hemmingsruhe
13 Uhr Gemeinsame Weiterreise
15 Uhr Gemeinsame Ankunft im Hotel Adlon, Einchecken – Gemeinsamer kleiner Imbiss in der Lobby
15:30 bis 18 Uhr Gemeinsames Beziehen der Zimmer, Zeit zur freien Verfügung
18 Uhr Gemeinsames Abendessen mit Günther Kiebich und den Abgeordneten und Mitarbeiter/inne/n aller Landtagsfraktionen

198

19 Uhr Impulsreferat von Günther Kiebich zu „Quo vadis VDP? Quo vadis Deutschland?" mit anschließender Diskussion 20:30 Uhr Gemeinsame After-Work-Party – Come together from South to North, from East to West

Dienstag, 15. Januar –
*8 bis 9 Uhr Gemeinsames VDP-Frühstück
9 bis 10 Uhr Programmatische Rede des VDP-Vorsitzenden Günther Kiebich „We are what we want to be: Success without limit"
10 bis 11:30 Uhr Podiumsdiskussion zu: „Die Zukunft ist JETZT – Questions and Answers in the Gamma-Republic" mit Günther Kiebich, VDP-Vorsitzender, Hannah Schröder, Frauen- und Zukunftsbeauftragte der VDP, Thorsten Blass, Digitalisierungsbeauftragter der VDP, Kai Uwe Tarnat, CEO, Encouraged Future Group, Berlin, Hilde Sturm-Wach, VDP-Landesvorsitzende Berlin – Moderation: Thekla Braun-Siech, Tagesrundschau
11:30 bis 13 Uhr: Gemeinsamer Lunch & Come together
13 bis 15 Uhr: Gemeinsame Discussion & Interreflection landesübergreifender Experten-Groups (Wirtschaft, Bildung, Digitalisierung, Finanzen, Innere Sicherheit, Kommunikation)
15 bis 17 Uhr: Gemeinsame Result-Präsentation
17 bis open end: Talk, Talk, Talk*

Mittwoch, 16. Januar –
*6:30 bis 7:30 Uhr Gemeinsames Frühstück
8 Uhr Gemeinsame Rückreise – Meeting-Point, Hotel-Lobby
12 Uhr Gemeinsames Mittagessen in Trudesheim
Circa 16 Uhr Ankunft in Sternheim*

Symptomatisch erschien, dass bei jedem Programmpunkt betont werden musste, dass er *gemeinsam* erlebt werden würde. Das Gemeinschaftsprinzip stand offenbar über allem. Jeder hatte ihm zu gehorchen. Jeder sollte sich in den kollektiven Bahnen bewegen, die Kiebich seiner neuen VDP verordnet hatte. Ausnahmen waren weder eingeplant noch gewünscht.

Kiebich wusste, was er tat, als er an den Korpsgeist der Menschen appellierte, die seine Standartenträger im Kampf um den Bundestag bildeten. Alle sollten einen Teil der Beute erhalten, keiner sollte leer ausgehen. Das Landsknecht-Prinzip war ihm nicht fremd. Es war ohne jeden Zweifel Erfolgsgarant seiner Strategie. Nur so konnte er Gefolgsleute gewinnen und für lange auf sich verpflichten. Loyalität in der Politik gründet auf handfestem Vorteil, nicht auf Sympathie oder Überzeugung. Die *neue* Kiebich-*VDP* suggerierte Modernität, doch ihrem Wesen nach war sie ein verrostetes Vehikel, das nur dann erfolgreich in Gang gesetzt werden konnte, wenn eine Schar beutegieriger Opportunisten bereit war, es zu ziehen. Kiebich wusste genau, wer und wie die Typen waren, die ihn zu ihrem Cäsar erhoben hatten. Er machte sich keine Illusionen. Ein Augenblick des Versagens, der Schwäche oder der Müdigkeit und schon war die Pracht dahin, die Gefolgschaft aufgekündigt. Die Meute war gierig. Ihre Triebe mussten befriedigt werden. Unsere Reise war eine Reise gieriger Parteisoldaten, die ihren Helden nur dann weiter verehren würden, wenn er ihre eigenen Ambitionen Wirklichkeit werden ließ.

Diana und ich hingegen waren weder gierig noch lüstern nach dem, was den anderen so lockend und reizvoll erschien. Kiebich und die VDP waren für uns keine Verheißung, sondern gelebte Tristesse. Wir waren so untypisch wie deplatziert und suspekt. Wir hatten uns selbst dazu verdammt, auf dem Schreckensfloß der Medusa mit Menschen zu reisen, die uns ohne zu zögern an die Haie ihrer Niedertracht verfüttern würden. Was Diana und mich besonders einte, war die Gewissheit, nach dieser Reise so oder so die Zäsur zu setzen, die wir viel zu lange nur erwogen, doch nicht verwirklicht hatten. Es war für uns beide der letzte Akt in einer Tragödie ohne Helden.

Tamara Trolls lautes Organ ließ mich aus meinen Betrachtungen aufschrecken. „Davidson", tönte Trolls kantige Stimme aus dem vorderen Quadranten des Busses: „Warum passiert da nichts? Was für eine Sch...? Muss ich alles allein machen? Schreiben Sie: *Habedank lässt Bauern im Stich. Weigerung zu Erntebesuch im Hegau ist Schlag ins Gesicht der Agrarwirtschaft.* Die passende dpa-Meldung werden Sie wohl gerade noch selber finden."

Ich verzichtete darauf, der missgelaunten Tamara Troll etwas zu erwidern, sondern suchte die Meldung, verfasste einige Zeilen und schickte sie Troll zur Endkontrolle, die mit einem lakonischen „Kann so raus" den Versand autorisierte. Wie ihr Mienenspiel verriet, hatte sie nach kurzem Innehalten wieder damit begonnen, andere Menschen mit aberwitzigen Aufträgen zu traktieren. Nein, es war kein Vergnügen, in diesem Bus zu sitzen, und ja, es würde schön sein, der VDP für immer den Rücken zu kehren.

Diana war aus ihrer Apathie erwacht und betrachtete mich mit der Milde eines Menschen, der zum ersten Mal begreift, dass sein eigenes Schicksal bei weitem nicht derart schrecklich ist, wie er vor einer Sekunde noch glaubte. Ahnungsvoll lächelte ich ihr zu, um sie in ihrem Glauben zu bestätigen, dass sie weit bessere Karten hatte. Ob das zutraf oder nicht, spielte keine Rolle. Was half, half und war willkommen. Jeder, der im Spielcasino landespolitischer Bedeutungslosigkeit seine Einsätze machte, war ein Verlierer. Nur in Berlin wurde mehr als Klamauk gemacht und auch dort regierte nicht die Vernunft.

28. Berlin oder Tafelfreuden

Die Ankunft und der erste Tag in Berlin erinnerten uns daran, dass die VDP alles kannte, nur keine Pausen. Selbst die Mahlzeiten dienten einer Funktion und wurden dazu genutzt, Kiebich-Botschaften zu verbreiten. Jeder Bissen wurde inmitten einer Horde von PR-Hyänen eingenommen. Ihr Zetern und Kreischen feierte die Sponsoren, die Kiebich gewonnen hatte, um „im besten Hotel Berlins, dem ersten Haus am Platz" das große *Come together* seiner seelenlosen VDP-Geschöpfe zu veranstalten. Sponsoren, Protagonisten und Mitläufer dieses Spektakels verschmolzen zu einem Amalgam des Begehrens. Jeder begehrte, Teil des Erfolgs zu sein, jeder wollte mehr, als ihm zustand.

Das Betragen vieler VDP-Mitglieder erinnerte mich an die Rituale im Refektorium eines Klosters, wo zu jeder Mahlzeit Bibelverse verlesen werden, um das schlichte Essen der Ordensbrüder mit geistiger Kost zu bereichern. Nur, dass hier im säkularen Tempel der VDP das Essen opulent und die geistige Kost erbärmlich war. Selbst, wer keine Schwäche für die Katholische Kirche, ihren Ritus, ihre liturgischen Spielereien und Maskeraden besitzt, wird verstehen, was ich meine und auch begreifen, was mich mit Abscheu erfüllt.

Gesten sind mehr, als wir ahnen. Wer ihre Bedeutung negiert, negiert auch, was uns über das Vegetative erhebt, was uns Haltung und Würde verleiht. Würde lässt sich, das lernte ich früh, nicht nach Belieben erneuern. Sie stirbt, wenn ihr zu viele Wunden beigebracht werden. Politiker und ihre Gefolgsleute haben meist nach zwei bis drei Jahren jede Würde verloren. Auf dem Weg zu ihren Ämtern, Funktionen und Privilegien wurde das Herz ihrer Würde – die Integrität der Person – von den Projektilen politischer Infamie mehr als nur einmal zerfetzt.

Zyniker behaupten gern, die Würde habe keinen Bestand vor Bosheit und Hass, doch sie behaupten es nur, um ihr Versagen zu relativieren. Tatsächlich beginnt die Würde zu strahlen, je dunkler es wird. In einer Welt, die es verdiente, besser geschützt zu werden, erinnert sie uns in den schlimmsten Stunden daran, was es bedeutet, empfindsam und stark zu sein. Solange Denken und Handeln nicht kranken, bleibt sie erhalten. Würde verleiht uns die Kraft, ein Mensch ohne Abgrund zu sein. Sie ist der Wächter der Tugend. Doch viele geben sie preis, noch ehe die Jugend verblasst: für Geld, für Luxus und Anerkennung oder auch nur für ein Dinner, das jeden Anstand leugnet.

Das Berliner Dinner war so geschmacklos wie der lärmende Frohsinn der Menschen, die sich hier versammelt hatten, um eine Auferstehung zu feiern, die ihnen allen zuteilwerden sollte. Jeder anwesende VDPler wünschte nichts sehnlicher, als endlich die Bürde jahrelanger Bedeutungslosigkeit abzulegen. Keiner schien es noch länger ertragen zu können, abseits zu stehen, derweil die anderen Parteien das Land regierten.

„Kiebich, Kiebich", skandierte die Menge Prosecco trinkender Menschen, die sich erhob, als Kiebich den Speisesaal betrat. Mit dem dynamischen Schritt eines amerikanischen TV-Predigers, der jeden Blick und jedes Händewinken darauf verwendet, neue Gesinnungssklaven und Gelder zu akquirieren, eilte Kiebich der Stirnseite des Saales zu, der seine Krönungsfeier zum Herrscher der VDP erleben sollte.

Zwei Frauen, die mir als Tischdamen zugewiesen waren, bekamen rote Wangen, als Kiebich den Gang an ihnen vorüberschritt, immer auf Tuchfühlung mit den Gästen und damit nah genug, erotische Schwingungen zu empfangen. Offenbar sprach Kiebich auch den Uterus seiner weiblichen Fangemeinde an. Er hatte die hormon- und alkoholgebadete Menge gut im Griff.

Angekommen bei dem für ihn herbeigeschafften Rednerpult, das in etwa zwei Meter Höhe auf einer in VDP-Farben ausgeschmückten Empore stand, ließ er seine Blicke schweifen, hob seine Hände und begann mit sachten Bewegungen den Lärmpegel des Saales

203

zu reduzieren, bis es so ruhig geworden war, dass jedes Räuspern vernehmbar wurde.

„Liebe Freunde", sprach Kiebich um eine Oktave tiefer als sonst, im Bemühen sonor zu klingen, „Ihr und ich, wir sind einen langen Weg gegangen. Dieser Weg endet bald dort, wo alle Wege enden, die ihr Ziel gefunden haben."

Noch immer war kein Laut im Publikum zu vernehmen. Diana, von der ich gehofft hatte, sie würde an diesem Abend in meiner Nähe sein, war mir entrückt. Als hätten Kiebichs Platzanweiser den Auftrag erhalten, uns zu separieren, saßen wir weit voneinander entfernt, ohne Blickkontakt und jeder auf sich allein gestellt. Meine Tischdamen verharrten mit halb geöffneten Mündern paralysiert auf ihren Plätzen. Sie lauschten Kiebich, als habe er Botschaften, die ihr Leben für immer verändern würden.

Natascha zu meiner Linken, sie hatte sich mit einem flüchtigen Lächeln vorgestellt, war eine Frau nahe der dreißig. Als dralle Schönheit mit verwaschenen Gesichtszügen, die von rot mattierter Schminke überlagert wurden, wirkte sie wie ein Klon jener Frauen, die gern in der amerikanischen Werbung als fröhliche Hausfrauen Mixer oder andere Elektrogeräte in die Kamera halten.

Sabine, die rechts von mir saß, hatte das Aussehen eines traurigen Tapirs. Ihre große, breithöckerige Nase verlief in einer langgedehnten Parabel. Sabines Nase war auf erschreckende Weise dominant. Wer Sabine betrachtete, fixierte, ob er wollte oder nicht, ihre Nase. Augen, Mund, Wangen alles trat dahinter zurück, wurde marginalisiert und bedeutungslos. Sabine hatte sich mir nur kurz vorgestellt, ohne erkennbaren Wunsch, mich kennenzulernen. Sie schien zu ahnen, dass sie an diesem Abend den falschen Nachbarn erhalten hatte. Reglos saß ich auf meinem Platz, schweigsam, unbeteiligt und ohne Bereitschaft, Euphorie zu heucheln.

Kiebichs Suada nahm ihren unerbittlichen Fortgang. Er aktivierte das Publikum mit der Kraft eines humanoiden Katalysators, der ständig neue Wellen der Euphorie erzeugte. Die Menschen um mich wirkten elektrifiziert. Als habe ein Dämon von ihnen Besitz ergriffen, erwuchs in ihnen die Lust, das zu verlieren, was uns Bewusstsein verleiht. Sie waren nicht länger Subjekt, sie wurden Gemeinschaft. Die Transformation war fühlbar. Noch schwieg Kiebichs Horde, doch die energiegeladene Starre seiner manischen Jünger würde sich bald *ventilieren* – in großem Geschrei, in Begeisterung und Tumult. Ich konnte bereits den Gestank ihrer erwachenden Ekstase riechen und würgte an dem Ekel, der mich erfasste, als Kiebich davon erzählte, was die Zukunft bringen würde: „Liebe Freunde, wir sind heute dort, wo gestern noch niemand war. Wir sind heute an dem Punkt, der unsere Mitte ist. Wir sind die neue Gemeinschaft der Zuversicht. Wir sind das Zentrum der Produktivität. Wir, die wir heute hier stehen, sind die neue Generation. Die Generation der Produktivität. Die Generation, die ihr Vermögen investiert, um produktiver zu sein als die anderen. Die Generation Alpha. Die Generation Omega. Die Generation Können, nicht Wollen. Die Generation Ja, nicht Nein. Die *Generation German Gier*.“ German Gier, Kiebich sprach wirklich von German Gier, und seine Jünger dankten es ihm mit stehenden Ovationen und ohrenbetäubendem Fußgetrampel. Um mich herum sprangen Menschen jubelnd in die Höhe, umarmten sich, jubelten weiter, schrien sich heiser und fanden kein Ende, seinen Namen zu rufen. Kiebich hatte den Saal berauscht und er wusste, dass dieses Kollektiv jetzt alles tun würde, ihm, seinen Wünschen und Vorgaben, zu folgen. In diesem Saal hatten sich 500 Menschen versammelt, die nur noch eine Losung kannten: „Kiebich, Kiebich, Kiebich!“

Die beiden Frauen in meiner Nähe waren wie zahllose Frauen im Saal in einen hektischen Taumel geraten. Ihre Augen glänzten fiebrig und die fleckige Röte ihrer Wangen ließ mich ahnen, dass sich hier und heute Erotik und Macht ein Versprechen gaben. Gern hätte ich mich verflüchtigt, aufgelöst und in einem Lufthauch davongemacht, doch ich saß, eingezwängt und verzweifelt nach einem Fluchtpunkt suchend, in einer stürmischen Körperlandschaft, die niemanden freigab. Gunther von Hagens' „Körperwelten" schienen sich in Bewegung gesetzt zu haben. Was ich sah, erinnerte mich, ob ich wollte oder nicht, an eine Rotte lärmender Plastinate.

Kiebichs verzückte Gemeinde absorbierte jeden Freiraum. Wer immer versuchte, dieser perversen *unio mystica* zu entfliehen, war zum Scheitern verurteilt. Es blieb nur, sich gewaltsam den Weg durch die feiernde Menge zu bahnen oder schicksalsergeben zu warten, bis wieder Ruhe einkehren würde. Müde wie ich war, entschloss ich mich zu kapitulieren, blieb sitzen und übte mich in Geduld.

„Alter Bolschewik", eine Hand fiel schwer auf meine Schultern, „warum hockst du hier so verzweifelt herum? Freust du dich nicht?" Ein meckerndes Lachen ließ mich aufhorchen. Es klang nach meinem Kollegen Karl, es *war* mein Kollege Karl, der nur einen halben Meter entfernt, mit einem Bierglas nach allen Seiten in die Menge toastend, Position bezogen hatte und mit breitem Grinsen das ausgelassene Freudenfest seiner VDP-Gesellen betrachtete. „Das hättest du nicht gedacht, was?", stichelte er. „Die VDP feiert Feste und du bist dabei. Nein, sag nichts", bat mich Karl, auf jeden Kommentar zu verzichten, „ich weiß, dich widert das Ganze an, und ich verstehe das sogar. Wer ist schon gern allein unter Fremden? Unsere Gemeinschaft", kicherte Karl, „ist eher exklusiv als inklusiv. Was uns befremdet, bleibt draußen."

„Dass ich mich hier deplatziert fühle, ist naheliegend", erwiderte ich leise, traurig darüber, dass ein kluger Mensch wie Karl keine Lebensaufgabe jenseits der VDP für sich entdecken konnte. „Doch was ist mit dir? Fühlst du dich zugehörig? Glaubst du, die VDP honoriert deine Loyalität? Karl", schloss ich resigniert, „sie wird dich zerstören". Mein Bedauern war nicht geheuchelt. Karl tat mir aufrichtig leid.

„Die VDP", fuhr ich widerstrebend und stockend fort, „wird alles vergessen, was du für sie getan hast". Mir war elend zumute und ich hätte Karl gern befreit von einer Konditionierung, die ihm nur schadete. „Sei versichert, Karl", flüsterte ich tonlos, ohne ihn anzusehen, „dein Opfer ist sinnlos". Die pathogenen Mechanismen der Politik würden Karl nicht verschonen. Was ich sagte, würde Karl nicht retten, doch vielleicht, dachte ich, würde Karls blinder Gehorsam von Skepsis und Zweifel besiedelt, die seine Sicht auf die VDP veränderten.

Die VDP bediente sich Karls, solange er Nutzen besaß, ehe das böse Erwachen folgte. Menschen, das lernte ich früh, sind selten bereit, ihre Lebenswirklichkeit objektiv zu bewerten. Wofür wir tun, was wir tun, ist viel zu selten Gegenstand unserer Überlegung. Wir alle neigen dazu, mit großem Pinselstrich alles zu retuschieren, das uns mit Sorge erfüllt. Umso lieber glauben wir, was unseren Wünschen entgegenkommt. Mein Appell, das wusste ich schon, als ich ihm Ausdruck verlieh, würde nichts bewirken.

„Glaub mir oder nicht, du zählst vor dem Opfergang für die VDP so viel wie nach dem Opfergang. *Nichts*." Karl starrte mich an, schweigsam, erstaunt und leicht irritiert. Mir schien, als erwäge er angestrengt, ob er mir trauen konnte. Als er erkannte, dass nichts von dem, was ich sagte, einen Beiklang von Ironie besaß, wurde er ernst. Nicht lange, doch lange genug, um meine Hinweise zu verwerfen. Viele Menschen beharren auf ein falsches Leben, schlicht und ergreifend, weil sie es kennen und Neues fürchten. Die absurde Fähigkeit des Menschen, sich selbst mit Vorsatz zu schaden, ist der einzige Grund, warum unsere kranke Gesellschaft noch immer Bestand hat. Ohne diesen biologischen Malus gelänge es nie, selbst offensichtliche Ungerechtigkeit auf den politischen Jahrmärkten als „dem Gemeinwohl dienlich" zu verkaufen.

Karl, daran gab es keinen Zweifel, hatte genug von mir und meinen Gedanken. Rasch, als wolle er jede Ambivalenz für immer in sich ersticken, kehrte er zu seinem alten Habitus zurück, lachte schrill und höhnte, unverschämter als sonst: „Ja, du musst es wissen, Herzchen. Du weißt, wie die Sache läuft. Was gut ist und was nicht. Insbesondere für andere. Wenn es für dich hier unter diesen Leuten so unerträglich ist, solltest du es sein, der eine Zäsur setzt. Nicht ich." Karl hatte recht. Es war an der Zeit, einen Bruch zu vollziehen. Mich, nicht andere, wollte ich retten.

„Das stimmt, Karl", erwiderte ich ernst, seinen Hohn ignorierend, „ich arbeite noch daran. Es wird bald soweit sein."

Karl mied meine Blicke, räusperte sich laut und begann, auf seinen Fußballen zu wippen. Er war, nichts war offenkundiger, dieses Treffens überdrüssig. Alles, wonach er noch suchte, war ein eleganter Abgang. Schließlich traf er einen Entschluss. Wortlos stellte er sein geleertes Bierglas vor mir ab, zerrte an seinem Gürtel, rückte die Hose zurecht, wischte die ihn immer begleitenden Haarschuppen vom Revers seines Sakkos, klopfte dreimal auf den Tisch und sagte, gut hörbar für alle Umstehenden: „Dann allen viel Spaß und dir, lieber David, noch gute Unterhaltung." Karl zwängte sich durch den Kreis der ihn zunächst umgebenden Menschen und war verschwunden.

Nicht nur meine beiden Tischdamen, auch andere Personen waren zwischenzeitlich auf mich aufmerksam geworden. Ein junger, unfroher Mann, augenscheinlich aus Hamburg, seine Kleidung verriet ihn, raunzte mich an: „Sind Sie Journalist oder was? Warum schauen Sie denn so betreten? Gefällt ihnen nicht, was Sie sehen? Ja, das ist sie, die neue VDP. Selbstbewusst, cute, amazing, with greed. Verstehen Sie? German Greed, das sind wir."

Ich hätte ihm sagen können, dass ich auch bei der VDP arbeitete. Doch ich schämte mich viel zu sehr, diesen Menschen zugerechnet zu werden, und erwiderte nur, barscher als ich mir vorgenommen hatte: „Und wenn ich Journalist wäre? Was wäre dann? Bin ich dann nicht willkommen? Gibt es hier so viele Geheimnisse zu verbergen?"

„Wir haben gar nichts zu verbergen", ereiferte sich der viel zu eng behoste Hanseat und fuchtelte mit seiner Hand, Zeige- und Mittelfinger gespreizt, vor meinem Gesicht auf Augenhöhe herum. Es schien, als sei er noch uneins, ob er mich auf beiden Augen blenden sollte oder nur auf einem.

Wenn ich etwas unerträglich finde, so wild gestikulierende Menschen, die keinen Abstand halten. Fast war ich versucht, ihm die Finger abzubeißen, beherrschte mich jedoch, schlug seine Hand leicht zur Seite, und sagte nur: „Lassen Sie das doch bitte sein. Es gibt keinen Grund, mir zu drohen."

Der Jüngling hörte auf, wandte sich von mir ab und den Umstehenden zu, die alle zu warten schienen, ob es zu Handgreiflichkeiten kommen würde. „Egal, was dieser Mann macht oder nicht macht", tönte nun der Hanseat in die Runde, „er ist in jedem Fall ein falscher Fünfziger und nicht pro-VDP. Also passt auf und haltet Abstand." Mit diesem Rat verabschiedete er sich und verlor sich, wie bereits Karl vor ihm, in der feiernden Menge. Mir war elend. Die Luft war entsetzlich verbraucht. Wie mich ein Blick auf meine Umgebung lehrte, war es hoch an der Zeit, den Abgang zu planen. Entschlossen machte ich mir etwas Platz und eilte, ohne Rücksicht darauf, wer ein Glas in Händen hielt, vorwärts, dem Ausgang entgegen.

Von der Seite aus sah ich Tamara Troll verdrossen an ihrem VIP-Tisch sitzen. Ihr Kinn war auf Angriff gestellt und ihre klobigen Hände hatten sich in eine Merkelsche Fingerpyramide geflüchtet, um nicht aus Neid oder Hass oder beidem der Versuchung zu erliegen, auf den Tisch und die Speisen zu dreschen, die vor ihr standen. Troll sah, dass ich Troll sah, so wie sie auch sah, dass ich sah, was in ihr vorging. Es schien sie jedoch nicht zu interessieren. Ihre Enttäuschung und kaum bezähmte Wut darüber, an diesem

Abend keine Rolle zu spielen, saß zu tief, als dass es ihr wichtig gewesen wäre, was einer ihrer Mitarbeiter denken mochte.

Um mich wogten die geistig anämischen Nichten, Neffen, Tanten und Onkel von Kiebich, der, festgezurrt von der Euphorie seiner Jünger, an diesem Abend keine Gelegenheit haben würde, allein zu sein. Die VDP-Meute umgab ihn wie das Nessos-Hemd den unseligen Herakles, nur dass dieser ein Halbgott war und Kiebich ein Zwerg, der sich den Schatten eines Riesen angeheftet hatte.

Schweiß lief mir von den Schläfen herab. Es war heiß, unmäßig heiß, und ich begann zu begreifen, warum klügere Menschen als ich dazu tendieren, immer die Saalmitte zu meiden und nahe des Ein- oder Ausgangs Platz zu nehmen. Wenn hunderte Menschen auf engem Raum transpirieren, gerät auch die barocke Lösung, den Mangel an frischer Luft mit Parfum zu kaschieren, an ihre Grenzen.

Ludwig XIV., der glamouröse Sonnenkönig, hat Menschen bei Hofe, die ihm nahestanden, damit geehrt, dass er mit ihnen bei offenem Fenster geplaudert hat; auch weil der nekrotische Kiefer seiner Majestät schrecklichen Gestank verbreitet hat. Genauso schwer wog jedoch der Umstand, dass jedem Höfling in der eng zusammengepferchten Entourage des Königs bereits nach kurzer Zeit das Atmen beschwerlich wurde. Nicht allein die eng geschnürten Mieder und Korsagen ließen die französische Hocharistokratie gern kollabieren. Der von ihr verbreitete Gestank war sicher nicht ganz unbeteiligt daran, wenn die berühmtesten Häupter des Landes zu Boden gingen. Ein ähnliches Schicksal wollte ich hier, am Hofe Kiebichs, um jeden Preis vermeiden. Schon der Gedanke, inmitten karriere- und stellenlüsterner Mitläufer der VDP-Aristokratie in Berlin zu Boden zu gehen, war nur schwer erträglich.

Endlich war ich, nach oft gehemmten Versuchen, den schlecht belüfteten Saal zu verlassen, am Ausgang angekommen, wo Diana eben dabei war, sich aus dem Saal zu zwängen. Entschlossen

210

stemmte sie ihren zierlichen Körper gegen die Flut ständig schwatzender Menschen, die nach verrichteter Notdurft von außen wieder in den Saal zurückdrängten.

„Diana", rief ich mit rudernden Armen, laut und verzweifelt, „warte draußen an der Garderobe auf mich!" Diana nickte mir zu, stieß unter Aufbietung aller Körperkräfte gegen die letzte menschliche Barriere, die ihr den Austritt verweigerte, und war endlich angekommen im Foyer des Veranstaltungsorts. Im Gegensatz zur Kompressionsmaschine im Saalinneren eröffnete das Foyer genug Platz, befreit zu atmen. Das Foyer zu erreichen, war alles, was ich in diesem Augenblick ersehnte; dann hörte ich im Rücken die Stimme einer Kollegin und erstarrte. Mein Widerwillen, was diese Person betraf, war beträchtlich; ich mied sie, wann immer es ging, aus guten Gründen, da ich wusste, wie intrigant sie war. Wiederholt wurde ich Zeuge davon, mit welcher Brutalität sie potentielle Konkurrenten hinterrücks beseitigte. Selbst, wenn sie keinen Vorteil daraus bezog, ließ sie ihrer Niedertracht freien Lauf und verleumdete jeden, der ihr nahekam. In ihrem Genom gab es keinen Platz für Skrupel, in ihrem Genom hatte die VDP bereits vor ihrer Geburt an allen Stellen, die Moral und Anstand betrafen, eine Leerstelle geschaffen.

Kathrin mochte 25, vielleicht auch 27 Jahre alt sein. Sie hatte das süßliche Lächeln jener unschönen Frauen, die in dem Bewusstsein erzogen werden, dass Armut Schande und Reichtum notwendig sei, um menschenwürdig zu existieren. Sie war, im klassischen Sinn, ein *amoralischer* Mensch. Nicht intelligent, doch bauernschlau und immer willens, Menschen und Situationen bedenkenlos auszunützen, personifizierte sie alles, was ich nicht mochte. Ihr zu misstrauen, war mehr eine Frage des Prinzips als des beruflichen Überlebens. Je begabter ihr Kontrahent, desto gnadenloser ging sie gegen ihn vor. Kathrin war auf einem guten Weg, bei den VDP-Hierarchen Freunde und Anerkennung zu finden.

Ihre zwei Freundinnen, die sie meist umgaben wie der penetrante Geruch billigen Parfums, waren etwas schlanker als sie, die sie von Diät zu Diät sprang, um endlich ein Gewicht zu erreichen, das ihr die Möglichkeit gab, eng geschneiderte Kostüme zu tragen, ohne sich lächerlich zu machen. Ihr gewaltiger Hintern, eine unförmige Taille und dralle Schenkel waren ihr nicht nur peinlich, sondern ständiger Grund zur Sorge, Kiebich und seine Kameraden könnten sie bei ihrem Sternenflug in die olympischen Höhen des Bundestags vergessen.

Ihre Freundinnen wussten, wie sehr es Kathrin kränken musste, nicht jene Attraktivität zu besitzen, die in der VDP für Frauen unerlässlich war, um Karriere zu machen. Die eine von ihnen, schon Mitte 40 und bereits durch die Hände zahlreicher Funktionäre gegangen und dadurch abgenutzter wirkend als ihre ungleich jüngeren Freundinnen, sagte gern: „Meine Qualitäten liegen nicht im Kopf, sondern in einem anderen Körperbereich." Darauf angesprochen, warum sie nie auf E-Mails mehr als „okay" oder „alles klar" und „herzlichst, deine Traude" antworte, erklärte sie in der für sie charakteristischen Tonlage, leicht hysterisch und viel zu laut: „Was soll ich schreiben? Die meisten Fragen versteh' ich nicht. Ich bin gelernte Verkäuferin. Man hat mir beigebracht, hübsch zu sein. Von *denken* hat niemand etwas gesagt."

Noch während sie lachte, ergänzte sie prustend: „Meine Freiheit besteht darin, mich frei zu machen." Wieder lachte sie hektisch und schrill. „Ganz ehrlich, die Sache ist ziemlich banal: Ich fühl' mich wohl, wenn Männer mich geil finden. Ich ziehe die Männer an und mich aus. Mein Benefit ist richtig guter Sex ohne Gezicke. Eine Rakete im Bett ist jedem Typen willkommen. Das ist mein USP." Ihr Grinsen hätte Medusa beschämt, als sie sagte: „Ich produziere Geilheit. Dafür werde ich geschätzt. Nicht fürs Denken oder Schreiben." Und als amüsiere sie der Gedanke, mit jedem zu schlafen, schlug sie sich mit der flachen Hand auf den Unterleib und stöhnte künstlich: „O und ich mach' es gut, sehr gut, mit jedem, der mich belohnt." Ihre Stimme wurde sachlich, als sie Bilanz zog: „Glaubt mir, viele Männer sind mir zu Dank verpflichtet. Das sollte keiner von ihnen vergessen." Traudes implizite Drohung bedurfte keiner großen Erklärung, zwei Sätze genügten vollkommen, ihre Tragweite zu vermitteln: „Unter meinem Rock ist nicht nur meine Muschi. Unter meinem Rock sitzt auch mein Gedächtnis." Sie kalkulierte damit, dass jeder, für den sie den Rock hob, später jemand sein würde, der sich benutzen ließ, kleine oder, mit etwas Glück, auch größere Vergünstigungen einzufordern. Sie vergaß nie, wem sie etwas ‚Gutes‘ getan hatte und erinnerte jeden an ihr Entgegenkommen, der zu vergessen begann, dass sie ihm geholfen hatte, seine sexuellen Bedürfnisse diskret zu ventilieren.

Die andere Freundin, Christiane, ein brünettes Geschöpf, deren Gesicht in einer monumentalen Designerbrille erstarrte, war nicht ganz so schlicht und weniger freigiebig mit ihren Reizen. Traude hatte die besten Zeiten hinter sich und ihre Chance nicht genutzt. Sie war heute das gern gebrauchte VDP-Flittchen, in die Jahre gekommen, doch noch gut genug, um einen toten Abend mit Leben zu erfüllen. Auch einige Parteifunktionäre bedienten sich gern bei Traude, wenn Trieb und Alkohol sie ihre Erziehung vergessen ließen. Ihr Gedächtnis aktivierten sie nur bei Personen, die mehr Einfluss besaßen als Traude. Eine kurze Fleischbeschau und Geschlechtsverkehr am Rande zählten für sie zu den Dingen ohne Erinnerung, eine Frau wie Traude zu den Menschen ohne Bedeutung.

Christiane suchte aus gutem Grund ihren Erfolg auf anderem Weg. Sie war offensichtlich weniger blöde als Kathrin oder Traude, doch genauso boshaft und intrigant. Sie kokettierte nur, wo die anderen weder Scham noch Zurückhaltung kannten; sie suchte ihren Vorteil, ohne Risiken einzugehen. Als bevorzugter Protegé eines einflussreichen Berliner Staatssekretärs wusste sie, dass selbst Troll vergeblich versucht hätte, sich ihrer Karriere entgegenzustellen; in wenigen Jahren würde sie eine Stellung haben, die ihr alle Wege eröffnete, und so übte sie sich in Geduld und ging, lächelnd und jeder Sorge enthoben, durch die öden Tage ihrer bald endenden Phase unbedeutender Aufgaben.

Ihr, Traude und Kathrin zu begegnen, war nichts, wonach ich Verlangen trug. Was von diesen drei tückischen Hexen kam, war immer mit Bosheit getränkt. Umso unangenehmer war es für mich, Kathrin an diesem Abend Rede und Antwort zu stehen. Ihre gebrüllte Frage, „Willst du schon gehen, David?", war ein Musterbeispiel für Perfidie. An solchen Abenden war sie weit mehr als ein versteckter Affront, denn sie brüskierte den Befragten vor der ganzen *Gemeinschaft*. Wer der *Gemeinschaft* den Rücken kehrt, wenn alle anderen sich verbrüdern und in kollektivem Vereinigungstaumel ihre Individualität für ein Parteiabzeichen an der Garderobe zurücklassen, ist im besten Fall suspekt, im schlechtesten aber ein Paria und Rebell. Er erhebt sich über die Normierungszwänge jener Menschen, die einer Partei ihre Richtung geben. Er wird zu einer Bedrohung und bei nächster Gelegenheit selektiert.

Kathrins Nähe legte sich über mich wie der Smog jenes Sternheimer Stadtteils, der in den Medien Furore machte, weil er überraschend den Nachweis erbrachte, dass Zehntausende Autofahrer auf schmalem Terrain viel zu viele giftige Abgase produzierten. Habedank und seine naturbewegten Minister empörten sich heftig, sobald dieser Missstand zu öffentlichen Debatten führte. Als habe sich ihnen eine neue Wahrheit eröffnet, geißelten sie verbal die Folgen eines Individualverkehrs, den sie versprochen hatten, entscheidend zu reduzieren.

Ungeachtet dessen hatten sie in den Jahren ihrer Regierung darauf verzichtet, dem innerstädtischen Verkehr konsequent engere Grenzen zu setzen; zu groß war die Furcht, gegen Konzerne vorzugehen, die immer darauf verwiesen, das Land und seine Bürgerinnen und Bürger lebten vom Erfolg ihrer Autos.

Es zählt zu den besonders tristen Erfahrungen im Umgang mit Politik und ihren Entscheidern, dass alle zu Kreuze kriechen, sobald die Industrie ihre Peitsche schwingt. Allein die Drohung, es könnten Arbeitsplätze verloren gehen, wenn die stinkenden Vehikel nicht länger millionenfach unsere Städte durchkreuzen, ist ein Indikator dafür, wie es um unsere Demokratie bestellt ist. Die Geldgier infamer Führungskräfte aus Industrie und Wirtschaft ist und bleibt eine unschöne Dominante im Spiel der *Entscheider*. Die Lobbyisten regieren die Politiker, diese das Land und ihre Bewohner, und so nimmt das Unheil seinen folgerichtigen Fortgang. Noch immer beherrschen Autos das öffentliche Leben. Die Auto-Manie konterkariert vernünftige Alternativen der Mobilität und fördert die Ignoranz. Nur, wer sich kritisch damit konfrontiert, wie viel Staub, Schmutz und Gift ein einziges Auto in die Atmosphäre entlässt, wird bereit sein, seine egozentrische Haltung zu überdenken.

Das autobedingte Elend ist umso beschämender für die Industrienationen, als es auch jene ereilt, die es nicht verantworten. Unsere globale Kulturgeschichte wird seit vielen Jahrzehnten interpunktiert von der Verschwendungssucht autohöriger Europäer, Amerikaner und Asiaten. Solange wir weiter Auto fahren, zerstören wir mit der Biosphäre unseres Planeten auch die letzte Hoffnung, ein kleiner Teil der verbliebenen Rohstoffreserven ließe sich für die Nachkommen retten. Was wir noch *nicht* konsumierten, ist wenig genug. 300 Millionen Jahre mussten vergehen, um Öl entstehen zu lassen. Uns genügen hundert Jahre, um es für Myriaden nutzloser Autos vollständig zu verschwenden. Diese hundert Jahre demonstrieren, was wir sind, und was wir sein könnten.

Die Evolution kennt keine Vorlieben. Sie ist gefühllos und stört sich auch nicht daran, dass unsere Spezies oft Hässliches produziert. Smog, Berge von Müll und ein unerschöpfliches Reservoir giftiger Chemikalien sind bezeichnend für unser Dasein, das anderen Spezies zum Verhängnis wird. Nur noch 1.500 Geparden, doch fast acht Milliarden Menschen: Spricht das nicht für sich selbst? Wo wir sind, bleibt kein Platz mehr für andere Wesen.

Das Töten haben wir industrialisiert, Kühe und Schweine in eine quotierte, gestaltlose Masse verwandelt, die in Millionen Einheiten gehandelt, geschlachtet und verschlungen wird. Unser Mitgefühl reicht nicht einmal aus, den Großteil unserer Artgenossen mit etwas Respekt zu behandeln. Ganze Kontinente hungern, vegetieren in Schmutz und Verderben, und wir empfinden nichts. Warum also sollten sich Menschen Tieren verpflichtet fühlen, sobald es nicht darum geht, einen Anflug von Sentimentalität zu befriedigen? Die VDP liebte es, immer dann „alternativlose Handlungsszenarien" zu entwerfen, wenn es ihr darum ging, eine Spezies auszurotten. Ob Biber, Wolf oder Luchs, je kleiner die Population, desto größer der Wunsch, *tabula rasa* zu machen.

Auch Kathrin hasste Tiere und ich wusste, in ihren Augen war ich noch ungleich hassenswerter als jedes Tier. Umso abstoßender wirkte auf mich ihre Neugier, der ich so gern aus dem Wege gegangen wäre. Ich hatte gehofft, sie im Foyer abzuschütteln, doch war mir kein Glück beschieden. Als ich den Grenzwall menschlicher Leiber durchbrochen hatte, stand sie schon vor mir. Mit dem Lächeln eines ausgehungerten Vampirs verstellte sie mir den Weg und ich musste mich, ob ich wollte oder nicht, mit ihr auseinandersetzen. Ihre Frage, warum ich die Veranstaltung bereits verlassen wolle, bereitete ihr sichtlich Genuss; sie zwinkerte verstohlen, um ihren Hohn zu kaschieren, und ich begann, mich zu fürchten. Selbst ihr Körpergeruch bedrängte mich. Sie transpirierte heftig und der Dunst aus Schweiß, Alkohol und Parfum, der sie umgab, ließ mich flacher atmen. Diana, die in etwa 20 Metern Entfernung an der Garderobe stand, warf mir mitleidige Blicke zu. Sie signalisierte mir, dass sie gleich das Gebäude verlassen und im Freien auf mich warten würde. Mehr als ein kurzes Nicken gab ich nicht zurück, denn ich wusste, dass Kathrin nur wenig

216

entging. Sie fieberte danach, Kleinigkeiten zu entdecken, die in ihrer Welt rasch monströse Dimensionen erhalten würden. Ihr Lästermaul ruhte nie.

„Nun, David, warum so eilig? Musst du nicht arbeiten? Schließlich ist es an dir, die Medien für uns zu begeistern, nicht wahr?" Sie lächelte hinterhältig und wiegte sich in den Hüften. Ihre Freude, mich quälen zu können, war unübersehbar.

„Es bedarf bestimmt nicht meiner Initiative, um diesen Abend zu bewerben. Schließlich ist Kiebich hier", antwortete ich mit zweideutiger Lakonie.

„O ja, Kiebich ist hier. Kiebich und der gesamte Vorstand. Das ist heute das Fest unserer Wiederauferstehung. Da scheidet sich Spreu von Weizen und nur die Guten bleiben", erklärte Kathrin, mit gläubiger Inbrunst und einer Stimme, die in meinen Ohren wollüstig klang. Kathrin zeigte keine Ironie, weil sie *expressis verbis* meinte, was sie mit Pathos verkündete. Die „Wiederauferstehung der VDP" war für viele VDP-Mitglieder nicht nur ein gern bemühter Topos, sondern die Antwort auf ihre Sehnsucht, Partei und Gottesdienst zu verbinden. Die zwanghafte Lust, Politik und Glauben synonym zu setzen, ist in der VDP ausgeprägter als in jeder anderen Partei der Republik. Im Katechismus der VDP erhält auch die größte Banalität ihres „Leaders" einen Glorienschein. Selbst die neovölkische Bewegung der Volks-Reformierten Vaterlands-Partei verzichtet auf messianische Zuschreibungen bei ihrem Führungspersonal. Das macht sie fraglos um kein Jota besser, doch erlaubt uns, sie leichter zu kontrollieren. Nationalisten in Deutschland suchen vergeblich nach einer Stimme, die viele Menschen erreicht. Ihre „Führer" sind wüste Gestalten, talentfrei, stillos und wirr. Machtlüsterne Schwärmer mit Sendungsbewusstsein gefährden unsere Demokratie gewiss nicht weniger, vielleicht sogar mehr. Beide, Schwärmer wie Nationalisten, sind immun für Kritik, doch der Schwärmer glaubt, sein Gefühl ersetze den Intellekt, und wie die Geschichte uns lehrt, erfüllt sich dieser Glaube bisweilen mit schrecklichen Folgen. Wer die Vernunft als verzichtbar begreift, wird rasch zum bedenkenlosen Populisten und dann ist es nur noch ein Schritt auf dem Weg zum Fanatismus der Dominikaner. Die Toleranz erlischt, die Affekte triumphieren und jeder, der sich von Kiebichs Lehre distanziert, wird zum Verräter an den „wahren Werten". Kritiker werden zu Gesinnungsfeinden erklärt und was nicht VDP-konform erscheint, wird als subversives Verhalten geächtet.

Die VDP feierte Wiederauferstehung und war, als kleiner Bastarderbe der Inquisition, bereit, ihre Kritiker zu verdammen; in ihren Reihen wurde keiner geduldet, der sich erlaubte, mehr als rhetorische Fragen zu stellen. Wer die VDP wählte, gab ein Bekenntnis und hinterfragte nicht, was die Partei propagierte. Die VDP duldete keinen fremden Inhalt, der ihr Vakuum füllen und damit kenntlich machen würde. Die VDP war, wie Kathrin, perfide und inhaltsleer.

Mein Blick wurde hart, als ich mir Kathrins VDP-Erguss in Erinnerung rief. Überraschend, für mich noch mehr als für sie, gelang mir eine Riposte, die dieses Duell in Sarkasmus zu meinen Gunsten entschied. „Mit den Guten zu feiern, macht das Feiern noch besser", höhnte ich leise. „Leider bin ich erkältet und müde", nahm ich dann Zuflucht zu einer wahren Lüge, „ich muss zu Bett. Morgen erwartet uns alle viel Arbeit." Kathrins falsches Lächeln gerann zu einer bösen Grimasse, als mein künstliches Lächeln ihres an Heuchelei übertraf. Sie schwieg, perplex, dass ich es wagte, sie zu karikieren. Ihr Erstaunen machte ich mir zunutze, deutete eine Verbeugung an und ging mit raschen Schritten zur Garderobe. Kathrin, das fühlte ich, war ich los.

Die Garderobiere gab eben Dr. Gleim, dem Finanzexperten der VDP-Fraktion, seinen Mantel. Gleim nahm seinen Mantel unwirsch entgegen, ohne der älteren Dame ein Lächeln zu schenken. Gleim war, nicht nur was sein schlechtes Betragen betraf, Trolls männliches Gegenstück. Wiederholt war mir aufgefallen, dass

218

Gleim Kellnern und Hotelangestellten keine Beachtung schenkte. Er sah sie und sah sie nicht, er ließ sich bedienen, doch dankte nie. Servicepersonal war für Gleim ein notwendiges Übel, das eine Funktion erfüllte. Gleim hatte durchaus Sympathie für Länder, die moderne Versionen der Sklaverei tolerierten. Wozu sonst, dachte Gleim insgeheim, sollte ein Mensch aus der Gosse von Nutzen sein?

Gleim hatte längst vergessen, dass ich Zeuge davon gewesen war, wie er in größerer Runde behauptet hatte, im Sudan herrsche nur deswegen Krieg, weil Schwarze nur zwei Dinge gut könnten: Kinder zeugen und Schwarze töten. Gleim neigte dazu, alles zu vergessen, das ihn kompromittierte; mit Menschen verfuhr er genauso. Es mochte sein, dass er mich an der Garderobe gesehen hatte; in sein Bewusstsein war ich indes nicht vorgestoßen. Er hatte den toten Blick eines Automaten, der seine Umwelt immer auf-, doch niemals wahrnimmt, und das kam mir sehr entgegen. An Konversation mit Gleim war mir gewiss nicht gelegen. Dieser Abend war eine Qual; ich wollte gehen, sonst nichts; noch ein kurzer Gang zum Klo und dieser Alptraum würde vorüber sein.

Direkt am Eingang zu den Toiletten saß, in stiller Eintracht neben der Klofrau, eine Sekretärin der VDP, die jedem Abgeordneten, Mitarbeiter und Parteifreund eine Münze reichte. Wer immer eintrat, um sein Geschäft zu verrichten, wurde von der peinlich berührten Sekretärin mit leiser Stimme daran erinnert, in keinem Fall selbst zu bezahlen. Ein großer Silberpokal diente als Behältnis für das viele Kleingeld, das sie beständig verteilte. Bis zum Rand gefüllt mit Ein-Euro-Stücken bot er sich glitzernd dar, nur wenige Zentimeter von dem Schild der Klofrau entfernt, das unmissverständlich erklärte, *jeder* Toilettengang sei kostenpflichtig. Ausnahmen gebe es *keine*. Ein Euro pro Besuch der Toilette, stand dort in großen Versalien, sei obligatorisch. Wer mehr geben wolle, sei herzlich eingeladen, das zu tun. Der Erlös, las ich überrascht, gehe einer karitativen Einrichtung zu, die mittellose Mütter bei der Erziehung ihrer Kinder unterstütze. Das Rätsel der Pokalaufstellung und Geldverteilung war gelöst und die VDP als das kenntlich geworden, was sie ihrem Wesen nach immer gewesen ist. Eine Partei für Menschen mit hohem Verdienst, denen nicht zugemutet werden durfte, einen Euro aus eigener Tasche zu entrichten, selbst dann nicht, wenn dieser bedürftigen Menschen zugute kam.

Keiner der Abgeordneten nahm daran Anstoß, den Obolus von der Sekretärin entgegenzunehmen und dann an die Klofrau weiterzureichen. Niemand schien sich daran zu stören, niemand erkannte, was hier geschah. In diesem Moment wünschte ich mir, es käme ein Trupp unerbittlicher Jakobiner vorbei, um diesen Augiasstall auszumisten.

Die Demokratie, wie wir sie kennen, droht ein Bordell zu werden, in dem die Zuhälter ihren Huren erklären, welche Freude es sei, sich Freiern hinzugeben, die sie demütigen. Und das Parlament? Das Parlament gleicht einer Lehranstalt, in der die Talent- und Skrupellosen den Humanisten erklären, dass es in ihrem Interesse liege, den Humanismus abzuschaffen.

Die Trolls und Gleims sind charakteristisch für den Schwarm politischer Karrieristen, die längst vergessen haben, was es bedeutet, menschlich zu sein. Wer für solche Kreaturen arbeitet, ist gefährdeter, als er ahnt. Wir sind dem Abgrund meist dann besonders nah, wenn wir vergessen haben, dass wir über ihn balancieren.

„Die Welt ist alles, was der Fall ist", sagt Wittgenstein und ich bin versucht zu ergänzen, auch dann, wenn wir in Abgründe *fallen*, die jede Rückkehr unmöglich machen. Heute Morgen bin ich erwacht und dachte, dass jedes *tiefere* Glück darauf gründet, aus einem Fall einen Aufstieg zu machen, selbst an den Tagen, die keine Nachsicht mit unserem Altern und schwindenden Leben kennen.

220

29. Dianas Verbrechen

Die Musik im Ballsaal politischer Ambitionen lässt die Beine manches Tänzers schnell bleiern werden, denn sie unterliegt dem Dirigat eines unbarmherzigen Zuchtmeisters. Diana, die im Freien auf mich wartete, hatte längst begriffen, dass in der Politik zu arbeiten nur jenen entgegenkam, die nichts dabei fühlten, sich und andere zu verkaufen. Diana wusste längst, dass die VDP ein Fehler gewesen war. Sie wollte so rasch wie möglich dem Elend ein Ende setzen, doch sie zögerte noch, weil ihre Karriere darunter zu leiden drohte. Einen gangbaren Weg zu finden, der niemanden kompromittierte, war schwer, wenn nicht illusorisch.

Die VDP war weit vernetzt. Bis heute saßen in vielen Institutionen, Unternehmen und Organisationen ultraorthodoxe VDP-Veteranen, die „Abtrünnigen" gern eine Lektion erteilten. Diana hatte nicht grundlos Angst, die VDP könnte das Grab ihrer Ambitionen werden. Sie stand am Anfang ihres Berufslebens. Wie sollte ich ihr verargen, dass sie eine diplomatische Lösung suchte? Sie war jung, ich jedoch wusste, dass mein Berufsleben keine Fortsetzung kannte. Meine Angestelltenexistenz hatte sich überlebt. Die Ära der selbstverschuldeten Unmündigkeit ging zu Ende. Diana mochte über ihr Dilemma nachgedacht haben, als ich sie aus ihren Betrachtungen durch einen Klaps auf den Arm erweckte.

„Hast du es endlich geschafft", sagte sie lächelnd und verbreitete dabei kleine Wölkchen, die ihr Atem in der kalten Luft produzierte.

„Ja, endlich", antwortete ich heiter. „Die drei Xanthippen haben mich lange aufgehalten und meinen Abgang erschwert."

„Was für boshafte Weiber", zischte Diana. Sie wusste sofort, wen ich meinte.

Erstaunt, dass sie, die stets Zurückhaltende, die immer diskrete, auf ihre Worte bedachte, höfliche junge Dame, eine solche Formulierung wählte, erlaubte ich mir die persönliche Frage: „Auf einer Skala von null bis zehn – wie übel setzen sie dir zu?"

„Zehn."

„Zehn?"

„Zehn."

„Das ist bitter", äußerte ich meine Betroffenheit, die ernst war und nicht fingiert. „Kann ich etwas für dich tun?", wollte ich wissen.

Diana lachte laut auf und sagte, ihrem eigenen Lachen nachlauschend: „Wir sollten einen Kaffee trinken gehen. Es ist lausig kalt, ich friere und habe Hunger." Erst jetzt fiel mir auf, dass Diana für diese Temperaturen viel zu leicht bekleidet war. Sie trug nur einen leichten, marineblauen Mantel, darunter ein Kostüm, Strumpfhosen und leichte Pumps, in welchen ihre Füße schrecklich frieren mussten.

Wir betraten das erste Café auf unserem Weg in Richtung Hotel, obwohl es wenig einladend wirkte. Das grelle Neonlicht zahlreicher Deckenfluter reflektierte sich in verchromten Tisch- und Stuhl-Scheußlichkeiten, die offensichtlich an das Interieur einer US-amerikanischen Bar der 1950er Jahre erinnern sollten. Als wir uns in eine zweisitzige Nische mit pinken Kunstlederhockern gleich am Eingang gesetzt hatten, erwachte die ältliche Bedienung – eine rothaarige Frau, vielleicht knapp über 40 Jahre – und lächelte uns zu. Auf ihrem linken, ausufernden Busen trug sie ein rundes, überdimensioniertes Namensschild, das augenscheinlich mit dem Firmenemblem – einem lachenden Donut – verziert war. Der Name war nicht zu erkennen, doch ich war mir sicher, dass sie Claudi, Ingrid oder Elke heißen musste. Sie wirkte apathisch und weggetreten, schien jedoch weder unzufrieden noch deprimiert. Mit einer trägen Bewegung nahm sie eine Speisekarte von der gestapelten Vielzahl plastikverschweißter Karten auf ihrem Tresen, presste sie an ihren namensbeschilderten Busen, schlurfte langsam zu uns heran, legte sie vor uns auf den Tisch, räusperte sich und fragte mit rauchiger Stimme, die auf den

Konsum zahlloser Zigaretten schließen ließ: „Hallo. Guten Abend. Darf ich Ihnen schon etwas zu trinken bringen?"

Fanni, sie hieß Fanni, nicht Claudi, Ingrid oder Elke. Ein kurzer Blick auf das Namensschild ließ mich den Irrtum erkennen. Peinlich berührt starrte ich auf den Boden, denn das Schild wirkte, als sei es direkt auf Fannis mächtigem Busen appliziert, der sich bedrohlich hob und senkte. Ganz offensichtlich verzichtete Fanni darauf, BH oder Hemd zu tragen. Die dünne Bluse kam einem Negligé sehr nahe und offenbarte weit mehr als sie verbarg; ich fühlte mich wie ein unfreiwilliger Voyeur, dem die Möglichkeit genommen wird, vorbeizusehen. Wie prüde du bist, höhnte meine innere Stimme und ich begann, mich zu amüsieren.

„Guten Abend, Fanni", ich liebte es, ihren Habsburger Fantasien bedienenden Namen zu sagen, „zwei Tassen Kaffee wären fein. Möchtest du noch etwas anderes, Diana?" Ich blickte Diana fragend an, die ihre frierenden Füße bereits unter den Heizkörper geschoben hatte, der unserer kleinen Nische eine wohlige Wärme verlieh.

„In jedem Fall. Vielleicht eine Suppe oder auch gern etwas Deftiges. Was können Sie mir denn empfehlen, Fanni?

Fanni wirkte überrascht. Sie wurde, das war offensichtlich, selten um eine Empfehlung gebeten. Sie verengte ihre Augen, runzelte ihre Stirn und kaute auf ihren kirschrot geschminkten Lippen. „Sie können alles auf der Karte bekommen", rang sie um eine passende Antwort. Mit einem Mal begann ihr Gesicht zu leuchten; als habe sie eine höhere Eingebung, schenkte sie uns ein warmes Lächeln und erklärte entschieden: „Das Huhn mit Mais ist lecker." Fanni nickte mehrmals, um ihren Worten Nachdruck zu geben. *Besonders* lecker", korrigierte sie sich rasch, als sei ihr ein unverzeihlicher Fehler unterlaufen. „Die anderen Sachen sind auch besonders lecker", ergänzte sie noch, um keinem Gericht den Vorzug zu geben. Fanni schien sehr zufrieden mit sich, den Patzer erkannt und rechtzeitig korrigiert zu haben. Niemand sollte denken, eine Speise sei weniger schmackhaft als eine andere.

„Gut, dann nehme ich gern das Huhn." Diana tremolierte ihre Antwort fröhlich. Sie wirkte unbeschwert und gelöst wie ein 13-jähriges Mädchen, das die Ferien vor sich hat. Ihre Euphorie erlosch jedoch unvermittelt, als Fanni die Bestellung aufgenommen hatte. Dianas Blicke folgten Fannis trägem Gang an den Tresen, wo sie, schnaufend angekommen, unsere Essenswünsche mit schleppender Stimme an den Koch weitergab.

„David", Diana starrte mich konsterniert an, „sie machen mich fertig und es gibt nichts, das ich tun könnte, um sie aufzuhalten."

„Wen meist du, Diana? Deine Kolleginnen? Die drei Hexen?"

„Die auch, aber mehr noch Traunstein."

„Der Abgeordnete Traunstein?"

Schon, als ich fragte, wurde mir klar, wie dumm diese Frage klingen musste. Es gab in der VDP nur einen Traunstein und dieser hatte, auch in größeren Runden wie der Fraktionssitzung, wiederholt implizite Kritik an Dianas Arbeit geübt, wenn auch immer verbunden mit dem Hinweis, Diana besäße großes Potential. Wenn über Menschen zu oft gesagt wird, sie besäßen großes Potential, nährt das zwangsläufig Zweifel daran, dass sie die Fähigkeit besitzen, es auch zu entfalten. Traunstein hatte seine Kritik meist als Lob getarnt, was ihr noch mehr Schlagkraft verlieh und Dianas Möglichkeiten, sich zu verteidigen, auf ein Minimum reduzierten. Wer verteidigt sich schon souverän, wenn die Kritik an seiner Arbeit nur als heimlicher Beiklang in Erscheinung tritt? Was wäre perfider als öffentlicher Beifall, der einem Almosen gleicht? Solange kein böses Wort fällt und die Geste versöhnlich wirkt, ist es schwer, sich zur Wehr zu setzen, ohne danach als hysterisch zu gelten.

Sagte Traunstein beispielsweise: „Frau Korniks Dossier umfasst viele verfahrenstechnisch relevante Details, die uns helfen, eine gute Argumentationsstrategie im Ausschuss zu finden. Nur der

Kontext bereitet uns Schwierigkeiten", so dominierte am Ende der Zweifel. Diana war kompromittiert. Doch war es schwer, die hässliche Absicht hinter dem freundlichen Tenor offenzulegen, da Traunstein gern mit Konnotationen und doppelbödigen Aussagen hantierte. Als gelernter Katholik fiel ihm das nicht schwer. Er genoss es in vollen Zügen, als guter Mentor zu gelten, wo er üble Saaten streute. Immer, wenn es ihm gelang, eine als Freundlichkeit getarnte Bosheit gekonnt zu platzieren, durchströmte Traunstein ein ungestümes Glück. Seine vollen, sinnlichen Lippen umspielte dann ein selbstzufriedenes Lächeln, wenn auch nur kurz und kaum wahrnehmbar. Traunsteins feiste Wangen nahmen das Lächeln auf und schenkten ihm mimische Resonanz, bis er sich wieder ganz zu beherrschen vermochte. Nur, wer ihn konzentriert betrachtete, konnte erkennen, welches Vergnügen ihm diese Intermezzi der Bosheit bereiteten.

Traunstein wusste genau, was er tat, und Diana wusste auch, was er von ihr wollte. Es war nicht immer nötig, auf Washington und Trump zu starren; auch in Provinz-Parlamenten galt die Regel, dass nur etwas zu bekommen war, wenn etwas gegeben wurde. Traunstein wollte in einer Währung bezahlt werden, die körperlich war, denn in seinem heimischen Garten begannen die Blumen zu welken. Seine Frau war nicht nur müde und abgespannt, wenn ihr Gatte den Weg nach Hause fand, sie hatte auch ihre letzten Reize bereits vor langem eingebüßt. Mit biederem Trotz kleidete sie sich lieb- und farblos. Als sei ihr besonders daran gelegen, auch die letzte Erinnerung an ihre Jugend auszutilgen, verwandelte sie selbst körperliche Vorzüge in einen Nachteil. Ihr volles, natürlich gelocktes Haar, um das sie immer beneidet wurde, hatte sich zu einer verfilzten Mähne verwandelt. Seit Jahren verzichtete sie darauf, für ihre Körper- und Haarpflege mehr zu verwenden als Wasser und einen Block Kernseife, den sie erst dann durch einen neuen ersetzte, wenn sich der alte auf die Größe einer kleinen Münze reduziert hatte.

Oft trug sie sackförmige Baumwollkleider, die jede Kontur zerstörten. Ihr Farbspektrum reduzierte sich auf Erd- und Schlammfarben, die nur bei der Bundeswehr und in Ökokommunen Zuspruch finden. Marion, Traunsteins Frau, war die traurige Quintessenz einer gescheiterten Ehe. Um Traunstein die Illusion einer politischen Karriere zu erhalten, hatte sie sich früh dazu genötigt gesehen, ihre eigenen Ambitionen zu vergessen, „komplett zu vergessen", wie sie nie müde wurde, ihm an jedem Morgen und Abend ihrer gemeinsamen Existenz mitzuteilen. Traunstein fürchtete Marions Kommentare. Ihre Schärfe und Härte zeugten von einer Verbitterung, die ihn in dunklen Augenblicken an Troll erinnerten.

Eine Trennung von seiner Frau hatte Traunstein dennoch nie in Erwägung gezogen. Die katholische Bigotterie seines Heimatorts, der Bastion seines Wahlkreises, ließ eine Scheidung nicht infrage kommen. Entschlossen hielt er an seinem Dogma fest, er müsse weiter zum Wohle von VDP, Land und Bürgern für ein sozial gerechtes Pflege- und Krankensystem kämpfen; dass die VDP alles unternahm, bestehende Ungerechtigkeiten zu zementieren, ließ er bei seinen Betrachtungen außer Acht. Traunstein sah, was er sah, durch die rosarote Attitüden-Brille seiner persönlichen Überzeugungen. Als objektiv bewiesen ließ er nur gelten, was seinen subjektiven Ansichten entsprach. Traunstein war damit gewiss nicht schlechter als seine Konkurrenz. Die Mitglieder des Kabinetts unterschieden sich von ihm nur in Bezug auf Erfolg und Einfluss. Eitel, geltungssüchtig und selbstgefällig waren sie alle. Er war wie sie darauf konzentriert, das Erreichte abzusichern und, wenn möglich, neue Vorteile für sich geltend zu machen. Wann immer er sagte, seine Persönlichkeit verdiene Respekt, meinte er nur, er akzeptiere keine Diskussion über Sinn und Legitimität seiner Wünsche. Was er wollte, sollte und *musste* geschehen. Mitarbeitern begegnete er mit lächelnder Unerbittlichkeit. Er lächelte selbst dann, wenn er cholerisch wurde. Von

Mitarbeiterinnen forderte er „erhöhte Empathie" für seine Belange. Sie hatten verfügbar zu sein und mussten auch „menschliche Qualitäten zeigen", wenn sein Privatleben in Trauer und Missmut ertrank. Traunsteins Libido – *Traunsteins Lust* – fand zu Hause keinen willigen Adressaten mehr.

Marion hatte ihm bereits vor Jahren jeden Zugriff auf ihren reizlosen Körper verweigert und gesagt: „Lass es sein. Wir haben bereits drei Kinder. Es ekelt mich, etwas in mir zu haben, das sonst nur dem Urinieren dient."

Der Frust über Marions endgültiges Nein saß tief und so suchte er in Sternheim nicht nur politisch Erfolg, sondern auch junge Frauen, die seine Lust befriedigen konnten und, besser noch, *wollten*. Das gestaltete sich jedoch schwieriger, als er dachte. Da er immer zwischen Weinerlichkeit und wilden Machtphantasien pendelte, war er ein fragwürdiger Kantonist in allen Belangen des Balzens. Tautologisch gesprochen haftete ihm etwas Klebriges an. Seine Blicke, seine Gesten, seine Sprache und Scherze, wenn er auf junge Frauen traf, machten sein Defizit sichtbar. Der komplexbehaftete, frustrierte Mann, der in den letzten 20 Jahren außer Marion keine andere Frau im biblischen Sinn erkannt hatte, rang verzweifelt um Souveränität. Widerspruch ertrug er nicht – in keiner Beziehung, egal, was besprochen wurde. Er wollte Gefolgschaft, für sich, seine politischen Ziele und persönlichen Ambitionen. Traunstein reklamierte vollen Einsatz, intellektuell und körperlich. Jungen Mitarbeiterinnen, welchen es nicht gelang, sich seiner Begierde zu entziehen, wurde das schnell zum Verhängnis.

Diana hatte keine Erfahrung, auf diesem kritischen Feld mit Erfolg zu lavieren. Sie zeigte Traunstein wiederholt, dass sie nicht willens war, seine Avancen und Wollustattacken zu tolerieren. Traunstein hatte verstanden und davon Abstand genommen, ihr weiter den Hof zu machen. Er hatte verstanden, doch nicht verziehen. Mit katholischer Unerbittlichkeit begann er, sie heimlich

zu beschädigen, freundlich im Ton, perfide in der Absicht. Das erklärte vieles. Diana würde von Traunstein nichts anderes mehr erfahren als boshafte Spitzen und Widrigkeiten. Wie Judith den Kopf des Holofernes forderte, wollte er, in der geschlechterspezifischen Umkehrung, Dianas Zukunft auf dem Silbertablett seiner Rache liegen sehen. Jetzt verstand ich Dianas Ängste weit besser als zuvor, doch was konnte ich, ein verirrter Bohemien, ihr raten? „Ich denke", sagte ich nach längerer Überlegung, zwischenzeitlich hatte Fanni Kaffee und Huhn serviert, „du solltest diesen Laden für immer verlassen. Jeder Tag länger in Traunsteins Nähe macht das Debakel größer. Am besten, du bist die nächsten Wochen krank. Einen anderen Weg sehe ich nicht."
Diana schluckte heftig und begann mit nervösen Händen das Zuckerglas hin und her zu jonglieren, bis sie, ihre Augen gesenkt, sachte und vorsichtig etwas Zucker in ihre Tasse rinnen ließ. Sie räusperte sich mehrmals, bis sie endlich zu sprechen begann: „Wahrscheinlich hast du recht. Auch ich komme zu keiner anderen Lösung. Traunstein wird keine Ruhe geben und meine Arbeit im Ausschuss sabotieren, wie und wo er kann."
„Ja, das wird er", antwortete ich lakonischer, als mir lieb war. Doch es gab nicht mehr zu sagen. Traunstein war viel zu sehr Egomane, als dass er Diana jemals die klare Zurückweisung verzeihen und nachsehen würde. Diana starrte mich an und begann plötzlich zu lachen. Laut, haltlos und befreit. Diana, das fühlte ich, hatte einen Schnitt gesetzt und war wieder frei, ihr Leben selbstbestimmter zu führen. Ihre Augen strahlten. Der bedrängende Dunst aus Angst und Verzweiflung hatte sich verflüchtigt.
„Du musst", sagte sie unter Lachen, „das Huhn versuchen. Der Koch hat sich übertroffen. Es schmeckt fantastisch." Ich kostete und musste zugeben, selten ein ähnlich delikates Huhn gegessen zu haben.
„Fanni", rief ich lachend zum Tresen hinüber, „Ihr Koch ist ein Künstler. Ein großer Künstler. Bitte, sagen Sie ihm, dass sein

Essen befreit. Von Hunger und Verdruss." Fanni starrte mich fragend an. Mein Verhalten war ihr nicht geheuer. Exzentrik war nichts, das sie kannte; einen Augenblick später verlor sich die Skepsis und sie lächelte breit. Ohne zu sprechen, sprach sie mich frei. Kein Wort, doch ich fühlte, sie teilte unsere Heiterkeit. Woher diese rührte, interessierte sie nicht. Wichtig war allein, dass wir uns amüsierten. Fanni ließ mich auf ihre natürliche Weise wissen, dass kein Grund notwendig war, um das Leben zu lieben. Glückliche Menschen suchen nicht nach Beweisen für ihr Glück. Sie genießen es, frei und glücklich zu sein.

Diana strahlte mich an, lachte und rief: „Dieser Abend ist der Abend unserer Befreiung. Wir sollten ihn feiern, nicht wahr?" Ihre Frage war rein rhetorisch und ihre Freude begann zu leuchten. Die Berliner Exkursion der VDP hatte zu einem Ergebnis geführt, das keiner von uns erwartet hätte. Es war überraschend, überraschend schön.

30. Präsidialer Besuch

Der Präsident hatte sich überraschend angekündigt und damit die Protokollverantwortlichen des Parlaments in großen Aufruhr versetzt. Wo sonst nur Provinzprominenz für Aufregung sorgte, hatte sich nach langen Jahren vergeblichen Wartens ein Staatsmann von Rang angekündigt. Um den Coup zu komplettieren, wurde dem Landtag mitgeteilt, der Präsident komme in illustrer Begleitung. So zähle unter anderem der weltbekannte, amerikanische Philosoph und Rabbiner Erez Davidson zur Entourage des Präsidenten, der sich freue, „seinem amerikanischen Freund das schöne Sternheim präsentieren zu können". Erez Davidson und der Präsident hatten, wie die einschlägigen Gazetten vermeldeten, mehrere Semester gemeinsam in Princeton studiert. Seit über 40 Jahre verbinde sie eine enge Freundschaft, die selbst in Zeiten bilateraler Kontroversen ihrer Länder keinen Schaden genommen habe.

Tamara Troll, die als eine der letzten erfahren hatte, wer Sternheim besuchen würde, hatte getobt. Sie werde nicht dulden, schrie Troll außer sich vor Empörung, dass ihr, der VDP-Chefin, solche Dinge vorenthalten würden. „Das", so Troll, „ist unerträglich. Das", so Troll, „wird ein Nachspiel haben".

In einer *ad hoc* einberufenen außerordentliche Sitzung war Troll jedoch wieder zu ihrem Grundsatz zurückgekehrt, dass niemand genügend Einfluss besitze, die Bedeutung der VDP – und damit die Bedeutung Trolls – zu schmälern. „Davidson", hatte sie mich angebellt, „Sie sorgen dafür, dass es am Tag des Besuchs Gelegenheit gibt, den Präsidenten und diesen Rabbiner so und so gemeinsam mit mir zu fotografieren". Troll hatte durch die Formulierungsvolte, ich möge Möglichkeiten schaffen, den Präsidenten mit ihr, nicht sie mit dem Präsidenten, fotografieren zu lassen, ihre Hybris wieder fest im Alltag verankert. Selbst Trolls Kollegen, die ihre pathologische Selbstüberschätzung kannten, hatten es nicht geschafft, ihr Erstaunen zu verbergen.

„Tamara", hatte der jüngste der Abgeordneten freundlich angemerkt, „wir müssen froh sein, wenn wir alle bei dem Empfang dabei sein dürfen. Die Plätze sind limitiert." Dem jungen Mann fiel es sichtlich schwer, der VDP-internen Gleichschaltung nachzugeben. Er sträubte sich, Trolls Vorgaben blind Folge zu leisten. Wenn ihm etwas suspekt erschien, fragte er nach, übte freundlich Kritik oder beharrte auf Fakten, die für seine Kolleginnen und Kollegen längst nicht mehr existierten.

„Das ist mir scheißegal", hatte Troll zurückgeblafft, „die VDP wird da sein. Davidson soll für genügend Plätze sorgen." Die Abgeordneten starrten mich fragend an, als sei es an mir, den Größenwahn der von ihnen gewählten Vorsitzenden in geordnete Bahnen zu lenken. Ich lächelte gequält, erhob mich hölzern, verharrte eine Minute bewegungslos, bis ich, des Wartens auf weitere Instruktionen müde, meine Sachen an mich nahm und mich entschuldigte. Es war an mir, diesen einsamen Stoßtrupp zu führen. Niemand, dessen war ich sicher, würde mich unterstützen, das Unmögliche zu erfüllen. Die Blicke des jungen Abgeordneten ließen Mitgefühl erkennen, die Blicke der anderen aber waren leblos und kalt wie die von Haien.

Bullenhaie, ein Rudel Bullenhaie, dachte ich, als ich den Raum verließ und um mich nichts fühlte als gefühllose Überheblichkeit. Da ich keine Ahnung hatte, was helfen konnte, um Trolls absurder Erwartungshaltung gerecht zu werden, wählte ich, angekommen in meinem Büro – eine betonummantelte Monstrosität, die wie Faradays Käfig das Innere unbarmherzig versiegelte –, die Nummer des Verwaltungsdirektors und Protokollchefs des Landtags, der einen stolzen römischen Namen trug und dafür bekannt war, auserlesen höflich zu sein. Dr. Primus war jedoch nicht an seinem Platz, sondern, wie mir seine Assistenz mitteilte, für einige Stunden im Plenarsaal, unter anderem, um Fragen der Sitzetikette für den Empfang zu klären.

Dr. Primus war selten sehr beschäftigt oder persönlich nicht zu sprechen. Das allein belehrte mich, was aktuell los sein musste und wie unwahrscheinlich es sein würde, Trolls aberwitzige Wünsche zu erfüllen. Um zumindest den Versuch unternommen zu haben, eine Klärung herbeizuführen, machte ich mich auf den Weg zum Parlamentsgebäude, das an diesem tristen Novembertag bereits am frühen Nachmittag von außen den Eindruck erweckte, ein buckliger, lichtgepunkteter Käfer zu sein, der im Schatten der einbrechenden Nacht versuchte, sein Überleben zu sichern.

Der Landtag, eine monströse bauliche Verirrung, war ohne Anmut. Vom Ungeist ästhetisch erblindeter Funktionalität getragen, hatte die Architektur-Avantgarde der Adenauer-Dekade keine Mühen gescheut, Eleganz und Schönheit im öffentlichen Raum auszulöschen. Die Zerstörungsfetischisten hatten nach dem verlorenen Krieg mit fanatischer Freude alles darangesetzt, in unseren Städten das zu vollenden, woran Hitler gescheitert war. Ein einziger Blick auf den Landtag entfachte in mir eine wilde Sehnsucht nach jenen Tagen, als die Fassaden deutscher Städte noch nicht den Bombardements der Alliierten zum Opfer gefallen waren. Die Nazis hatten sie provoziert und die Zerstörung begrüßt. Hitler berauschte sich an dem Niedergang deutscher Städte, weil ihn jede Zerstörung berauschte. Er scherte sich nicht darum, wen der Feuersturm traf, den er, gemeinsam mit seinen *Willing Executioners* entfesselt hatte. Nach Ende des Krieges hatten die Nazi-Eliten nur fortgesetzt, woran sie bis 1945 entschlossen gearbeitet hatten. Die Tradition war zerstört, das Hässliche triumphierte. Wer sich entschließt, die Hässlichkeit der Schönheit vorzuziehen, hat eine Entscheidung getroffen, die alle Lebensbereiche berührt. Warum er das tut, ob aus Ideologie, Religion oder Pragmatismus, spielt letztlich keine Rolle. Was immer seine Gründe sind, sie

232

dienen immer dem Falschen und was daraus entsteht, ist immer erschreckend.

Sternheim hatte nach dem Krieg fast noch mehr Schaden genommen als während der Jahre des weltweiten Mordens. Schlössern, Villen, Bürgerhäusern, Alleen und prächtigen Gärten war keine Zukunft vergönnt. Beton und Stahl, kolossale Fabriken und eine wirre Häufung unförmiger Gebäude, die sich zu langen, trostlosen Häuserschluchten formierten, waren das Erbe jener Generation, die ihren Krieg verloren und dennoch gewonnen hatte. Erst der Krieg hatte sie gelehrt, dass sie fähig waren, in Massen zu produzieren, wonach der moderne Mensch so innig verlangte. Endlich konnten sie, aller Fesseln der Pietät entledigt, produzieren, was niemand brauchte, doch jeder wollte.

Autos, Motoren, Kühlschränke, Fernseher und eine endlose Anzahl verzichtbarer Elektrogeräte waren seitdem aus Sternheim in die Welt gelangt. Der Sternheimer Stolz auf Produktivität und finanziellen Gewinn war, wie das Sternheimer Parlament, Eckstein eines Erfolgs, der der Stadt, ihren Menschen und deren Leben gewiss keinen ästhetischen Vorteil brachte.

Allein meine Gedanken waren bereits ein Affront für die vielen eifrigen Puritaner, die meine in *ihre* Stadt verwandelt hatten und ihren industriellen Eroberungsfeldzug gewiss nicht aus eigener Initiative einstellen würden.

„Am Gelde hängt, zum Gelde drängt doch alles" – die blond bezopfte Gretel in Goethes *Faust* wusste, wovon sie sprach, als der Teufel an die Tür ihrer mädchenhaften Unschuld klopfte. Sternheim war die heimliche Hauptstadt des Kapitals. Nirgendwo sonst wurde ähnlich viel Geld gescheffelt, ohne jemals einen Gedanken darauf zu verwenden, wie es sich vielleicht einsetzen ließe, das eigene Leben oder das Leben anderer zu verschönern. Die Menschen in Sternheim saßen auf einem Hort unerhörter Reichtümer, die nur dazu dienten, Teil noch größerer Reichtümer zu werden.

Die Sternheimer liebten ihr Geld wie die Italiener ihre Kinder. Großmut war ihnen fremd. In Sternheim zahlte kein Mensch *alla romana*, in Sternheim wurde die Zeche auf Heller und Pfennig für jeden einzeln geschieden und beglichen. Das viel zitierte letzte Hemd hatte in Sternheim gefüllte Taschen. Die Sternheimer lebten mit ihrem Geldsack wie anderenorts eifersüchtige Männer mit ihren schönen Frauen. Dergleichen zu sagen, war mir immer nur heimlich vergönnt; als gebürtiger Sternheimer war ich besonders gefährdet. Meine Landsleute sanktionierten bevorzugt jene, die ihren Charakter kannten. Umso peinlicher achteten meine Frau und meine Tochter darauf, mich vor gar zu großen Torheiten zu bewahren. Sie wussten, meine Worte hätten mich mit der Wucht eines australischen Bumerangs auf üble Weise nur selbst ereilt.

Sternheim ist eine Stadt, in der sich alle darauf verständigt haben, Autos den Status heiliger Kühe zuzusprechen. Wer in Sternheim die Stimme erhebt, um das schmutzige Elend der Blechkarossen zu geißeln, verwirkt sein Ansehen rascher als ein Spieler seine Börse.

Ein alter, weltweit bekannter Theatermann, der in Sternheim vor vielen Jahrzehnten antrat, um „eine Revolution der Sinne" zu entfachen, hatte, für ein kurzes Gastspiel nach Sternheim zurückgekehrt, mit scharfen Worten den Mangel an Phantasie gegeißelt, der die Stadt entstelle. Diesem Mangel, so ätzte der Bühnen-Nestor, verdanke Sternheim seinen Genickbruch, ästhetisch, aber auch moralisch.

Der eher introvertierte, scheue Mann hatte mit Schrecken erkannt, dass 40 Jahre nach seinem Sternheim-Erweckungsversuch alles noch schlimmer geworden war. Schockiert von den zahllosen Schandtaten, die an Sternheims Architektur zugunsten der Automobil- und Motorenwerke begangen wurden, hatte er sich dazu verführen lassen, das Offensichtliche zu kritisieren und die dafür verantwortlichen Politiker moralisch in Regress zu nehmen. „Es ist eine Schande", hatte der Intendant gesagt, „dass die reichste Stadt der Republik es sich zur Aufgabe macht, auch die hässlichste zu werden. Die Damen und Herren in der Politik dieses Landes hätten gut daran getan, mit ihrer Garderobe auch ihren Blick zu wechseln. Vielleicht hätten sie dann erkannt: Schönheit ist mehr als das von Marinetti gefeierte Dröhnen der Motoren."

Marinettis *Futuristisches Manifest* hätte, so dachte der alt gewordene Impresario fröstelnd, auch in Sternheim geschrieben werden können. Hundert Jahre nach seiner Veröffentlichung schien wieder ein guter Nährboden bereitet, Marinetti eine Gefolgschaft zu sichern, die seine gewalttätigen Fortschrittsfantasien mit Freuden politisierte. Seine Kritik, das wusste der welt- und menschenkundige Theatermann, berührte die Wurzel des Übels, und eben deswegen legte er jede Mäßigung ab und ging an die Medien. Der alte Mann echauffierte sich nicht, er zog Bilanz und das vor laufender Kamera: „Stadt wie Land kranken an dem Zynismus jener Menschen, die grundsätzlich glauben, sie sprächen für alle, wenn sie von sich sprechen. Sie setzen sich und das Volk *synonym*, ohne zu merken, was das bedeutet. Kein König besäße den Hochmut, für alle zu sprechen. Ein demokratisch gewählter Ministerpräsident jedoch zögert nicht einen Augenblick, genau das zu tun. Jetzt werden unsere Städte in trostlose Wüsten verwandelt. Demokratisch legitimiert. Das ist nun wirklich geschmacklos und sollte ein Ende finden."

Der Ministerpräsident hatte diesen Angriff nicht nur persönlich genommen, sondern auch persönlich beantwortet und in einem offenen Brief erklärt, das Volk habe sich eben für jene Hässlichkeit entschieden, für welche der Herr Intendant, ihn, den Ministerpräsidenten, verantwortlich mache und verurteile.

Der Ministerpräsident gab sich das Aussehen Hindenburgs und den Habitus eines schrulligen Gandhi. Die Botschaft war simpel. Jeder, der ihn sah, sollte glauben, *dieser* Ministerpräsident besäße als Einziger das Talent, Friedensliebe und Wehrhaftigkeit in sich zu vereinen. Viele glaubten ihm umso lieber, als sein Vorgänger ein abstoßender Mensch gewesen war. Dessen Freude an Machtmissbrauch und Nepotismus hatte Habedank erst die Pforte zur Staatskanzlei geöffnet. Erst dort wurde Habedank mit jedem Jahr mehr zu einem „Sternheimer Original". Er, der in jüngeren Jahren niemanden beeindrucken konnte, wurde zur Galionsfigur seiner Region und ihrer Tugenden. Als immer geerdeter, etwas kauziger, doch moralisch integrer Landesvater hatte er eine Pose gefunden, die ihm und den Bürgern gefiel, denn die Bevölkerung, daran bestand kein Zweifel, mochte ihn sehr.

Sobald jedoch jemand an Habedanks Patina kratzte, verlor er seine Ruhe. Wer ihn näher kannte, wusste, wie rasch er sich echauffierte, sobald ein Kritiker seine Stimme erhob. Habedank war es schon lange nicht mehr gewöhnt, etwas anderes zu sein als eine Ikone des Alltags, berühmt und beliebt für seine volksnahen Plattitüden. Er hatte sich seinen eigenen Mythos geschaffen, einfach, indem seine PR-Berater unermüdlich daran erinnerten, dass er amüsant und geistreich sei. Dieses Rezept war so probat wie erfolgreich und seine Konkurrenten wussten, wie wenig es ihnen nützte, einen lebenden Mythos frontal anzugreifen.

Seine Gegner im Parlament waren ein verklemmter Jurist, ein peinlicher Bauerntölpel und eine staatlich examinierte Furie, die ihre sozialen Defizite mit Geschrei zu verbergen suchte. Es stand nicht zu befürchten, dass Habedank jemals den Kurulischen Stuhl im Sternheimer Parlament würde räumen müssen. Man gewann den Eindruck, als habe er konsularische Würden und könne ganz nach Belieben verfahren. Habedanks Autorität war nahezu unantastbar, für seine Feinde und mehr noch für seine Freunde, die ihm bereits seine Popularität neideten. In seinem Kabinett hatte sich nur das Lehrerzimmer in einen Sitzungssaal verwandelt, denn die meisten seiner Minister waren Pädagogen, die ihren Lehrerdünkel nicht ablegen konnten. Neid, Missgunst und Konkurrenz um Status, Renommee und Besoldungsstufen waren geblieben. Kein Beamter ist frei von Neid, fast jeder Beamte Opfer unbefriedigter Ambitionen und Eitelkeiten.

Diese Überlegungen führen zu nichts, flüsterte meine innere Stimme ein klein wenig hämisch, denn meine Intuition war seit jeher lebensklüger als mein Intellekt, der sich gern in folgenlosen Gedanken verlor. Das nahm meinem Verstand die Schärfe und schenkte ihm einen Weitblick bei Dingen, die keinen Bezug zur Prosa des Alltags besaßen.

Als ich den Landtag betrat und einer Gewohnheit folgend meine Hände im Strahl jener Desinfektionsgeräte gebadet hatte, die zu Dutzenden im Foyer standen, sah ich, dass ich Nasenbluten hatte. Ein schwerer, dunkler Tropfen hatte eben meine weißen Manschetten beschmutzt und eine filigrane, rote Zeichnung geschaffen, die an eines der grotesken Gesichter Arcimboldos erinnerte. Hektisch griff ich nach meinem Taschentuch und presste Daumen und Zeigefinger gegen den *Plexus Kiesselbachi,* von dem die Mediziner behaupten, es genüge, ihn wenige Sekunden zu drücken, um jede Nasenblutung zu stoppen. Der Glaube, den Kopf in den Nacken zu legen helfe besser, ist weit verbreitet, doch falsch. Meine Nase beruhigte sich rasch und ich konnte die Suche nach Dr. Primus aufnehmen. Im Foyer wurden bereits Tische für das Buffet aufgebaut, das am nächsten Tag, wenn der Präsident den Landtag besuchte, ausgerichtet werden sollte. Es war offensichtlich, dass dazu nur die Abgeordneten und Medienvertreter eingeladen waren, sonst hätte das Foyer kaum ausgereicht, der zahlreichen Gäste Herr zu werden.

Dr. Primus wusste, was zu tun war, daran bestand kein Zweifel. Endlich entdeckte ich ihn auf halber Höhe der Treppe zum Plenarsaal. Er erteilte einigen Handwerkerinnen Anweisungen. Unaufgeregt und gelassen erläuterte er, was zu tun war und wer sich welcher Aufgabe widmen sollte. In der ihm eigenen konzilianten Art schenkte er jeder ein freundliches Wort, ein Lächeln oder einen aufmunternden Blick. Es zählte zu seinen besonderen Gaben, allen Menschen, mit welchen er sprach, glaubhaft den Eindruck zu vermitteln, seine ganze Aufmerksamkeit widme sich ausschließlich ihnen – und vielleicht war es auch so. Dr. Primus war im Landtag mehr als ein Unikum. Er war die personifizierte Ausnahme, ein aufrechter Mensch, integer, charmant und immer hilfsbereit. Seine Freundlichkeit war nie fingiert oder einer Absicht geschuldet. Er war *qua Geburt* verständnisvoll und liebenswürdig. Wenn er mich sah, stieg immer ein warmer Glanz in seine maronenbraunen Augen. Er kannte meine Situation, wusste um die Malaise mit Troll und hätte, wäre es ihm möglich gewesen, mich augenblicklich aus *dieser Beklemmung* befreit. Für mich war Dr. Primus ein Gentleman unter Barbaren. Ein kultivierter, feiner Mann, dessen Umgangsformen mich immer daran erinnerten, dass selbst in einem Atomreaktor der Bosheit Spurenelemente des Guten zu finden waren.

Als ich ihn erreicht hatte, gab er mir einen festen Händedruck und schaute mir ernst in die Augen: „Geht es Ihnen gut? Sie sehen müde aus, lieber David." Er zählte zu den wenigen Menschen, welchen ich nicht verargte, mich unter Verwendung meines Vornamens zu siezen.

„Wenn ich Sie sehe, geht es mir prinzipiell gut", scherzte ich mühsam, wenn auch ohne zu lügen, denn es war mir wirklich ein Vergnügen, ihn zu treffen. Primus ahnte, dass ich mit einer Trollschen Direktive im Gepäck zu ihm gekommen war. Um mir das Fragen nicht schwer zu machen, bot er von sich aus an, worum ich ihn sonst hätte bitten müssen.

„Lieber David, womit kann ich Ihnen dienen? Was in meinen bescheidenen Kräften steht, tue ich gern für Sie." Er blickte forschend in meine Augen, als wolle er mein Arbeitselend in ihnen lokalisieren und für immer aus ihnen verbannen.

„Danke, das ist reizend von Ihnen", entgegnete ich, aufrichtig dankbar, wie leicht er mir machte, was sonst oft so schwer ist, zumal bei Menschen, die es genießen, uns als Bittsteller zu behandeln. „Ich sage es besser direkt. Troll wünscht Einzelfotos von sich und dem Präsidenten, im und vor dem Parlament."

Primus begann, was er sonst nie tat, lauthals zu lachen und das so lange, bis er sich verschluckte. Erst eine wüste Hustenattacke bereitete seiner lärmenden Heiterkeit ein Ende. „Frau Troll will Einzelbilder mit dem Präsidenten? Ja, natürlich. Der Präsident wird sich freuen. Vielleicht", sprach Primus mit künstlich devoter Stimme, „teilt Frau Troll noch ihre zeitlichen Präferenzen mit". Primus wischte sich mit einem weißen, perfekt gebügelten Taschentuch über die tränenden Augen, ehe er fortfuhr: „Ernsthaft, David, wie stellt sie sich das vor? An diesem Tag werden alle versuchen, den Präsidenten für ein Porträt mit sich zu gewinnen."

„Das weiß ich und das weiß sie, doch das ist ihr egal. Sie besteht darauf", erwiderte ich beklommen und merkte dabei, dass ich begonnen hatte, eine Verzagtheit zu entwickeln, die mir bislang fremd gewesen war.

Primus mochte ahnen, was in mir vorging; er begann sofort, seinen bewährten Optimismus wieder zu aktivieren und nach einer guten, praktikablen Lösung zu fahnden.

„Wissen Sie was? Wir machen es so, dass wir Troll gleich neben dem Eingang platzieren, durch den der Präsident den Landtag betreten wird. Den Rest überlassen Sie mir, in Ordnung?" Primus dachte kurz konzentriert nach, ehe er mich fragte: „David, darf ich eine persönliche Frage stellen?"

„Gern, natürlich."

„Ich frage das nur, weil es helfen würde, unser kleines Problem noch kleiner zu machen."

„Nur zu, fragen Sie."

„Sie sind doch Jude, oder?"

„Von Geburt, nicht aus religiöser Überzeugung."

„Aber Sie kennen die Etikette im Umgang mit Rabbis?"

„Ja, das schon. Warum ist das wichtig?"

„Nun, der Präsident wird von einem sehr bekannten Rabbi auf seiner Tour durch Deutschland begleitet, auch in Sternheim. Wenn Sie mir also gleich zu Beginn dabei helfen würden, die Herren formvollendet in Empfang zu nehmen, hätten Sie beste Chancen, Troll und den Präsidenten zu fotografieren, was denken Sie?"

Ich dachte in diesem Augenblick nur, dass selbst an den dunkelsten Orten bisweilen Engel wirken, und sagte erleichtert und dankbar, dass dieses Arrangement mir sehr willkommen sei.

Als ich Troll von meiner Absprache mit Dr. Primus in aller Kürze rapportierte – ein wirkliches Gespräch mit Troll würde es nie geben –, sagte sie nur: „Dieser Primus macht sich wichtig. Solche Typen braucht niemand. Deswegen hat er auch diesen bedeutungslosen Job." Ihre Nasenflügel begannen zu beben. Es war offensichtlich, sie war nicht nur ungehalten, sondern empört: „Warum kommen Sie jetzt ohne Termin? Nun muss ich auch noch warten, um diesem Menschen", sie meinte den Präsidenten, „die Hand zu geben. Davidson", Trolls Stimme nahm den Klang einer schrillen Sirene an, „was den Rabbiner betrifft, so möchte ich nicht, dass Sie dem Mann zu weit entgegenkommen. Er ist nicht der Präsident. Nur sein Begleiter."

Troll hielt kurz inne, atmete heftig, ehe sie noch ergänzte: „Der Rabbiner hat keine Bedeutung. Nur ich und der Präsident haben Bedeutung. Vergessen Sie das nicht. Und sorgen Sie für gute Fotos." Troll wandte sich ab. Es war offensichtlich, ich war entlassen und durfte gehen.

31. Namensvettern

Am Tag des Präsidentenbesuchs war ich bereits früh im Büro von Dr. Primus erschienen. Die Tasse Tee auf Primus' Schreibtisch verbreitete jenen Duft bittersüßer Aromen, der für exquisiten Earl Grey bezeichnend ist. Primus' Augen ruhten auf der Namensliste geladener Gäste, die festgeschriebene Plätze erhalten sollten. Offenbar war er eben im Begriff zu kontrollieren, ob auch jeder statusgerecht sitzen würde. Was das Begrüßungsprozedere betraf, gab es keine offenen Fragen mehr. Das Protokoll definierte präzise, wem wann welche Aufgabe zufiel. Primus hatte jede Eventualität bedacht. Alle waren umfassend informiert. Erst würde der Sternheimer Landtagspräsident den Bundespräsidenten mit einigen Worten begrüßen, ehe es Habedank vorbehalten war, den höchsten Staatsmann der Republik mit seinen Kabinettsmitgliedern vertraut zu machen. Danach würden auch die ordinären Abgeordneten Gelegenheit erhalten, mit dem Präsidenten einige Worte zu wechseln.

Der Sicherheitsdienst hatte bereits zu früher Stunde den Parkplatz, den Eingang und den gesamten, für den Festakt vorgesehenen Gebäudetrakt kontrolliert und hermetisch abgeriegelt. Primus, der wie ein Zeremonienmeister über die Einhaltung des Protokolls zu wachen hatte, konnte mit sich zufrieden sein.

Als er meine Gegenwart wahrnahm, blickte er auf, lächelte mich an und bat mich, Platz zu nehmen. Er reichte mir eine Tasse Earl Grey und fragte beiläufig, als nehme er meine Nervosität nicht wahr: „Und, lieber Davidson, sind Sie gewappnet?" Mein Nicken schien ihn nicht ganz zufriedenzustellen, doch er insistierte nicht. Beide verloren wir uns in einem stummen Dialog der Gedanken, bis Primus sich schließlich schwungvoll erhob. Mit einer aufmunternden Geste gab er mir zu verstehen, dass es Zeit sei, zu gehen. Wenig später stand Dr. Primus, unweit von mir, an der Pforte des Landtags, um sicherzugehen, dass gar zu ambitionierte Abgeordnete den Präsidenten nicht gleich zu Beginn in Bedrängnis brächten. Wenn der Präsident seiner Staatslimousine entstieg, sollte er kurz Zeit finden, sich zu orientieren, ehe sich die Meute fotohungriger Abgeordneter auf ihn stürzte.

Als die große, gepanzerte Sternheimer Limousine des Präsidenten vorfuhr, blickte ich kurz zu Troll, die, dank Primus' geschickter Intervention, eingereiht in die Riege der Staatssekretäre, nur drei Meter vom Eingang entfernt einen Platz gefunden hatte. Mit vorgerecktem Kinn wartete sie darauf, den Präsidenten für Fotos „abzugreifen". Genauso hatte sie es am Morgen formuliert, genauso hatte sie vor, zu verfahren. Meine Spiegelreflexkamera war bereits aktiviert, mein Smartphone auf den Porträtmodus eingestellt.

Als nun der Präsident die Tür des Landtags durchschritt, drängte Tamara Troll, als habe sie vor, ein Attentat zu begehen, entschlossen vorwärts, wuchtete sich mit dreister Unerbittlichkeit in den Weg und schnarrte, ehe der Landtags- oder Ministerpräsident ein Wort sagen konnten: „Willkommen in Sternheim, Herr Präsident", und schon im zweiten Satz, schrie sie schrill: „Davidson, Bilder."

Der Fauxpas zur Begrüßung hätte sich vielleicht noch überspielen lassen, doch die kuriose Namensparallele mit mir führte dazu, dass sich auch der Begleiter und enge Freund des Präsidenten von Trolls Geschrei angesprochen fühlte. „Fotos, was für Fotos?" Erez Davidson blickte erstaunt in die Runde. Woher sollte er wissen, dass nicht er, sondern ein Namensvetter von ihm gemeint war? Und woher sollte ich wissen, dass dieser Mann die deutsche Sprache meisterlich beherrschte? Wie ich später erfahren sollte, war der amerikanische Rabbi in der Nähe von Sternheim aufgewachsen.

Erez Davidson betrachtete unverhohlen angeekelt Tamara Trolls bizarren Auftritt, die zu uns hinüberbrüllte: „Nicht Sie, mein Mitarbeiter soll Fotos machen." Troll vollführte einen Veitstanz,

242

gestikulierte wild in meine Richtung und schickte sich an, loszu-
stürmen, um mich an meine Pflichten zu erinnern. Ich weiß nicht,
ob es Scham oder Überforderung war, doch ich begann eine Foto-
reihe zu schießen, die in einem späteren Jahresrückblick einmal
die Headline erhalten sollte: „Troll wird zum Mega-Troll. Präsident in Nöten." Subline: „Die VDP. Noch peinlicher, als wir ahnten."
Die Headline verdankt sich der Tatsache, dass Trolls verstörendes
Grimassieren und Winken die Sicherheitsbeamten des Präsidenten in Aufruhr versetzte. Da sich ihr ganzes Leben darauf konzentrierte, eine Gefährdungslage zu antizipieren, wurden drei von
ihnen sofort aktiv. Die großen, kräftigen Männer bildeten, zu allem entschlossen, eine Barriere aus Körpern, um den Präsidenten, der jetzt strauchelte, die Balance verlor und zu Boden ging,
vor etwaigen Attacken zu beschützen. Zwei weitere Sicherheits-
leute drängten Tamara Troll an die Wand und separierten sie von
der Menge. Erez Davidson stand perplex dabei und wartete, was
noch geschehen mochte. Mir hatte ein Sicherheitsbeamter die Kamera aus der Hand entwunden; im Kampfmodus stand er vor mir
und fragte streng, sein Atem ging gepresst: „Was sollte das? Was
hat die Frau", er deutete auf Troll, „mit Ihnen zu schaffen?"
Dr. Primus, den ich kurz aus den Augen verloren hatte, trat jetzt
in Erscheinung und bemühte sich, die Situation zu beruhigen. Primus erklärte freundlich, mit Nachdruck, ich sei nur ein harmloser
Mitarbeiter, von dem keine Gefahr ausgehe, doch der Sicherheits-
mann blieb beharrlich. Er fixierte mich kritisch und machte keine
Anstalten, auf Distanz zu gehen. Endlich, ganz langsam und zögerlich, ließ der Mann unwillig von mir ab und gab mir – warum,
blieb mir schleierhaft – meine Kamera wortlos zurück. Ein letzter,
warnender Blick signalisierte mir, dass er mich im Auge behalten
werde. Dann wandte er sich von mir ab und seinen Kollegen zu,
die dem Präsidenten halfen, wieder auf die Beine zu kommen. Der
amerikanische Rabbiner stand, von niemandem beachtet, allein

und verlassen vor dem Eingang zum Parlament. Er lächelte unbestimmt, machte einen gefassten Eindruck und, als wolle er wieder zurück in das Schauspiel des Tages, kam auf mich zu und sagte mit sonorer Stimme: „Sie also sind mein Namensdoppelgänger. Ich hätte nicht gedacht, im Sternheimer Landtag einen Juden zu treffen."

„Ich bin auch eher eine Rarität", antwortete ich, ohne groß nachzudenken.

„Wie meinen Sie das?", forschte Davidson nach. Er betrachtete mich mit wachsendem Interesse und ließ sich auch nicht davon ablenken, dass ich vorrangig damit beschäftigt war, meinen Anzug wieder in Ordnung zu bringen. Hätte ich nicht durch die Aufregung vergessen, dass ich mit einem vollkommen fremden Menschen sprach, meine Antwort wäre vielleicht eine andere gewesen.

„Nun, die Nazis haben in Sternheim ganze Sache gemacht", begann ich, ohne Scheu zu erzählen. „Von uns blieben nicht viele übrig. Wissen Sie", ergänzte ich noch, als zählte es zu meinen Aufgaben, ihn mit den hässlichen Seiten des Sternheimer Landtags vertraut zu machen, „in diesem Haus haben viele alte Nazis nach dem Krieg wieder ihre Karriere gestartet".

Ich nahm meine Hände zur Hilfe und begann, Finger um Finger, aufzuzählen: „Ministerpräsidenten, Kanzler, Staatssekretäre, Richter, Staatsanwälte und Industrielle, alle haben sie hier eine gute Basis gefunden, wieder Einfluss auf Staat und Gesellschaft zu nehmen. Bedenkenlos, ohne Schuldbewusstsein oder Skrupel zu zeigen."

Der Rabbiner nickte wissend, als verstünde er alles, was ich ihm sagen wollte, nur zu gut und so fuhr ich fort. „Glauben Sie mir, nirgendwo in der Republik war es für alte Nazis einfacher, Politik, Justiz und Finanzsystem zu infiltrieren. Sie mussten sich nicht sonderlich anstrengen. Die Sternheimer Protestanten machten es ihnen leicht. Niemand kannte einen Verbrecher, niemand einen echten Nazi. Und wer fragte, erhielt die immer gleiche Antwort:

Die Zeiten waren schlimm. Uns waren die Hände gebunden."

Noch immer schwieg der Rabbiner, machte jedoch ein Zeichen, ich möge fortfahren, doch die Gegenwart holte uns ein, unterbrach unser angeregtes Gespräch, und wir wurden wieder in jenen Sog der Ereignisse gezogen, die im Hintergrund ihre Fortsetzung nahmen.

Natürlich war der Sturz des Präsidenten *das* Medienereignis. Dutzende von Journalisten umringten bereits den Präsidenten, führten Interviews, sammelten Statements der Umstehenden und hatten sich auch um Tamara Troll gruppiert, die mit rotem Gesicht und die Luft durchschaufelnden Armen immer wieder von neuem die gleichen Sätze wiederholte, schreiend, als leide ihre Umgebung unter Beeinträchtigungen des Gehörs: „Hätte der David nicht fotografiert, wäre der Goliath nicht gefallen."

Wie unpassend die Bibelanalogie jedem erscheinen musste, der die Situation miterlebt hatte, ging Troll nicht auf. Den Präsidenten mit Goliath zu vergleichen und mich, zudem doppeldeutig, zu dessen Widersacher zu erklären, war mehr als absurd. Doch Troll glaubte an ihr Bonmot. Um keinen Preis in der Welt hätte sie darauf verzichtet, es wieder und wieder zu brüllen.

„Jeder meiner Sätze ist ein Fanal. Wer mir folgt, erhält eine Politik, die ihm taugt. Wer die VDP wählt, wählt die Hoffnung für unser Land", betonte Troll oft in Pressegesprächen. Sie wusste, dass ihre Worte in Populismus schwelgten, doch eben daran war ihr gelegen. Populistische Parolen sollten die Wende bringen. Mit ihren Attacken, so dachte sie, werde die Zündschnur gelegt, Habedanks Regierung endlich zu sprengen. Die wahren Populisten, ließ sie gern ihre Anhänger wissen, fänden sich in den großen Medienhäusern. Habedank lasse keine Gelegenheit ungenutzt, sie in seinem Interesse zu manipulieren. Längst werde dort nicht mehr auf Objektivität geachtet. Jede Kritik an ihm sei tabu.

„Die Medien sind meist VDP-feindlich, parteiisch und machtverliebt", war ihr stetes Mantra. Die Auswahl der Themen und Statements lasse keinen Zweifel daran, wie sehr sich der Journalismus kaufen lasse. „Wahrheit und Lüge werden vermengt und die Regierung unterstützt diese Praxis. Machtbesessen und blind für die Folgen", erklärte sie in einem Interview für die Zeitschrift ihrer Parteizentrale. „Besser wählen. Besser leben" wurde von allen gelesen, die glaubten, der Wahrheitsbegriff der VDP sei universell. „Die VDP", lies sich Troll weiter zitieren, „ist eine Wahrheitspartei. Die falschen Fakten verbreiten jene, die uns für unsere Wahrheitsliebe fürchten." Troll beharrte auf Wahrheit und Fakten. Wo immer sie dachte, es böte sich an, zeigte sie Flagge für die „Wahrheitspartei".

Mir war es mittlerweile einerlei, woran Tamara Troll glaubte und auch, wie sie glaubte, sich produzieren zu müssen. Es bedurfte keiner Fotos, um die Welt auf ihre Bedeutung hinzuweisen. Die Welt interessierte sich nicht für sie. Ihre Bedeutung war ohne Bedeutung. Ihr Aussehen, ihr Betragen, ihre Worte waren für Fremde Grund genug, sie als lebende Karikatur wahrzunehmen. Sie war ein Beispiel für die mannigfachen Möglichkeiten, in einer pathologischen Welt als pathologischer Mensch gut zu bestehen, aber auch dafür, dass die Politik an ihre Vertreter keine hohen Ansprüche erhebt. Das gilt für Frauen und Männer gleichermaßen. Das offizielle Gender-Mainstreaming in den Parlamenten besitzt nur die Aufgabe, über den Umstand hinwegzutäuschen, dass Politiker beider Geschlechter sich für die öffentliche Wohlfahrt nur selten begeistern und ihrer Karriere in allem den Vorzug geben, koste es, was es wolle. Menschliche Infamie, das lernt jeder, sobald er den Kosmos der Politik bereist, erhebt keinen Anspruch auf geschlechterspezifischen Proporz. Sie ist universal und geschlechtsneutral.

„Die Frau ist durchgeknallt", sagte mir bei einer Veranstaltung für Studenten, die Politik studierten, ein 20-jähriges Mädchen, „Sie können sie nicht retten". Retten wollte ich Troll nie. Zu keinem Zeitpunkt gewann ich den Eindruck, sie könnte sich ändern. Ihre eigentlichen Aufgaben als Volksvertreterin waren längst vergessen. Troll hatte den Kontakt zu jenen Menschen verloren, die sie wählten und unterstützten. Sie hatte, daran bestand kein Zweifel, jeden Kontakt zur Menschheit und mehr noch, zur Menschlichkeit verloren. Sie lebte für sich, um ihrer selbst willen, und würde niemals fähig sein, eine menschliche Regung zu äußern. Ihre Familie, ihr Mann, ihre Kinder und die inszenierte Nähe zu ihren greisen, hilfsbedürftigen Eltern waren ein blutleeres Maskenspiel. Troll war nicht tot, Troll war *untot,* und so besaß sie auf einer basalen, rein vegetativen Ebene die Fähigkeit, ihr Fortleben auf lange Zeit sicherzustellen. Ihre exzellenten medizinischen Werte – sie war gut trainiert, begeisterte Alpinistin und wie es schien, gegen jede Krankheit gefeit – bewiesen, wie wichtig es war, jenen entschlossen entgegenzutreten, die schon seit Jahrzehnten im Parlament ihre Bahnen ziehen. Unmenschlichkeit hat noch keinen Politiker geschwächt oder Erfolge verhindert, die auf den ersten Blick unmöglich scheinen. Über Trump wurde zu Anfang nur gelacht, nun zerstört er ein Land, von dem wir gestern noch dachten, es habe die Kraft eines Riesen. Trump, das sollten wir nie vergessen, gibt es in vielen Variationen. Jung, alt, männlich, weiblich, provinziell und urban, Europäer oder Asiate, alles ist denkbar.

Wer heute noch scheitert, kann morgen Erfolge feiern. Wer heute vergeblich agitiert, kann morgen die Massen dafür gewinnen, ihr Menschsein zu verleugnen. Es zählt zu den absonderlichen Eigenarten unseres Daseins, dass vornehmlich jene lang zu leben pflegen, die das Leben ihrer Mitmenschen rücksichtslos gefährden.

Adolf Hitler soll, als er nach Stalingrad von einem hohen Militär an den hohen Blutzoll erinnert wurde, den das junge Offizierskorps für seine strategisch sinnlosen Offensiven an allen Fronten entrichten musste, gesagt haben: „Was wollen Sie? Dafür sind die jungen Leute doch da." Hitler starb, so Joachim Fest in seiner Monumentalbiographie, im Status einer „kuchenvertilgenden Ruine", von eigener Hand, im Berliner Bunker. Doch Hess, Dönitz, Speer und zahlreiche andere Veteranen des Naziregimes sind bekanntermaßen erst in hohem Alter gestorben, gut alimentiert von einem demokratischen Nachfolgestaat, der ihren noch älter werdenden Witwen reich bemessene Staatsrenten zugestand. Unterdessen waren die Witwen entrechteter, massakrierter Kommunisten und Sozialisten darauf verwiesen, in den Trümmern des 1000-jährigen Reiches zu wühlen, um ihr ärmliches Leben und das ihrer vaterlosen Kinder zu erhalten.

Es gehört fraglos zu den widerwärtigsten Randphänomenen der deutschen Nachkriegsgeschichte, dass die Witwe von Reinhard Heydrich mit einer fürstlichen Hinterbliebenenrente bedacht wurde; sie entsprach – wer es weiß, darf sich ekeln – der Pension eines langjährigen Polizeigenerals. Die Opfer der Nazigräuel hingegen pochten oft vergeblich an die Pforte eines Rechtsstaats, dessen Justiz nach dem Krieg zu 80 Prozent von jenen Menschen verantwortet wurde, die zwischen 1933 und 1945 die Nürnberger Rassen- und Ariergesetze ersonnen, angewandt und konzessionslos vertreten hatten.

Der ehemalige Ministerpräsident Filbinger, den ein deutscher EU-Kommissar bei seinem Begräbnis als Gegner des NS-Regimes ehrte, ließ noch Ende des Krieges Soldaten exekutieren. Als Marinerichter kannte er weder Gnade noch Mitgefühl. Deserteure wurden für ihr ‚subversives‘ Verhalten verurteilt und hingerichtet, im Namen seines Führers und einer Gerichtsbarkeit, an die Filbinger nach 1945 nicht gern erinnert wurde. Doch wenn es geschah, hatte er immer die gleiche Antwort parat: „Was damals Recht war, kann heute nicht Unrecht sein."

„Ich glaube", sagt der englische Dichter Keats nicht grundlos, „wir können Juristen in die Kategorie der Monster einreihen". Die Fähigkeit, erst das Gesetzbuch und dann ihr Gewissen zu befragen, hat schon vielen Juristen erlaubt, gesetzestreue Diener von Diktatoren zu werden. Wer von jeder Moral abstrahiert, wird notwen-

248

digerweise zur Monstrosität mit großen Karrierechancen. Kurt Georg Kiesinger, der – zur ewigen Schande Tübingens – auf dem gleichen Friedhof wie Friedrich Hölderlin beigesetzt wurde, avancierte unter den Nazis als alerter Karriere-Jurist erstaunlich rasch. Die einzige Sanktion für seine schmutzige Arbeit im Hause Ribbentrops als stellvertretender Leiter der Rundfunkpolitischen Abteilung und enger Verbindungsmann zu Goebbels Propagandaministerium bestand darin, gleich zu Beginn seiner Kanzlerschaft von einer jungen, couragierten Abgeordneten mit einer Ohrfeige an seine Schande erinnert zu werden. Die Dame, deren französische Verwandtschaft teilweise im KZ zugrunde ging, wurde dafür zu einem Jahr Strafvollzug ohne Bewährung verurteilt; auch wenn das Urteil nie vollzogen wurde, sagt es viel darüber aus, welcher Geist 20 Jahre nach Hitlers Tod in einem Land herrschte, das in wenigen Jahren sechs Millionen Juden, ohne jeden Anflug von Reue, methodisch ermordet hatte. Das vorgeblich freiheitsliebende, demokratische Westdeutschland in den 1960er Jahren vertraute weit lieber auf reaktionäre, faschismusgestählte Beamte als auf rebellische Studenten.

Meine Überlegungen stockten, als der Rabbiner sich schützend vor mich stellte. Er tat das mit einer Entschiedenheit, die mich erstaunt hätte, wenn mir nicht gleich zu Beginn unserer Bekanntschaft aufgefallen wäre, wie souverän er seiner Umwelt begegnete. Dieser unscheinbare, diskrete Mann war nicht nur klug und umsichtig, sondern auch medienversiert und erfahren im Umgang mit Journalisten, die sich jetzt in beträchtlicher Anzahl auf ihn stürzten.

Ein Pulk eifriger Pressevertreter umlagerte binnen Minutenfrist die beiden Davidsons. Die mutmaßlichen Verursacher des entstandenen Chaos' sollten Stellung beziehen und „sich erklären". Auch das Fernsehen hatte uns jetzt entdeckt und entsandte einen Trupp Reporter, die, ihre Kamera-, Ton- und Beleuchtungsmannschaften vor sich her dirigierend, nicht den Eindruck erweckten, als ob sie sich rasch beruhigen ließen. Sie alle wollten Beute machen, Schuldige finden und etwas Skandalöses verkünden.

Mein Namensvetter wich nicht einen Schritt zur Seite. Er sprach gelassen und sanft, als müsse er Gott und die Welt beruhigen, in den Wald von Mikrofonen, der vor ihm aufgebaut wurde, und er tat es mit dem geübten Charme eines professionellen Entertainers, ohne Hast und seiner Wirkung sicher. Es genügten ihm wenige Sätze, um der entstandenen Hysterie ein Ende zu setzen: „Meine Damen, meine Herren, ich muss sie enttäuschen", sprach Davidson mit der sonoren Stimme eines Dompteurs, der seine Löwen bändigt, „es ist nichts geschehen. Mein Namensvetter und ich", Davidson wies lächelnd auf mich, den anderen Davidson, „waren nur kurz irritiert und abgelenkt von den vielen Gästen, die gleichzeitig eingetroffen sind. Glauben Sie mir, es gibt nichts, worüber Sie sich Sorgen machen müssten. Dem Präsidenten geht es gut." Der Rabbi zeigte gelassen auf einen heiteren Präsidenten, der bereits, wenige Meter von uns entfernt, damit begonnen hatte, das Spalier der zahllosen Abgeordneten abzuschreiten, die alle gekommen waren, rasch ein Foto mit ihm zu ergattern. Der Präsident hatte schnell wieder zu seiner gewohnten Ruhe zurückgefunden. Er bemühte sich redlich, alle Wünsche zu erfüllen. Wahrscheinlich hatte er Mitleid mit all den Provinzlern, die glaubten, ein Bild mit dem Präsidenten würde ihrer Popularität im Wahlkreis sehr zugute kommen, was im Übrigen stimmte.

Das Interesse an Troll hatte sich zwischenzeitlich wieder verflüchtigt. Ihr „Bonmot" hatte die Runde gemacht und sie schien für den Augenblick saturiert. Sie hatte mehr Aufmerksamkeit erhalten als geplant, doch ich sah, dass sie bereits nach neuer Beute gierte und mit bösen Augen in meine Richtung starrte, wo ich, ihr schweigsamer Sprecher, bei dem elegant gekleideten Rabbiner Zuflucht genommen hatte. Es kam mir nicht in den Sinn, meine Funktion wieder aufzunehmen. Zu sehr war ich fasziniert von den Fähigkeiten meines Namensvetters, der lächelnd und unverbindlich

Antwort um Antwort auf redundante Fragen gab, die, jede belangloser noch als die vorangehende, zu nichts Verwertbarem führten. Endlich ließen die Journalisten von Erez Davidson ab und wandten sich wieder ihrem Tagesgeschäft zu, das darin bestand, den Präsidenten bei seinem Besuch im Sternheimer Landtag zu porträtieren.

Mein Handy vibrierte bereits mit finsterer Penetranz; ich wusste, Troll verlangte nach mir, wollte Fotos, Meldungen, Statements für *Instagram*, *Facebook*, *Twitter* und all die anderen Brutstätten für fragwürdige Informationen im Internet, von welchen sie glaubte, sie gäben ihrer Person mehr Gewicht und Bedeutung. Troll hatte nie begriffen, dass diese sozialen Medien allein der Inszenierung attraktiver Menschen und nicht dem Arbeits- und Bedeutungsnachweis belangloser Politiker dienten. Müdigkeit übermannte mich, Müdigkeit und die Gewissheit, definitiv am falschen Platz zu sein.

Mittlerweile trat auch Dr. Primus wieder auf den Plan, um nach Erez Davidson und mir zu sehen. Der ausgestandene kleine Skandal verführte ihn nicht dazu, seine Höflichkeit zu vergessen. Im Gegenteil war er besonders besorgt und empfahl uns, den Schrecken an einem ruhigeren Ort zu verarbeiten. Nun machte Erez Davidson nicht den Eindruck, sich von einem Schrecken erholen zu müssen, doch war er viel zu wohlerzogen, um Primus' Vorschlag nicht aufzugreifen. „Sie haben recht, fünf Minuten Ruhe werden mir und meinem jungen Namensvetter", er schenkte mir ein warmes Lächeln, „gewiss guttun". Primus blickte mich mitfühlend an. Er wusste in etwa, was mir noch von Troll drohte, gab sich jedoch große Mühe, optimistisch zu wirken, und das, obgleich der heutige Skandal auch ihm zur Last gelegt werden würde. Primus war wahrscheinlich der einzige Ehrenmann in diesem Parlament bedeutungsloser Narzissten.

„Am besten, Sie gehen in mein Büro. Würden Sie", Primus, berührte meine Hand, „so nett sein, unseren Gast dort hinzubegleiten? Sie wissen ja, wo es ist. Es ist nie verschlossen und Sie können sich dort ungestört ausruh'n. Ich kann leider nicht mit. Die Pflicht ruft mich zu sich." Primus lächelte verschmitzt, machte eine aufmunternde Bewegung, nickte uns beiden noch einmal freundlich zu und eilte los, um den Präsidententross einzuholen, der bereits im Plenarsaal angekommen sein musste, denn die Treppenfluchten waren mittlerweile menschenleer.

„Davidson, wollen wir tun, was Dr. Primus uns rät?" Der alte Davidson lächelte den jüngeren Davidson liebenswürdig an.

„Gern", antworte ich, ohne zu zögern, wenn auch leicht beklommen, da mein Handy keine Ruhe gab. Troll ließ nicht von mir ab. Ich wusste, Troll war jetzt außer sich und würde mich, sobald ich ihr in die Finger käme, tobend daran erinnern, dass sie und nur sie die Chefin sei, der sich alles und jeder unterzuordnen habe.

Wie schnell hatte ich mich in ein krankhaftes System eingefunden, ja, mich mit ihm teilweise abgefunden und dabei, wenn auch murrend, an absurde Verhaltensformen und -normen gewöhnt. Es war erschreckend für mich, zu erkennen, wie weit es mit mir gekommen war. Mein sonst rasch entfachter Widerspruchsgeist schien erloschen. Doch wie immer, wenn wir langsam zu Bewusstsein kommen und uns daran erinnern, wer wir sind, verloren sich auch bei mir in diesem Augenblick alle Bedenken. Ein Gefühl lang entbehrter Gelassenheit nahm von mir Besitz.

„Warum lassen Sie diesen Quälgeist nicht für kurze Zeit verstummen?" Davidsons Frage amüsierte mich. Ihre offenkundige Doppeldeutigkeit war unüberhörbar.

„Sie haben recht", antwortete ich, genauso doppelsinnig, „Quälgeistern sollte ab und an der Mund verboten werden". Ich deaktivierte mein Handy und genoss es, endlich von dieser lärmenden Unterdrückungsmaschine verschont zu sein. Wahre Freiheit, dachte ich, beginnt immer dann, wenn wir nicht gezwungen sind, die Obsessionen *anderer* Menschen zu leben.

Davidson musste gemerkt haben, dass mich angenehme Gedanken erfüllten. Er freute sich sichtlich, legte seinen Arm um meine Schultern und sagte nur: „Der erste Schritt über die Grenze des Gewohnten ist ein Akt der Befreiung. Die Schritte danach aber entscheiden darüber, wie weit unsere Freiheit reichen wird und", Davidson setzte eine kurze, doch wirksame Pause, ehe er seinen Gedankengang zu Ende führte, „wie entschlossen wir sind, sie zu verteidigen. In allem, das wir tun und in allem, das wir uns wünschen." Davidson lächelte ein *sublimes* Lächeln und ich wusste unvermittelt, als habe mir eine überraschende Eingebung unwiderlegbare Wahrheiten nahegebracht, dass wir nur jene Zeit verschwenden, die wir auf *hässliche* Arbeit verwenden.

„Muße, nicht Arbeit, ist das Ziel des Menschen" – der kluge, irische Autor und Dandy Oscar Wilde wusste, wovon er sprach, als er noch die Möglichkeit besaß, frei zu sprechen. Freiheit, nicht Knechtschaft, ist die Quelle von Schönheit und Liebe, diese *Wahrheit* wurde mir an diesem Tag von einem weisen, jüdischen Schriftgelehrten geschenkt, und ich habe sie mit tiefer Dankbarkeit empfangen und nie wieder preisgegeben.

32. Sternheim und seine Juden

„Die Frage, wer heute in den Stadtvillen lebt, die bis 1933 im Besitz von Juden waren, wird nie gestellt. Warum? Weil eine ehrliche Antwort jeden entsetzen müsste. Jeder weiß, es sind die Kinder und Enkel heute gefeierter Unternehmer, die ihren Reichtum dem Naziregime verdanken. Die jüdischen Besitzer waren schnell enteignet und noch schneller vergessen. Das Verbrechen ist kein Geheimnis, doch wo der Bestohlene verstarb, muss der Dieb nichts fürchten. Es gibt keine Kläger, nur vage Erinnerungen und schuldbeladene Richter, die sich, gäbe es Gerechtigkeit, selbst richten müssten. Der Krieg ist lang vorüber, sagen viele und vergessen dabei ihre Schande. Wer die Annehmlichkeiten genießt, die ihm Verbrechen verschafften, hat kein Interesse an Wahrheit."

Der Sternheimer Kulturreferent hatte sich in Rage geredet und war nun an einem Punkt angekommen, der keinen Rückzug mehr erlaubte. Seine Zuhörer, darunter Ehrengäste aus Politik und Wirtschaft, wirkten unangenehm berührt. Entrüstete Blicke wanderten zu dem jungen, etwa 30-jährigen Redner, der sich ehrlich empörte. Dem schlanken, fahrig wirkenden Mann mit blassem Gesicht und dunklem Haar stand der Schweiß auf der Stirn, als er, die Hände gegen das Rednerpult gepresst, mit hoher Stimme seine Klage zu Ende führte: „Die Bürgerschaft Sternheims hat nicht vor, das begangene Unrecht einzugestehen oder gutzumachen. Alle", der Referent streckte seine Arme aus und ließ sie einen, das Publikum umrahmenden, Halbkreis zirkeln, „sind schuldig und keiner scheint sich daran zu stören. Unternehmer und Industrie tun, als sei nie etwas gescheh'n, und die Politik greift nicht ein und lässt das Unrecht gewähren. Seit Jahrzehnten."

Kurz hielt er inne; in den ersten zwei Reihen des Saales war sein leises Keuchen gut zu vernehmen. Jeder im Publikum konnte es sehen, der Mann rang um Haltung. Er fühlte, was er sagte, und

254

was er sagte, war so wahr wie abscheulich. Sein Atem ging rasch. Als er wieder zu sprechen begann, ließ er die Augen geschlossen. „Sternheim", der Referent würgte an seinen Worten, „ist eine der wenigen Städte, in der große Stadthallen – die *Ehrenplätze* der Stadt – nach Verbrechern des Naziregimes benannt wurden. Nicht genug damit, dass wir deutsche Menschen jüdischen Glaubens um ihre Besitztümer brachten, sie außer Landes trieben, ihrer Zukunft oder gleich ihres Lebens beraubten, nein, wir müssen sie auch noch 70 Jahre nach Ende des Krieges verhöhnen, indem wir ihre Henker mit Mausoleen ehren. Das ist", der Referent pochte mit beiden Fäusten auf das Rednerpult, „ein unerträglicher Zustand, der uns alle entehrt".

Der Oberkörper des Referenten bebte, als er zu seinem Fazit kam: „Umso mehr sollten wir an einem Tag wie heute, wenn Ehrenbürgerwürden verliehen werden, an jene erinnern, welchen alles genommen wurde, weil das Sternheimer Bürgertum korrupt und käuflich gewesen ist. Um es klar zu sagen: Die Bürger Sternheims haben damals in allen Belangen versagt und sie versagen noch immer. Unsere Stadt ist reich an Armut und arm an Gerechtigkeit. Solange es keine Gerechtigkeit gibt", hier hob der Redner noch einmal die Stimme, „gibt es auch keine Ehre. Für keinen von uns. Daran bitte ich Sie zu denken. Heute, wenn Sie Bürgern Ehrenmedaillen verleihen, die das Wappen unserer Stadt tragen. Danke."

Als der Referent abrupt geendet, das Rednerpult verlassen und wieder seinen Platz in der ersten Reihe neben dem Oberbürgermeister eingenommen hatte, kam kaum Applaus. Der Oberbürgermeister blickte mit versteinerter Miene ostentativ zur Seite. Seine Reaktion sprach Bände. Noch pikierter wirkte der Ministerialdirigent des Kultusministeriums, dem die Aufgabe zufiel, die Bürgerehrung vorzunehmen. Seine kurze Ansprache wurde zu einer harschen Replik, in der er, kaum getarnt, den Kulturreferenten daran erinnerte, dass Karrieren früh enden können: „Die

Ausführungen meines streitbaren, wenn auch historisch desorientierten Vorredners", begann der Ministerialdirigent mit einem schmallippigen Lächeln, „waren ein hitziges Plädoyer für Geschichtsbewusstsein und Bürgertugenden". Hier hielt er kurz inne, um seine Worte wirken zu lassen, ehe er mit eisiger Stimme, den Referenten im Blick, Silbe für Silbe betonend, erklärte: „Und diese Bürgertugenden sind es, die wir heute Abend ehren wollen." Wieder hielt er inne, länger und vielsagender noch als zuvor. Dann, wie in Gedanken, ergänzte er noch, um jeden Zweifel auszuschließen, er könnte die Ansicht des Referenten teilen: „Ich betone es gern noch einmal. Wir wollen diese Tugenden ehren, nicht entehren oder beschmutzen."

Der Kulturreferent saß erstarrt auf seinem Platz. Er fühlte die Blicke aller Anwesenden auf sich ruhen und wusste, seine Tage als Sternheimer Kulturreferent waren gezählt. Als habe der Ministerialdirigent eine strafende Wolke des Abscheus über seinen Schädel gesandt, die sich über ihm zu entladen drohte, begann der Referent unmerklich zu zittern. Schützend zog er seine Schultern nach oben, beugte sich leicht nach vorn und ließ seine Blicke auf das edle, leicht schadhafte Parkett fallen, das den Boden des Festsaals im Sternheimer Rathaus bedeckte. Der Festsaal war im Stil der Nachkriegsmoderne erbaut und verzichtete, exklusive des Bodens, auf edle Ausstattungsmaterialien. Ohne den karmesinrot gebeizten Holzboden wäre der Saal im uniformen Grau der Adenauerjahre ertrunken. Der Referent war an diesem Abend allein, isoliert und auf sich gestellt. Er war als einziger ohne Begleitung gekommen, doch erst seine Rede stellte ihn in ein unüberbrückbares Abseits. In Sternheim, jetzt wusste er es mit Bestimmtheit, erregte sich niemand über ästhetischen oder moralischen Vandalismus. Ob die Stadt in Hässlichkeit oder, trotz ihres Reichtums, in einem Meer menschlicher Armut und Niedertracht versank, störte keinen. Die anwesenden Honoratioren, Politiker und Ehrengäste wollten nicht erinnert, sie wollten bestätigt werden. Nur ein Lokalredakteur wirkte angenehm überrascht und hatte sich eifrig Notizen gemacht, da die Rede des Referenten einem kleinen Skandal sehr nahekam und er schon lange vergeblich auf einen wartete.

Die ständig mäandernde Nachrichtenwelt lässt sich längst nicht mehr mit alten Methoden beschreiben. Nachrichten sind heute bereits im Augenblick ihrer Entstehung obsolet und vergessen. Umso größer ist die nachvollziehbare Sehnsucht der Journalisten nach einem Skandal, der den Tag überdauert. Doch der Referent würde schweigen. Was kam, war das Naheliegende, das Erwartbare. Der Ministerialdirigent hatte mittlerweile den Kanzlerinnenduktus angenommen. Er psalmodierte mehr als er sprach und verlor sich, als er die Ehrenmedaillen verlieh, in Aussagen, wie *Ihr Einsatz ist Ausdruck von Humanität und Bürgersinn* oder *Ihr Engagement ist unbezahlbar und ein Beispiel für gelebten, aufrechten Bürgersinn*. Der Referent wusste, er hatte verloren. Er gab nach und schwieg; vielleicht würde er so noch seine Karriere retten können. Seine Freundin war schwanger und die Verbindlichkeiten wuchsen mit jedem Tag. Ein *Misfit* zu sein, war keine Möglichkeit mehr, die er in Betracht ziehen durfte. Seine Revolte vor Publikum musste dort ihr Ende finden, wo sie begonnen hatte. Zu seinem Unglück hatte er für eine Stunde vergessen, dass nicht er es war, der die Macht besaß, Urteile zu verkünden. Vielmehr saßen eben jene über ihn – sein Leben und seine Zukunft – zu Gericht, deren Machenschaften er verachtete.

Das soziale Leben in unserer Gesellschaft unterscheidet sich nur in Nuancen von dem eines Ständestaats. Unten bleibt unten und das Oben ist jenen vorbehalten, die seit jeher dort residieren. Die VDP hat es präzise formuliert, als ihr Vorsitzender unlängst sagte: „Jeder in unserem Land soll leben können. Selbst ohne Arbeit ist ein Mensch noch Mensch. Doch wir dürfen nicht zulassen, dass Langzeitarbeitslose bessergestellt werden als wohlhabende Menschen in der Mitte der Gesellschaft." Das absurde Gerede, unser

Staat kümmere sich einzig um die Bedürftigen und vergesse dabei die Anliegen der Besitzenden, ohne die das Gemeinwesen nicht bestehen könne, wird von einem Autor diktiert, dessen Dummheit jeden entehrt, der ihr beipflichtet. Wer diese Überzeugung politisch vertritt, wer sich mit ihr *gemein* macht und ihr das Wort redet, ist ein übler Wucherer im Pfandhaus der Menschlichkeit. Wer glaubt, in der VDP eine ideologische Heimat gefunden zu haben, wird elternlosen Kindern bedenkenlos erklären, dass jedes Waisenhaus eine Familie ersetze. Die VDP ist weniger eine Partei als vielmehr das zynische Manifest jener Menschen, die weder Charakter noch Rückgrat besitzen. Wer sich hier bereits in jungen Jahren engagiert, ist im besten Fall ein Karrierist, im Normalfall aber ein geistig-moralischer Krüppel. Wer sonst würde glauben, Phrasen seien bekömmliche Kost für den Intellekt?
Die VDP ist ein Gasthaus, in dem die eklige Küche verrät, was der Besitzer in den anderen Räumlichkeiten zu verbergen trachtet. Statt frischer Speisen kocht ein degenerierter Koch Gerichte aus schimmeligen Resten, derweil sich im Restaurant die Gäste fragen, warum es so stinkt.

33. Die Weihnachtsfeier

Ehe an Heiligabend die PR-Waffen endlich einmal schweigen durften, drohte noch eine Weihnachtsfeier, „in intimer Runde" mit der Fraktion, zu der auch „verdiente Freunde" des Vorstands erwartet wurden. Solche Feiern sind nur der Auftakt für das baldige Elend zu Hause, wenn die Familie Politiker zwingt, für kurze Zeit ihre Affekte zu zügeln. Weihnachtsfeiern sind eine harte Probe für jeden, der lieber Distanz wahrt zu seinen Kollegen und Vorgesetzten. Oft besitzen sie den traurigen Charme von Abitur-Jahrgangstreffen im Spätherbst des Lebens. Jeder, der kommt, fühlt sich unwohl, doch keiner kann der Versuchung widerstehen, einen Abgleich zu machen, inwieweit er selbst den Jahren besser getrotzt hat als die ungeliebten Schulkameraden.

Masochismus und Sadismus halten bei solchen Festen Balance. Beide bedingen sich unerbittlich. Was sie uns schenken, sind freudlose Freuden, was sie erwecken, die hässliche Seite in uns. Wer das Gefühl kennt, in Glück zu schwelgen, weil sein Gegenüber erkennbar mehr Schwächen erkennen lässt als man selbst, weiß, was ich meine. Der Triumph, noch weniger hässlich, gealtert, frustriert zu sein, ist nur jenen fremd, die ein erfülltes, glückliches Leben führen. Der Rest der Welt definiert sein Unglück und Glück über das Unglück und Glück der anderen. Je größer das Ausmaß der Demoralisation des anderen, desto größer die eigene Freude, am Leben zu sein.

Feiern der VDP offenbaren in allem, was Menschen von Menschen trennt. Sie laden nie zum Verweilen ein und quälen, bedrängen und strafen die Gastgeber dabei mehr als die Gäste. Gäste können jederzeit gehen, Gastgeber aber sind dazu verurteilt, ihr scheiterndes Fest zu ertragen.

Die VDP ist bekannt für Feiern, bei welchen jeder Schluck Wein und jeder kleine Bissen hart erstritten werden muss. Ehe das Essen aufgetragen wird, kommen endlose Reden, Beschwörungen

259

und Appelle. Sie finden auch dann noch einen Nachtrag, wenn das letzte Wort zum letzten Mal längst gesprochen scheint.

Die Weihnachtsfeier, der ich mich nicht entziehen konnte, fand in einem Restaurant statt, das damit warb, die berühmteste Sternheimer Delikatesse in 50 Variationen anzubieten. Das Restaurant ‚Grüner Dackel' zierte, *nomen est omen*, ein Schild mit Dackelemblem, das in grün-gelben Farbtönen changierte. Es hatte seinen Sitz auf einem Hügel unweit der Stadt und warb mit dem Slogan: „Wir kochen. Sie essen. Warm und reichlich." Dieses programmatische Versprechen war doppeldeutig, denn es verhieß Opulenz, doch keine Gaumenfreuden.

Es ist wie mit guten und schlechten Kantinen, schon der Geruch verrät uns, wo wir verweilen. Glücklich sind die, deren Nasen nur dann erwachen, wenn der Koch unsere Liebe verdient. Im Grünen Dackel aber verdiente der Koch weder Liebe noch ein gutes Gehalt. Was er redlich verdiente, war eine schlechte Kritik. Seine Künste scheiterten bereits an der sachgerechten Zubereitung einer passablen Salatsauce. Der Besitzer aber triumphierte, denn das Restaurant war immer gefüllt, wenn auch selten mit Prominenz. Meist tummelten sich dort Asiaten, Amerikaner oder Russen, die bei ihrer Suche nach einem traditionellen Sternheimer Speiselokal der einzigen Sternheimer Essens-App ihr Vertrauen schenkten. Eine Essens-App zu befragen, hat selten Vorteile, doch oft einen guten Grund. Wer in Sternheim gastiert, wird rasch erkennen, dass die Einheimischen Fremde nicht mögen. Einem Sternheimer käme nie in den Sinn, Stadtbesuchern Empfehlungen auszusprechen. Die Sternheimer neigen dazu, unter sich zu bleiben. Sie sind introvertiert, fürchten Überraschungen und halten Fremde gern auf Abstand. Besucher werden im besten Fall gelitten, manierlich behandelt werden sie eher selten.

Der Grüne Dackel aber versprach etwas Heimat in einer feindlichen Fremde. Wer ihn betrat, durfte darauf vertrauen, willkommen zu sein, eine gute Küche war jedoch nicht Teil des Verspre-

260

chens. Hier also traf sich die Fraktion, um „in gutem Einvernehmen, glücklich über das Erreichte, froh über die künftige Challenge" ihre Weihnachtsfeier auszurichten – so hatte es in der E-Mail gestanden, die mich wenige Tage zuvor erreicht hatte.

Das Einladungsschreiben war nicht frei von unschönen Beiklängen; in allem war der Appell enthalten, endlich doch bitte etwas mehr zu tun, um die VDP zu stärken.

Die Einladung war auf den 23. Dezember, 13 Uhr, terminiert und zwang damit jeden in der Fraktion, bis zum letzten Tag vor den Weihnachtsferien *verfügbar* zu sein.

Die Abgeordneten trafen für sich gesondert ein. Die Mitarbeiter hatten sich etwas früher einzufinden, um an separaten, die Abgeordnetentafel flankierenden, schmaleren Tischen Platz zu nehmen. Troll wünschte immer Publikum vorzufinden, wenn sie irgendwo eintraf.

Die ‚Sternheimer Königsstube', ein rustikal möblierter, größerer Speisesaal, dessen Wandbemalung die Lüftlmalerei in der österreichischen Provinz erfolglos kopierte, war für circa 50 Personen eingedeckt. Im Grünen Dackel gab es keinen Mangel an Stuben; sie folgten alle einem modularen System, das keine verbindlichen Größen festschrieb, sondern, je nach Bedarf, Gesellschaften von 20 bis 100 Personen Raum geben konnte. Das Restaurant litt unter der heute verbreiteten Seuche billiger Interieurs. Selbst die Salzstreuer wirkten ärmlich. Die Tische waren in Ocker eingedeckt und mit weihnachtlichen Dekors überschüttet. Zwischen den Tellern erhoben sich hässliche Arrangements aus roten Kerzen, Tannenreisig und breiten Schleifen in Violett und Gold. Weihnachten in der postindustriellen Zeit ist ein Bekenntnis zu Phantasielosigkeit. Nur die Amerikaner haben sich noch Reste jener infantilen Konsumlust einer Hedonistengeneration bewahrt, die von *Coca Cola* in eine wunderbare Persiflage übersetzt wurde. Der Cola trinkende, korpulente Santa Claus aus New York hat nichts mit dem Christkind gemein, ist jedoch fähig, die Leerstelle des abhandengekommenen Jesus' auszufüllen.

In einer materialistischen Welt ständig konsumierender ‚Verbraucher' ist das Göttliche in etwa so bedeutsam wie die Gewissheiten jener Menschen, die glauben, nur durch sie bestünde die Welt und nach ihrem Tod sei auch das Universum Vergangenheit. Immer häufiger treffe ich größenwahnsinnige Sozialkonstruktivisten, die sich darin gefallen, ihr Leben als Grund allen Daseins zu begreifen, oder, um einen Soziologen zu zitieren, mit dem ich auf einer Zugreise Bekanntschaft machen musste: „Wenn ich tot bin, gibt es keinen Mond mehr. Der Mond ist nur in meinem Kopf. Konstruiert von mir und meinen Vorstellungen. Jenseits meiner Vorstellungen existiert nichts und niemand. Auch der Mond nicht." Der etwa 40-jährige, unschöne Mensch mit blassem, gedunsenem Gesicht, das an den Wangen von üppigen Koteletten gerahmt wurde – augenscheinlich, um von der Glatze abzulenken, die seinen unförmigen Schädel noch betonte –, grinste selbstgefällig, als sei er im Besitz des Heiligen Grals einer absoluten Wahrheit, nach dem so viele Ritter der Wissenschaften vergeblich gefahndet haben. Es schien ihm zu gefallen, der Urheber und Herr eines ganzen Universums zu sein, das nur bestand, weil es in seinen Vorstellungen existierte.

Die VDP war reich an Menschen wie ihm, die sich darin gefielen, das Leben nach ihrem Maßstab zu konstruieren. Anmaßung ist der letzte und einzige Fetisch im Leben fanatisierter Soldaten geistloser Arbeit, die nach Hölderlin keine Menschen sind, da sie sich voll und ganz über ihr Tun – ihren Status und die selbstgeschaffenen Zwänge und Pflichten ihres Alltags – definieren. Das menschliche Herz ist ein zielloser Reisender, wenn es keine Gefühle mehr kennt, wie sie Liebende oder Kinder empfinden.

Als lebensfroher Enthusiast war ich ohnehin immer befremdet von den Prioritäten, die das Leben meiner protestantischen Landsleute, bis hin zu ihren hässlichen Tischschmuckmoden, beherrschen. Vornehmlich zu Weihnachten war ich beklommen, wenn ich ein Gasthaus in Sternheim betrat. Selten fand sich ein Ruhepunkt, um meine Augen vor jenem Trödel abzulenken, der auch den letzten Winkel der Gaststube beherrschte. Selbst von den Lampen hingen und sprangen, konfus gruppiert, Engel, Rentiere, Nikoläuse, Monde und Sterne in alle Richtungen, ganz so, als solle selbst über diesen Plunder daran erinnert werden, dass die Quelle des Christentums ein synkretistischer Strudel ist, in dem sich alles vermengt, was die Menschen an religiösen Ängsten ersonnen haben.

Auch die Weihnachtsfeier der VDP folgte dem Auftrag, Ängste zu schüren und zu befeuern. Die Vorsitzende neigte nicht zu Sentimentalität oder Freude an Feiern mit Untergebenen. Troll hatte diese Feier nur festgelegt, um einer Konvention zu entsprechen, die sich nicht zu ihrem Vorteil ignorieren ließ.

Um nicht als Letzter anzukommen und die Aufmerksamkeit auf mich zu ziehen, hatte ich mich einigen Kollegen angeschlossen, die pünktlich im Grünen Dackel eintreffen wollten, um einen guten Platz zu ergattern. Ein guter Platz definierte sich darüber, nicht im näheren Blickfeld der Vorsitzenden zu sitzen. Nur auf diese Weise ließ sich weitgehend sicherstellen, für zwei Stunden Trolls Instruktionen zu entgehen. Troll kannte keine Pausen. Sie erteilte Aufträge an jeden, der ihren Bannkreis berührte. Egal, wo sie war, wer sie umgab und was die anderen taten, sie bellte ihre Befehle selbst bei einem festlichen Dinner. Wer unbeobachtet von ihren Medusenaugen das Essen einnehmen durfte, hatte tatsächlich die Chance, ein wenig Genuss zu finden.

Ein jüngerer Kollege, mit dem ich bislang noch kaum gesprochen hatte, weil er, in einen entlegenen Bürotrakt des Landtags verbannt, ein einsames Arbeitsleben führte, hatte sich auf dem Weg an meine Seite gesellt. Mit verzagter Stimme, als fürchte er, unser belangloses Gespräch könne belauscht werden, erkundigte er sich flüsternd, ob ich glaube, die Feier werde lange gehen und ob

263

davon auszugehen sei, dass sein Name falle oder jemand etwas von ihm wolle.

Als ahnte er, dass ich, seit er begonnen hatte, mit mir zu sprechen, vergeblich nach seinem Namen suchte, lächelte er bitter und sagte, als hätte ich tatsächlich eine Frage gestellt: „Ich heiße Rüdiger, Rüdiger Dornfeld, und arbeite für den Triptychon-Ausschuss. Du weißt schon, die Sache mit dem illegalen Verkauf staatlicher Kunstwerke an private Sammler", half er mir auf die Sprünge.

„Ach du bist das?", erwiderte ich dankbar für seinen Hinweis und lächelte freundlich. „Eine interessante Geschichte. Und, hat der Minister tatsächlich Verkäufe von Kunstwerken aus Staatsbesitz autorisiert? Wer hat das eigentlich alles in Erfahrung gebracht?" Meine Neugier war ehrlich. Sternheim war für Kunstsammler ein attraktiver Markt und immer wieder war in den letzten Jahren bekannt geworden, dass Kunstschätze unter dubiosen Umständen verschwanden, ohne dass Stadt oder Land je eine Erklärung dafür gefunden hatten. Jetzt schien sich erstmals eine Spur gefunden zu haben, auf welchem Weg ein Riemenschneider-Triptychon von jenen Menschen illegal veräußert wurde, die darauf vereidigt waren, die Kunstschätze des Landes zu bewahren. Rüdiger schien durch meine Frage sichtlich in Verlegenheit gesetzt. Noch ehe er mir ängstlich drucksend eine vage Antwort gab, war mir klar, dass er die Lücke gefunden haben musste. Den Lorbeer dafür nahmen nun zwei Abgeordnete und vier Mitarbeiter entgegen, die Rüdigers Arbeitsergebnisse für sich reklamierten; parallel dazu denunzierten sie Rüdiger als faulen, inkompetenten Mitarbeiter, der unfähig sei, seine Aufgaben zu bewältigen. Einer der Abgeordneten hatte dem Ausschussvorsitzenden mitgeteilt, Dornfeld leide an steter Überforderung, sei unfähig, Prioritäten zu setzen und verliere sich oft in Nebensächlichkeiten. „Wir mussten", hatte der Abgeordnete in seiner internen Nachricht geschrieben, „selbst aktiv werden, um Dornfelds Versagen auszugleichen. Das beiliegende Dossier ist die Bilanz unserer Arbeit, an der Dornfeld

264

keinerlei Anteil hatte. Und das ist auch gut so." Das ist Politik. Wer avancieren will, kennt weder Verwandte noch Freunde oder Kollegen. Wer avancieren will, ist, moralisch besehen, eine aufgeputzte Ruine; das zerstörte Innere wird oft kaschiert, doch nie erneuert.

Rüdiger war bei der VDP von Beginn an zum Abschuss freigegeben. Er wusste viel und war mit großen Talenten gesegnet; überdies war er diskret und ehrlich. Die VDP liebte jedoch keine großen Talente, sie liebte den Verrat und sie liebte sogar die Verräter. Rüdiger wusste das längst. Er weigerte sich jedoch beharrlich, es zu glauben. Er wollte nicht akzeptieren, wie niederträchtig die Menschen waren, unter denen er seine Tage verbrachte. Rüdiger war es gewohnt, sich auf seriöse Weise Respekt zu verschaffen. Das, so dachte er, sei ein Prinzip, das immer Erfolg bedinge, auch in der VDP. Mein Mitgefühl hätte ihn nur irritiert, jede Geste betonter Solidarität denken lassen, es ginge mir nur um billigen Trost. Die meisten Menschen haben verlernt, zwischen Mitgefühl und Mitleid zu unterscheiden. Mitgefühl wird selten als solches kenntlich. Stattdessen wird es auf die Stufe des Mitleids degradiert und dann verliert sich die heilsame Wirkung des Mitgefühls schnell. Eine gute, aufrichtige Empfindung nur noch in ihrer bastardisierten Ausprägung kennenzulernen, zählt zu den schrecklichsten Marksteinen des Erwachsenwerdens. Die Welt erhält einen „Knacks", sie zerfällt in Myriaden hässlicher Akte der Selbstnegation. Wie schreibt doch Roger Willemsen: „Sie sagen *erwachsen geworden*, sie meinen *gebrochen*." Jedes Gefühl erhält einen Hautgout, verliert seine Unschuld, wird seiner Seele beraubt und beginnt – diese Wunde wird sich nie wieder schließen – zu eitern.

Rüdiger war jung, voller Ambitionen und leicht verletzbar. Er hätte, von anständigen Menschen protegiert, nicht nur Karriere gemacht, sondern auch seinen Beitrag geleistet, das Leben anderer zu verbessern. Doch er war bei der VDP gelandet und damit dazu verurteilt, im Treibsand politischer Provinzagitatoren unterzugehen oder auch nicht. Es lag an ihm. Es war seine Entscheidung, einen Passionsgang zu gehen, der keine Erlösung kannte. Auf ihn wartete nur die Kreuzigung, doch keine Wiederauferstehung, wenn er sich nicht dazu entschließen sollte, der VDP den Rücken zu kehren. Als wäre er meinen Gedanken gefolgt, sprach er, tonlos und wie für sich, mit halblauter Stimme nur wenige Sätze, die sein ganzes Elend umschlossen: „Diese Leute sind widerlich. Diese Branche ist widerlich. Dieses Arbeitsleben ist die Hölle." Christen sprechen gern von der Hölle, wenn sie beginnen, sich vor sich selbst zu ekeln. Es ist, als delegierten sie ihren Abscheu an böse Dämonen der Unterwelt. Die Hölle ist mir so fremd wie der Glaube an einen Gott, der stumm und hilflos das ganze Elend betrachten muss. Er, der vor Äonen alles erschuf und mit Leben erfüllte, hat uns nach seinem Ebenbild erschaffen, sein Antlitz geschenkt und die Freiheit verliehen, ihn in uns selbst zu erkennen? Sollte das stimmen, geschah dies alles offenbar nur, um einen Wimpernschlag später seinen Sohn der Vernichtung preiszugeben. Und warum? Weil er uns alle davon erlösen sollte, Teil *seiner* Schöpfung zu sein? Wäre die Religion nicht zu mächtig im Leben der Menschen, ich würde darüber lachen. Der Glaube, alles werde von einer Gottheit erschaffen, die immer zerstört, was sie liebt, ist so unerfreulich wie der Glaube, das Universum folge dem Plan einer Allmacht. „Ich glaube übrigens, dass das gesamte Universum mitsamt allen unseren Erinnerungen, Theorien und Religionen vor 20 Minuten vom Gott Quitzlipochtli erschaffen wurde", sagt Bertrand Russell, der vornehmste Philosoph des letzten Jahrhunderts, und ich begreife, wie weise der 3. Earl of Russell gewesen ist.

Ich bin agnostischer Jude und, wie mein Vorbild Russell, immer skeptisch, wenn der Glaube eine fixe Idee und damit bedrohlich wird. Die Hölle und der Messias sind nichts, das eine Ethik begründen könnte, die mir gefiele. Der Talmud lehrt Weisheit, die

Christen jedoch lehren Sünde, Bestrafung und schreckliche Süh-
netaten.

Katinka Norwald, eine Politikerin, vor kurzem aufgestiegen in
den Olymp eines Landeskabinetts, das sich gern in Streitigkeiten
über weltanschauliche Fragen verliert, sagte mir in einem infor-
mellen Gespräch, sie habe große Probleme mit uns – den Juden
–, da wir sie immer davon abhielten, den Staat Israel zu kritisieren. „Ihr Juden", ließ sie mich, nervös blinzelnd, wissen, „habt immer gut reden. Der Holocaust, so denkt ihr, gibt euch das Recht,
immer streng mit den Deutschen zu sein. Dabei seid ihr doch zu
großen Teilen selbst Deutsche oder zumindest deutsch geprägt,
nicht wahr?"

Ich sagte nichts, ich gab keine Antwort. Mein Schweigen echauffierte sie sichtlich, doch ließ ich mich nicht dazu verführen, ihren
Unsinn zu kommentieren. Ich wusste, es würde nichts nutzen,
nur meine Nerven belasten; ich wusste, was immer sie sagte, war
semantisch wertlos. Bisweilen erwachen jedoch in semantischen
Wüsten böse Dämonen. Jede Bosheit ist schmerzhaft, selbst
dann, wenn ein bescheidener Intellekt sie, unbewusst und ohne
Vorsatz zu kränken, verteilt. Dummheit enthebt Menschen nicht
ihrer Verantwortung für das, was sie tun und sagen, so wenig ein
zugefügter Schmerz an Intensität verliert, weil er einer unbedach-
ten Handlung geschuldet ist. Ignoranz für die Folgen unseres
Tuns ist untragbar, sobald es Menschen kränkt und verletzt.

Reaktionslos sah ich das jüngst gekürte Kabinettsmitglied, die
Ministerin für Arbeit und Soziales eines industrieverliebten Bundeslandes, an; ich empfand keine Neugier und auch kein Verlangen, noch mehr von Katinka Norwald zu hören. Ihr schmallippi-
ger Mund war so hart wie die Kunde, die ihm entsprang. Ich
wusste längst, sie würde kein Erbarmen kennen. Ihre Motive waren alle von Grund auf abstoßend und ihr Drang, sie zu äußern,
würde durch nichts gehemmt werden können. Widerspruch wür-

de sie nur darin bestätigen, noch härter und schonungsloser zu reden – zu *agitieren*.

Wenn etwas Politiker eint, so die stete, unabänderliche Sucht und Lust, ihrer Bedeutung Ausdruck zu geben und zu reden. Egal, was, wie, zu wem und mit welchem Effekt, es mussten Worte gefunden und, schlimmer noch, *ventiliert* werden.

Die in der Kommunikationswissenschaft viel bemühte *Lasswell-Formel* findet bei Politikern selten eine glückliche Anwendung. Eine gute, sinnvolle oder gar für ihren Adressaten relevante Botschaft zu erwarten, ist mehr als naiv. Der Adressat ihrer Botschaften ist für Politiker nur deswegen nicht verzichtbar, weil er das Publikum ist, ohne das kein Politiker existieren könnte.

Die kommunikationswissenschaftliche Formel der Politik ist die Inversion der von Lasswell formulierten Maximen zielgerichteter Kommunikation, die sich im Idealfall darauf konzentriert, dem Adressaten *ernstzunehmende* Botschaften mitzuteilen.

Katinka Norwald musste Lasswell nicht kennen, um das exakte Gegenstück seiner Formel zu leben. „Sie müssen verstehen", begann Norwald erneut, diesmal zumindest insoweit rücksichtsvoll, als sie darauf verzichtete, weiter das plurale Du zu bemühen, „dass wir Deutsche etwas gehemmt sind, die Wahrheit zu sagen. Uns hängt das Dritte Reich noch immer im Kreuz." Norwald räusperte sich bedeutungsvoll, ehe sie fortfuhr, nachdenklich, als fahnde sie nach einer tieferen Wahrheit. „Wenn man ehrlich ist, haben die Israeli auch ihr Judenproblem, nicht wahr?"

Ehrlich – wann immer ein Politiker dieses Wort benutzt, wird mir unwohl. Das konnte Norwald nicht wissen. Norwald buhlte um meine Zustimmung unter Nutzung aller verfügbarer Mittel. Ihre Stimme hatte ein emotionales Vibrato angenommen, das so gar nicht zu dem passen wollte, was sie eben gesagt hatte.

Mein Interesse, nun doch mehr zu erfahren, war geweckt und so brach ich mein Schweigen und hakte nach. „Ein Judenproblem?" „Na sicher. Was für uns die Juden waren, sind heute die Palästinenser für die Juden. Die Juden fühlen sich von den Arabern bedrängt. Sie wehren sich und das ist gut." Diese Frau, dachte ich, wird ihrem Gesicht gerecht. Ihre Dummheit wird auf verblüffende Weise kenntlich. „Oder wie sehen Sie das, Davidson? Sie sind doch Jude. Dann denken Sie auch wie ein Israeli und können Israelisch reden", ließ sie nicht locker und wurde nun auch noch persönlich.

„Israelisch reden? Was meinen Sie damit?" Ich konnte nicht schweigen, ich musste mich rückversichern. Ihre Unwissenheit schwelgte in Ekstase und sollte sich ganz entfalten dürfen.

„Sprechen Sie nicht die Landessprache der Israeli?" Ihre Frage erheiterte mich auf ungute Weise; ich wusste, sie bildete nur den Auftakt für weitere Peinlichkeiten. Norwald enttäuschte mich nicht. „Oder heißt die Jüdisch?", sinnierte die Ministerin laut.

„Weder noch", gab ich eher amüsiert als betroffen zur Antwort. „Die israelischen Staatsbürger, die im Übrigen nicht alle jüdischen Glaubens sind, sprechen Hebräisch."

„Ach, wirklich", konterte Norwald erstaunt, „so wie Jesus in der Bibel?"

„Der sprach wohl eher Aramäisch, verstand aber, schenkt man der Wissenschaft Glauben, auch Hebräisch."

„Interessant. Und Jude war er nur bis zur Kreuzigung? Ach so", Norwald begann zu grinsen, als verstünde sie plötzlich, worum es ging. Das Welträtsel schien gelöst und Norwald zufrieden. Sie machte ein Geräusch, das einem Grunzen sehr nahekam, und sagte dann triumphierend: „Erst nach der Kreuzigung wurde Jesus ein Christ. Seitdem gibt es die Kirche." Norwald schien tatsächlich zu meinen, was sie sagte. Mir wurde langsam übel und ich hoffte sehr, dass dieses Gespräch nun enden würde, doch ich sollte mich irren. Norwald forderte das Schlusswort für sich.

„Wissen Sie, was mich an euch Juden immer gestört hat?" Norwald war wieder zum Plural-Du übergegangen und schien im Begriff, ihren ganz persönlichen Antisemitismus vor mir auszubreiten. Doch ich ließ mir nichts anmerken, schüttelte nur leicht den Kopf und hob meine Brauen, als sei mir an ihrer Antwort gelegen. „Natürlich nicht", stellte sie lauter als notwendig fest. Ihre Stimme hatte eine unangenehme Klangfarbe angenommen; sie war spitz, aggressiv, und ich hatte kurz Sorge, die Ministerin würde hysterisch zu kreischen beginnen. Stattdessen begann sie zu knurren und würgte die nächsten Worte aus ihrem Hals, als müsse sie speien. „Was mich stört, lieber Davidson, ist, dass ihr Juden immer alles besser wissen und das letzte Wort haben müsst."

Jetzt war sie ganz bei sich, ihrer Partei und dem dumpfen, chauvinistisch eingefärbten Antisemitismus angelangt, der diesen Menschen immer zu eigen ist, wenn sie sich ihrer „nationalen Identität" erinnern. Ich schaute sie wortlos an. Ein spöttisches, müdes Lächeln war alles, das ich mir gönnte; zu oft hatten mich bereits VDP-Politiker damit überrascht, ihren schwelenden Antisemitismus vor mir, dem „renitenten, intellektuellen Juden", ohne erkennbare Scham zu entfachen. Manche VDP-Mitglieder ähnelten nicht nur jenen der Volks-Reformierten Vaterlands-Partei, sondern sympathisierten heimlich mit ihnen; offiziell waren sie freilich überzeugte Demokraten, die keine Vorurteile kannten. Wer glaubt, der Antizionismus sei Vergangenheit, glaubt auch, die Politik kenne keine Hölle.

Rüdiger wusste nichts von dieser Hölle, Rüdiger wusste nur, was er sah. Seine Höllenvorstellung begann und endete mit dem perfiden Intrigenspiel seiner Kollegen, die ihn nie vergessen ließen, dass er in ihren Reihen ein Paria war. Schon das hätte Rüdiger genügen müssen, der VDP den Rücken zu kehren, doch es gelang ihm nicht, und so hockte er nun, verzagt, mit sich uneins und angewidert, auf einer Weihnachtsfeier, die mit der Ankunft Trolls ihren trostlosen Auftakt nehmen würde.

Die Vorsitzende hatte bei ihrer Ankunft im Grünen Dackel keinen Augenblick damit verschwendet, sich mit Formalitäten aufzuhalten. Ein stieres Grinsen verlieh ihrem Gesicht wieder die übliche Lasur aus Abscheu und Ekel, nur dass Troll diesmal versuchte, Leutseligkeit zu heucheln, als sie vor die versammelte Belegschaft ihrer Fraktion trat und erklärte: „Weihnachten ist das Fest des Friedens. Weihnachten ist das Fest der Familie. Ich wünsche Ihnen und Ihren Familien friedliche Weihnachten." Doch wer jetzt dachte, die Vorsitzende verzichte dies eine Mal auf einen bösen Seitenhieb, sah sich enttäuscht. „Ehe Sie sich jetzt das Essen schmecken lassen, hier noch ein Hinweis für unsere Mitarbeiterinnen und Mitarbeiter"; Troll warf einen kalten Blick auf die Schar unzulänglicher Knechte, die auf der VDP-Galeere Dienst taten. „Für unsere Mitarbeiterinnen und Mitarbeiter ist jeder Tag Weihnachten. Jeder Tag", Troll hob ihre Stimme, die eine hohe, bedrohliche Tonlage annahm, „denn sie bekommen jeden Tag Geschenke, große, *unverdiente* Geschenke". Hier machte die Vorsitzende eine Pause und ließ ihre Blicke langsam über alle Mitarbeiter wandern. Ihre Augen starrten uns an, grausam und kalt wie die Augen einer Muräne. Sie genoss ihre Wirkung und wartete, bis die Stille unerträglich zu werden begann, erst dann fuhr sie fort: „Jeder von Ihnen hätte mehr leisten können, jeder von Ihnen hätte mehr leisten *müssen* für das Geld, das Sie alle", hier wurde die Stimme schrill, „zwar erhalten, doch nicht verdienen. Keiner von Ihnen hat erfüllt, was er sollte. Jeder von Ihnen war eine Enttäuschung."

Die Vorsitzende keuchte jetzt hektisch und stand drohend vor den Mitarbeitern ihrer Fraktion, die, von Scham gebeugt, sprach- und bewegungslos an ihren Tischen verharrten. Keiner von ihnen hob seine Blicke, murrte oder begann, zu lachen. Sie wirkten wie geknickter Weizen nach dem Gewitter. Die Furcht hatte Platz genommen an dieser Weihnachtstafel.

Troll schäumte und als ich in die entsetzten Augen meines Kollegen Rüdiger blickte, sah ich dort Angst aus tiefer Verzweiflung erwachsen. Üble Personen und Orte haben etwas gemein – ihre

Gegenwart ist der Gesundheit abträglich. Je größer der herrschende Ungeist, desto größer die Depression.

So abstoßend das Betragen der Vorsitzenden sein mochte, das Verhalten ihrer Kolleginnen und Kollegen ekelte mich noch mehr; insgeheim kritisierten sie Troll, doch sobald sie zugegen war, übten sie den Kotau. Als sei sie eine sakrosankte Herrscherfigur, buckelten alle vor ihr; ihre formal gleichgestellten Kolleginnen und Kollegen – gewählte Repräsentanten des Volkes – verharrten in betretenem Schweigen, starrten auf ihre Hände und taten nichts, um dieses Schauspiel unmäßiger Arroganz zu beenden. Keiner erhob die Stimme, keiner wollte sich exponieren, jeder dachte an sich, seinen Vorteil und duckte sich weg.

Oswald Spenglers prophetischer Hinweis, demokratische Systeme seien meist zu schwach, den Cäsarismus eines einzelnen radikalen Systemgegners zu neutralisieren, erfüllte sich in diesem kleinen Kammerspiel menschlicher Niedertracht auf bedrückende Weise. Wer keine Skrupel besaß, immens produktive Lakaien als *unproduktiv* zu geißeln, hatte auch keine Hemmung, selbst geringfügige Systemschwächen unerbittlich auszunutzen. Wenn jene mit Willkür verfahren, die von uns den Auftrag erhalten, politisch Gemeinsinn zu üben, wird die Gerechtigkeit zur Farce. Ein Topos? Gewiss, doch fast jeder Topos darf sich schmeicheln, der Wahrheit verwandt zu sein.

Troll hatte keine Skrupel, demokratische Regeln in autokratische Willkür zu überführen. Sie sanktionierte jede noch so geringe menschliche Schwäche und verhöhnte den Humanismus immer dann am meisten, wenn sie sich auf ihn berief und das geschah oft.

Als das Essen aufgetragen wurde, begann sich die kollektive Anspannung endlich etwas zu lösen. Das klirrende Besteck und leise Stimmengewirr an den Tischen wirkte befreiend und sorgte dafür, dass eine Atmosphäre entstand, die für Außenstehende fast normal gewirkt hätte, wäre nicht in jedem gesprochenen Wort die heimliche Sorge mitgeklungen, die Aufmerksamkeit der Vorsitzenden auf sich zu ziehen.

Weihnachten bei der VDP bescherte ihren Gläubigen ein Menü boshafter Einfälle.

Der Grüne Dackel bot dafür einen perfekten Rahmen; er war eine Aggregation scheußlicher Irrtümer und Instinkt-Abirrungen. Das Restaurantinterieur entsprach dem Naturell jener Menschen, die hier saßen, aßen und tranken. Es bot eine Kulisse, die mir gefiel. Sie war das passende Ornament für die anwesende Meute rückgratloser Volksvertreter, die niemanden kannten als sich selbst.

Ihr gehortetes Geld war ihr Gott, ihre Losung – „Vermögen durch Produktivität" – das Bekenntnis zu Egozentrik um jeden Preis. Tamara Troll aber war ihre schwarze Madonna und finstere Eris, die Zwietracht säte, wo sie versöhnen sollte. Die VDP lebte die Perversion, wie sie die Produktivität vergötterte. Es scherte sie nicht, was dabei entstand, solange nur etwas entstand: idealerweise etwas, das sich verkaufen ließ und Reichtum garantierte oder zumindest in Aussicht stellte.

Je länger ich in den Rachen dieses gierigen Molochs starrte, desto mehr wusste ich, dass ich in den letzten Monaten etwas gelernt hatte, das zu lernen sich niemand wünscht, der keine Sehnsucht verspürt, die Organe seines Gegenübers meistbietend zu verkaufen.

Als uns am Ende des Essens von den Sekretärinnen kleine Präsentkörbe mit Likör und Süßigkeiten überreicht wurden, lachte ich, barmherzig gehüllt in einen Kokon aus Rotwein und Calvados, ein lautloses Lachen, denn in der Mitte des hässlich drapierten Körbchens lag, als habe das Jesuskindlein beschlossen, für immer zum Atheismus zu konvertieren, ein Foto der Vorsitzenden, über das sich in altdeutscher Fraktur der Satz ergoss: „Frohe Weihnachten – bleiben Sie produktiv. Auch im Glauben. Ihre VDP."

Mit der VDP wird selbst das Göttliche eine Posse, dachte ich traurig, ehe ich Rüdiger, als habe er meine Gedanken erraten, mit alkoholschwerer Zunge sagen hörte: „Die VDP kennt keine Grenze. Das hier ist schlimmer als jeder Porno. Das hier ist ekelerregend." Wir schauten uns beide ernüchtert an und wussten, jeder für sich und wir beide gemeinsam, es war genug. Längst.

Ich, David Davidson, ein agnostischer Jude ohne Sehnsucht nach einem Gottesbeweis, war am großen Fest der Christen an eine Grenze gestoßen, die ich nie überwinden wollte, denn ich wünschte mir von ganzem Herzen eine göttliche Antwort auf so viele menschliche Makel.

34. Arglos

Wer in der Politik anfängt zu arbeiten, lernt rasch, dass insbesondere zwei Währungen hoch gehandelt werden, Titel und Einfluss. Die Hierarchie ist vergleichsweise simpel und leicht zu verstehen: Wer einen Titel besitzt, gilt wenig. Wer einen Titel und Einfluss besitzt, gilt mehr. Wer mehrere Titel, Einfluss und *mächtige* Freunde besitzt, gilt viel. Davon unberührt bleibt der Bundestag das Maß aller Dinge. Wer in einem Landesparlament sein Dasein fristet, spielt in einer unbedeutenden Liga und ringt täglich mit diesem Komplex. Anders verhält es sich mit jenen Politikern, die nie den Sumpf ihrer Stadtgruppe, ihres Kreis- oder Regionalverbands verlassen haben. Sie sind der personifizierte Hochmut und auf eine Weise bedeutend, dass es schwer ist, sie an ihre Grenzen zu erinnern.

Der Größenwahn ist in der Armee wie in der Politik bei jenen am schlimmsten ausgeprägt, die *an der Basis* das Sagen haben. Ein Feldwebel ist gefährlicher als jeder General. Die Hybris eines Kreisvorsitzenden weit größer als die eines Bundesministers. Diese These ist im Alltag verifizierbar. Politiker sprechen immer davon, sie wollten etwas bewegen und gestalten. Was sie meinen, bleibt hinter den Plattitüden jedoch nur unzulänglich verborgen. Die Wahrheit ist renitent und beugt sich nicht ihren Lügen. Sie wünschen sich Macht und Einfluss. Sie lieben die Unterdrückung. Sie lieben die Möglichkeit, *Aufgaben, Arbeit und Menschen zu delegieren*. Sie lieben es, mehr zu sein als ihr Gegenüber. Jede neue Funktion, jeder neue Titel erfüllt sie mit Glück, wenn auch nur kurz. Ihr Hunger nach Einfluss wird nie gestillt. Ihre Gier ist größer noch als das Repertoire an Ämtern und Funktionen, die ein Landtag in seinem beträchtlichen Fundus birgt.

Prof. Tresch war einer der eifrigsten Titel- und Ämter-Sammler, den der Sternheimer Landtag jemals gesehen hatte. Sein Alter war eher unspezifisch. Er mochte 40, vielleicht 45 Jahre sein, vielleicht auch älter. Er wirkte auf viele unbestimmt und beliebig. Doch hinter seiner farblosen Erscheinung hauste ein Ehrgeiz, der einen ängstigen konnte. Sein wahres Naturell wurde mir zum ersten Mal bei einem Fest aller Fraktionen des Landtags eröffnet. Eingezwängt zwischen einer Unzahl transpirierender, älterer Herren war ich fest entschlossen, an diesem Abend nicht Opfer meiner Klaustrophobie zu werden. Begleitet von zwei angegrauten Journalisten hatte ich mich in eine jener kleinen Nischen geflüchtet, über die das Foyer des Landtags in bescheidener Zahl verfügte. Sie glichen unmotivierten Wucherungen, doch sie gewährten Asyl vor den Blicken der vielen Menschen, die alle glaubten, ihre Anwesenheit sei an diesem Abend unersetzlich. Ihre unbeabsichtigte Schutzfunktion war alles, was den Nischen Legitimität verlieh; ihre Hässlichkeit war ein Makel, der sich nicht ignorieren ließ. Wer sich etwas mit Architektur befasst, weiß, dass Details bedeutsam sind. Häufig sind sie Indikatoren dafür, inwieweit eine Gesellschaft bereit ist, die Stadtgestaltung Vandalen zu überlassen. Wer die Welt, wer die *Menschen* kennt, weiß um die Wirkungsmacht von Ästhetik. Ästhetische Kategorien aufzukündigen, führt meist dazu, nur unwesentlich später Prinzipien der Humanität zu veräußern.

An diesem Abend jedoch waren meine Überlegungen weit profaner; ich wollte nur aus dem Schussfeld treten und keine zwanghafte Konversation führen. Wer im Landtag arbeitet, ist immer gefährdet, verramscht zu werden. Viele Parlamentarier *benutzen* jeden, der ihnen berufsbedingt nahekommt. Mitarbeiter sind dabei nur eine Ware, deren Wert sich an ihrem Nutzen, ihrer Resilienz und politischen Rendite, bemisst. Wer das weiß, hält Distanz und wundert sich nicht über den Lärm, die Hektik und Aggression, die launische Abgeordnete verbreiten. Es ist Teil des politischen Alltags, *Master and Servant*-Spiele zu inszenieren. Wenn es um die Bedürfnisse eines Politikers geht, werden aus Petitessen gewaltige Themen und aus Themen weltpolitischer Tragweite

Petitessen. Die Bedeutung bedeutender Themen sinkt proportional zur Bedeutungslosigkeit eines Politikers. Was sonst bedeutungslos ist, wird zur *raison d'être* für ganze Nationen, wenn ein nachgeordneter Mandatsträger es als *Schlüssel-Thema* für sich entdeckt.

Die zwei Journalisten, respektable Veteranen des Zeitungsbetriebs, waren mir, je zwei Teller mit Petits Fours balancierend, in die Nische gefolgt; ich hatte eine Weiß- und eine Rotweinflasche und passende Gläser erbeutet und war eben im Begriff, jedem der Herren ein Glas einzuschenken, als sich Prof. Tresch vor der Nische aufbaute, linkisch grüßte, mit Zeige- und Mittelfinger der rechten Hand auf mich deutete und halb ernst-, halb scherzhaft sagte: „Ach Davidson, ich wusste gar nicht, dass Sie heute zu den Gästen zählen. Meines Wissens sollten Sie die Gäste unterhalten, oder irre ich mich?"

Der ältere Journalist erkannte sofort, was Tresch plante. Treschs Absicht, mich *coram publico* an meine dienende Stellung und damit an die Bedeutung seiner eigenen zu erinnern, war viel zu offensichtlich. Niemand konnte im Zweifel darüber bleiben, was er wollte. Journalisten kennen diese Rituale gewöhnlich sehr gut. Sie mögen sie selten und verachten sie meist. Obgleich Politiker von den Sympathien jener Menschen abhängen, die darüber entscheiden, welche Aspekte ihrer Person und politischen Haltung den Wählern zu Augen und Ohren kommen, beherrschen sie meist nichts besser, als binnen einer Sekunde zum Unsympathen zu mutieren.

Der Journalist gab mir einen kleinen Wink, hieß mich schweigen, lächelte, vielleicht einen Hauch zu verbindlich, und entgegnete Tresch, freundlich werbend: „Sie müssen Prof. Tresch sein. Eben erst hat Herr Davidson von Ihrer finanzpolitischen Kompetenz gesprochen. Möchten Sie sich nicht zu uns gesellen?" Es war sehr beengt, doch es gab kein Entrinnen. Tresch würde bleiben und ich durfte ihn nicht bloßstellen. Es war an mir, eine Lösung zu finden.

Also erhob ich mich rasch und bedeutete Tresch mit einer einladenden Geste, dass er gern auf meinem Sitz Platz nehmen könne. Genau darauf hatte Tresch gewartet. Einen Augenblick später saß er mit strahlender Miene zwischen den Journalisten und begann, ansatzlos zu schwadronieren: „Um mich noch einmal kurz vorzustellen: Mein Name ist Tresch, Prof. Dr. Dr. h.c. Dipl.-Agrarökonom Wolfgang Tresch, Vorsitzender des Arbeitskreises Finanzen, Mitglied der Arbeitskreise für Digitalisierung, Kultur und Soziales, umwelt- und energiepolitischer Sprecher, Chairman des Neutinger Lions Clubs und Preisträger der Saarländer Golf-Sommerspiele 2004." Tresch machte eine Pause. Er rang mit sich, ob er auch noch weitere Funktionen, Ehrungen und Erfolge aufzählen sollte. Es kostete ihn spürbar Mühe, darauf zu verzichten und sich auf seine politischen Aufgaben im Umfeld des Landtags zu beschränken. „Nun ja, es ist viel, worum ich mich zu kümmern habe. Doch meine Maxime ist immer: Lieber viel getan, als nichts gesagt."

Die beiden Journalisten schauten mich an, fragend, als erwarteten sie, ich könnte diesen sinnlosen Wahlspruch in etwas Kluges verwandeln. Doch in der politischen Alchemistenküche wird zu viel Unsinn produziert, als dass es Einzelnen möglich wäre, jede absurde Aussage in eine geistreiche Sentenz zu verwandeln. Ich lächelte gequält, schüttelte leicht den Kopf und wusste, was jetzt kommen würde, war weit schlimmer, als jeder von uns erahnen konnte. „Sie müssen wissen", fuhr Tresch ungehemmt fort, „ich komme aus einer alten, standesbewussten Familie, die Politik lebt und liebt". Sein überheblich grinsendes Gesicht glich einem der hässlichen Fratzenbilder Johann Caspar Lavaters, dessen *Physiognomische Fragmente zur Beförderung der Menschenkenntnis und Menschenliebe* vieles erkennen ließen, nur keine Menschenliebe.

Der jüngere der Journalisten, ein netter, kultivierter Herr, Ende vierzig und von mächtiger, statuarischer Größe, dessen Kopf mich

278

immer an Kaiser Vespasian erinnerte, hatte bislang eisern geschwiegen. Jetzt begann er zu lachen, verschluckte sich, hustete bellend und kam erst zur Ruhe, als ihm sein Kollege mit brachialen Schlägen auf seine Schultern geholfen hatte, wieder zu Atem zu kommen. Tränen in den Augen starrte der amüsierte Riese auf Prof. Tresch und fragte ihn, mit kaum verstelltem Sarkasmus: „Sie sagen, Sie kämen aus einer standesbewussten Familie. Welchem Stand entstammen Sie denn?"

Tresch hatte keinen Sinn für zwischenmenschliche Nuancen. Wie ein Asperger-Patient nahm er alles *expressis verbis*, verstand weder Ironie noch Sarkasmus und konnte keine Beiklänge wahrnehmen. Er differenzierte nicht zwischen *sagen* und *meinen*, er differenzierte überhaupt nicht. Er konnte es nicht. Tresch selektierte ‚Feinde', sonst nichts. Jetzt wäre es an mir gewesen, einzugreifen, einen unverbindlichen Satz – eine Banalität – zu sagen, um dem Gespräch eine andere Richtung zu geben, doch ich schwieg und ließ den Journalisten gewähren und damit das Unglück kommen. Tresch schien sich zu allem Überfluss über die Frage zu freuen. Er saß, die klobigen Hände auf seine fetten Schenkel gestützt, leicht vorgebeugt da und gewährte Einblick in das Dekolleté seiner verschwitzten, fleckig behaarten Brust. Er transpirierte heftig und ein kleines Rinnsal Schweiß perlte über seine Schläfen hinab bis zum Kragen seines hellbraunen Cordanzugs, den er fraglos sehr günstig erworben hatte. Alles an Tresch wirkte derangiert, unförmig und billig, alles an ihm schien überflüssig und wertlos, seine Antwort aber war unbezahlbar: „Mein Stand", erklärte Tresch, „ist der Stand der Leistungsträger. Wir sind Produzenten. Wir sind Gestalter. Wir sind die Aristokratie des 20. Jahrhunderts."

Der Statuarische starrte ihn ungläubig an, was Tresch nur dazu animierte, weiter auszuholen. „Meine Familie, müssen Sie wissen, hat immer nur produziert. Wir haben nie etwas genommen, uns nie bereichert und immer der Gesellschaft gedient." Tresch glaubte, was er sagte und erst damit wurde das Unglück vollkommen. „Selbst arme Leute sind für uns Menschen mit Perspektive", erklärte Tresch, ohne zu erröten, und sah nicht, welches Projektil er damit auf die Reise geschickt hatte. Das Unglücksgeschoss erreichte sein Ziel mit Treschs Resümee: „Jeder verdient die Chance, produktiv zu sein."

Als dieser Satz gefallen war, gab es kein Zurück mehr. Der statuarische, sonst immer freundliche Journalist verlor seine ruhige Haltung und raunzte Tresch böse an: „Was für ein Blödsinn."

Tresch schien nicht zu verstehen, erwiderte nur, „Pardon, was sagen Sie?", und war schließlich fassungslos, als der Journalist wiederholte, er rede Blödsinn, *vulgo* Bockmist.

Jetzt verlor Tresch seine Beherrschung, sprang auf und schrie: „Was erlauben Sie sich? Wissen Sie nicht, wen Sie vor sich haben?"

Der Statuarische betrachtete Tresch eingehend und sagte nur, frei von Häme und Spott: „Doch, das weiß ich. Sie sind ein Ignorant. Ein trostloser Ignorant, der unablässig Bockmist produziert." Der Riese nahm seine Jacke, wandte sich ab, grüßte mich und seinen Kollegen mit einem Nicken, und ging.

Auch der ältere Kollege hatte jede Lust verloren, noch länger mit Tresch in einer engen Nische zu hocken. Er räusperte sich lauter als notwendig, erhob sich, die Blicke abgewandt, langsam von seinem Sitz, klopfte, als habe er in einer staubigen Ecke gesessen, die Hosen ab, verbeugte sich linkisch vor Tresch und sagte mit einer Ironie, die ich ihm nie zugetraut hätte: „Nun, ich bin nicht von ihrem Stand. Mein Vater war ein armer Landschaftsgärtner und wahrscheinlich der einzige Mann, der nichts kannte als Großmut und Freundlichkeit. Mit sich und anderen. Seine Perspektive war immer, seinen Kindern ein besseres Leben zu ermöglichen, was wohl selbst für Sie", jetzt starrte er Tresch mit funkelnden Augen an, „ein Akt gelebter Produktivität sein dürfte". Tresch war zu empört, um noch reden zu können, und so hielt er endlich einmal den Mund. Der Journalist gab mir die Hand, drückte sie fest und

sagte nur, schon im Gehen begriffen, „geben Sie auf sich acht".
Tresch blieb zurück, fassungslos über die „unerträgliche Impertinenz dieser amoralischen Zeitungsschmierer" und auf eine Weise
erbost, dass er mit den Zähnen knirschte. „Warum", fuhr er mich
bleich vor Zorn an, „haben Sie Kontakt mit solchen Leuten? Das
sind *Altachtundsechziger*, verstehen Sie? Arrogante Altachtundsechziger, die glauben, sie könnten sich alles erlauben."
Ich schaute Tresch an, schwieg und wartete. Tresch erhob sich
schwerfällig, trat auf mich zu, nahe, bis kaum noch Abstand war
und sein feuchter Atem mein Gesicht berührte. „Davidson", sagte
er leise, streng und mahnend, „Sie müssen sich entscheiden, was
Sie wollen und vor allem, wem Sie verpflichtet sind. Selbst für Juden gibt es Regeln." Dann verließ er, ohne ein weiteres Wort an
mich zu verschwenden, die Nische. Zielstrebig eilte er los in die
Menge, um nach Menschen zu fahnden, die seine Weltsicht zu
schätzen wussten. Zwei ältere Journalisten und ein intellektueller
Jude waren nicht, was er suchte. Was aber suchte ich noch hier?
Ich war in eine Sphäre eingetreten, von der ich wusste, dass sie
mich abstoßen würde. Warum also hatte ich diesen Schritt getan?
Das Warum blieb mir schleierhaft, doch wie hatte ich erst vor kur-
zem in einem Buch gelesen: „Ab und an ereilt den Arglosen das
Unheil gewaltsam wie die Liebe..."

35. Wohnungsbau

Meine Zigaretten hatten sich erschöpft und ich sah beklommen dem nächsten Termin entgegen, der die gesetzte Zwei-Stunden-Frist in jedem Fall überschreiten würde. Der Abgeordnete Losemann war berüchtigt für seine Marotte, zu allem alles noch einmal zu sagen. Wenn andere längst schwiegen, plapperte Losemann weiter. Er hörte nie zu und wenn, so nur, um Versatzstücke des Gehörten aufzugreifen. Er wiederholte gern Aussagen im falschen Kontext, die schon im richtigen Kontext absurd erschienen. Losemann war der Garant, selbst den klügsten Gedanken in aberwitzigen Unsinn zu verwandeln. Seine Kollegen fürchteten seine „Verständnisbarrieren"; auch seine Mitarbeiter hatten längst aufgegeben, ihn ernst zu nehmen. Jeder seiner Sätze balancierte am Rand des Erträglichen und war ein Zeugnis für die Banalität des Bösen.

Arme, Arbeitslose, sozial Bedürftige und Gebrechliche waren für ihn eine Kaste unerfreulicher Menschen, die daran krankten, sich jeder gesunden Arbeitsmotivation zu verweigern. „Arbeit gibt es genug. Arbeit ist überall zu finden. Egal, wie jung, alt und belastbar, für jeden lässt sich etwas Geeignetes finden. Wer dem widerspricht, ist einfach zu faul, eine Arbeit aufzunehmen." Losemann meinte, was er sagte, und er hatte keine Scheu, vor einer Gruppe bereits seit Jahren vergeblich nach Arbeit suchender älterer Männer eine Rede zu halten, die in dem Rat gipfelte: „Sie sind doch alle Familienväter. Bewegen Sie sich, damit sich alles bewegt und ihre Familie erkennt, hier ist einer, der sich bemüht. Hier ist einer, der arbeiten will. Glauben Sie mir, ich weiß, was es heißt, mit wenig viel zu erreichen. Aktivieren Sie sich. Motivieren Sie sich. Werden Sie produktiv."

Die Männer erstarrten. Sie wussten nicht, wie ihnen geschah und begannen leise zu murren. Der soziale Träger für den sie täglich „im Rahmen eines Förderprogramms" für einen symbolischen

282

Obolus Trottoirs reinigten, hatte sie eingeladen, mit dem Abgeordneten Losemann „ihre Situation zu diskutieren". Sie hatten zugesagt, wenn auch gewiss nicht aus Freude an dem Gespräch mit Losemann. Die VDP war nicht dafür bekannt, Menschen „in prekärer Lebenssituation", so die offizielle Umschreibung, zu unterstützen. Die VDP konzentrierte ihr Interesse auf Dinge, nicht Menschen, und ihre Anhänger wünschten keine Verstrickung in Elend und Kummer anderer Menschen.

Losemann erinnerte oft daran, dass seine Frau, eine erfolgreiche Managerin in der pharmazeutischen Industrie, ihn gelehrt habe, wie sich Erfolg konstruieren lasse. „Wenn du Erfolg haben willst", zitierte er gern seine Frau, „dann befreunde dich mit dem Erfolg und jenen, die ihn haben. Ergreife nie Partei für Menschen, die Misserfolg haben. Keine Solidarität mit Verlierern. Jeder ist allein. Wer Misserfolg hat, ist dein Feind. Selbst, wenn er nett ist, wahre Distanz. Nett zu sein, hat keine Bedeutung. Nett sind nur die Verlierer." An dieser Stelle hielt Losemann gern inne, blickte beifallheischend um sich und begann, wie ein trunkener Satyr zu grinsen. Die zynischen Überlegungen seiner Frau ließen ihn strahlen. Losemann freute sich immer kindisch, sein Fazit im Duktus der VDP zu präsentieren: „Erfolg folgt einem simplen Gesetz: Nütze jeden, doch werde niemals benutzt." Losemann liebte es, seine Gedanken über einen Katarakt egozentrischer Überlegungen in die Tiefe menschlicher Niedertracht zu schicken. Ob dabei das letzte humane Empfinden zuschanden ging, interessierte ihn herzlich wenig. Er profilierte sich gern als „gnadenloser Entscheider". Je mehr er glaubte, sein rigides Vorgehen habe Erfolg, desto produktiver fühlte er sich.

„Ein Entscheider wirbt mit allem, was er tut. Für sich, den Erfolg und die VDP", Losemann liebte nicht nur Plattitüden, er versuchte ihnen Leben und „öffentliche Response" zu schenken. Auch die Sitzung, die mich jetzt erwartete, war auf „öffentliche Response" konzentriert. Offiziell diente sie dazu, Vermarktungsstrategien für Losemanns Wohnraumpolitik zu reflektieren, das zumindest hatte Losemanns E-Mail angekündigt, die mich nötigte, sein Büro im „Entscheidertrakt" aufzusuchen. Am großen Besprechungstisch – Losemann verfügte auch über einen kleineren, um die Relevanz einer Sitzung ikonographisch festzuschreiben – saßen bereits zwei Referenten und ein Fachberater, dessen blasiertes Gesicht wenig Gutes verhieß. Sein leicht gewelltes, an den Seiten kurz getrimmtes Haar schimmerte fettig. Offensichtlich hatte er am Morgen dieses Tages reichlich Haarwachs aufgetragen, um seiner Frisur Fasson zu geben. Uns verband wenig mehr als der Fehler, im selben Raum zu sein. Er hatte die Eigenart, bei Sitzungen mit seinem Stift regelmäßig gegen die Zähne zu pochen und immer, wenn er etwas guthieß, ostentativ „ich gehe d'accord" zu sagen. Er war erst Anfang dreißig und besaß bereits die massige Gestalt, wie sie für Männer der sechsten Lebensdekade bezeichnend ist. Sein expansiv veranlagter Bauch kam seinem ausgeprägten Bedürfnis gleich, gehört zu werden.

Die beiden Referenten waren eher Zaungäste dieses Treffens, doch wichtig, um ihm Bedeutung zu geben; in der Politik entscheidet die Anzahl der Anwesenden einer Sitzung oft auch über deren Bedeutung. Kein Politiker erträgt es gut, unbedeutend zu sein oder, was noch fataler wäre, unbedeutend zu wirken.

Losemann war unbedeutend, doch er tat alles dafür, bedeutend zu wirken. Wenn er im Landtag treppauf, treppab durch die Gegend eilte, so immer mit einem Smartphone bewaffnet, das er sich krampfhaft gegen sein linkes Ohr presste. Er war fortwährend im Gespräch, doch wer ihn etwas besser kannte, wusste, dass die meisten Gespräche fiktiven Charakter besaßen. Losemann war für jede normale Konversation verloren. Er verwandte sein Leben darauf, bedeutsam zu *wirken* und vergaß darüber das Gegenwärtige.

Seine Frau ging längst eigene Wege, ohne auf Losemanns Ruf noch Rücksicht zu nehmen. Sie hatte zahllose Affären und schätz-

284

te an ihm einzig sein Konto; auch Losemanns Kinder gaben sich keine Mühe, seinen Vorstellungen zu entsprechen. Er finanzierte ihre Studiengänge, Reisen und Annehmlichkeiten, mehr nicht. Losemann wusste das alles, doch nahm es wahr, ohne betroffen zu sein. Sein Leben kannte keine soziale Verpflichtung, die mehr betraf als sein Geld.

Heute hatte sich Losemann den urbanen Wohnungsbau „auf die Agenda gesetzt". Er sprach viel von Agenden, Agenda-Setting und Time-Scheduling. Seine Sprache war, wie alles an seiner Person, auf Redundanz programmiert. Nichts änderte sich, weder seine Weltsicht noch seine Überlegungen, Analysen oder Urteile. Losemann war kein Mann des Wandels. Er liebte, was er verstand und das war wenig. Wenig, dachte ich amüsiert, ist, was mich mit Losemann verbindet. Was ihn betraf, erwartete ich nichts und war gefasst, nur Schlimmes vorzufinden. Er sollte mich nicht enttäuschen. Wie immer begann er seine Sitzung damit, die Regierung und ihren Ministerpräsidenten als „unkontrollierte Abriss-Truppe" zu beschimpfen. „Wer sich näher mit diesen Realitätsverweigerern beschäftigt, sieht schnell: Hier hilft keine Medizin." Befriedigt über seine Radikaldiagnose zum „desaströsen Zustand" der Regierung, die er jedem, auch ungefragt, nahebrachte, schlug er mit flacher Hand auf den rot-braun gefärbten Kunstlederkalender im Vintage-Style, der immer vor ihm lag, obgleich er nur selten etwas notierte. Der Regierungsverriss war längst, als negatives Mantra, in seinem Cortex eingegraben, und von anderen Gedanken wurde er kaum belästigt.

Die Komplexität von Sachverhalten wird in der Politik ohnedies nur bemüht, weil sie die Politiker davon befreit, tatsächlich etwas zu bedenken. Die Berater-Kolonnen im Politik-Apparat der Länder, des Bundes und der Europäischen Union haben in erster Instanz die Funktion, den geistlosen Moloch *in all seiner Komplexität* zu erhalten.

Losemann ahnte von Zeit zu Zeit, dass er und seine Berater keine Aufgaben besaßen, die über ihre Besprechungen hinausreichten. Wann immer ihm dieser Gedanke kam, erinnerte er sich daran, dass er, Losemann, ein Beispiel dafür geben würde, wie Politik funktionieren *könnte*. „Wer motiviert ist, ist auch produktiv", verkündete Losemann immer in kleiner oder großer Runde, sobald die Sprache darauf kam, welche Politik er verfolge. „Ich habe nie etwas nicht getan, wenn ich es tun konnte", betonte er immer, wenn er sich – sein Programm und Handeln – erklären sollte. Das war ihm genug, wie es auch seinen Beratern genug war, ohne die sich seine parlamentarische Arbeit in etikettenlosen Aktenordnern verloren hätte. Durch ihre Arbeit und Präsenz erhielt Losemann die Legitimation für ein Mandat, das er eher durch Zufall als Kalkül erhalten hatte, doch das er, drei Jahre nachdem es ihm zugefallen war, um jeden Preis behalten wollte. „Ich bin es meinen Wählern schuldig, eine zweite und dritte Legislatur im Landtag zu bleiben. Jetzt bin ich eingearbeitet. Jetzt bin ich produktiver als je zuvor"; er glaubte, was er sagte, denn er war ein Opportunist, und Opportunisten haben kein Gedächtnis. Ihre Erinnerung sondert aus, was immer ihre Karriere bedrohen könnte, und nährt jeden Keimling, der ihrem Erfolg neue Blüten verheißt.

Losemann adoptierte jeden Erfolg als den seinen, und imaginäre Erfolge waren für ihn so real wie seine eigenkreierte Wirklichkeit, in der er sich heimisch fühlte. Die Sitzung war Teil dieser Wirklichkeit und damit ein treues Abbild ihres Sitzungsleiters, der sich, wie so oft, thematisch nicht festlegen wollte. Losemann genoss es, sich ganz in seiner eigenen Welt zu verlieren.

„Davidson" – Losemann hatte mich ausgewählt, die erste Direktive für den Tag zu erhalten –, „wir müssen das Diesel-Thema mehr *spoilern* und endlich klar machen, dass die Sternheimer Motorenwerke *unabdingbar* für unseren Wohlstand sind. Das ganze Gerede mit Emissionen über dem Limit ist doch nur Propaganda. Absurd und dumm. Schreiben Sie etwas in der Art wie",

Losemann rang sichtlich um eine schlagkräftige Formulierung, „Schluss mit Industrie-Bashing. Diesel ist Wohlstand und Zukunft oder so ähnlich." Die Referenten nickten beflissen und auch der Berater ließ ein entschiedenes „stimmt schon" vernehmen. Mit unbeteiligter Miene sah ich Losemann an und wartete, ob noch etwas kommen mochte, denn ich hatte oft genug erfahren, dass ein zweiter Gedankenflug den ersten konterkarieren oder in eine Hyperbel führen würde, und auch heute sollte ich mich nicht irren.

„Davidson, warten Sie. Schreiben Sie besser: Habedanks Verkehrsminister ist ein Anti-Auto- und Anti-Wohlstandsminister. Statt Autos zu produzieren, lässt er lieber sein Fahrrad frisieren." Losemann lachte meckernd. Er hatte gelesen, der Verkehrsminister nutze seine Ministerlimousine kaum und verwende, wann immer möglich, ein Fahrrad mit Elektromotor. Diese, so Losemann, „absurde Ministermarotte" empörte ihn zutiefst. Die VDP verabscheute Fahrradfahrer. Losemanns Aversion ging noch weiter. Er war ein frenetischer Feind jedes Vehikels, das keinen Verbrennungsmotor oder Diesel nutzte. Umso mehr freute er sich über seine „pointierte Formulierung". Losemann schnitt eine boshafte Grimasse. Sichtlich befriedigt von seinem Wortwitz gierte er nun nach Anerkennung und Zuspruch. Die Runde affirmierte folgsam mit höhnischem Gelächter. Losemanns stetes Polemisieren gegen den Verkehrsminister war längst *das* Motiv seines politischen Lebens geworden. Der Verkehrsminister sehnte sich nach einer Welt ohne Smog, Losemann hingegen stand unerschütterlich auf der Seite „freiheitsliebender Individualfahrer". Die VDP demonstrierte für den Diesel. Der Verkehrsminister demonstrierte den Wunsch, einem umwelt- und lebensfeindlichen Anachronismus endlich den Garaus zu machen.

Sternheim verdankte seinen Reichtum stinkenden Blechvehikeln. Sternheim war der Ort, an dem nur wenige akzeptierten, dass unser Planet unter den destruktiven Vorlieben unserer Spezies zu leiden hat. Seit Beginn der Industrialisierung führen die Menschen zu Land, zu Wasser und zu Luft Kriege gegen alle anderen Geschöpfe. Ohne Zweifel an der Legitimität unseres Handelns zerstören wir alles, das unseren Lebensraum ausmacht.

Atom- und Wasserstoffbomben haben Meere, Atolle und Savannen in leblose Wüsten verwandelt. Unser Müll bedeckt die Welt mit einer Lasur, die jedes andere Leben erstickt. Die Ozonschicht wird von FCKW perforiert, die Ökosysteme der Ozeane kollabieren, die unermesslichen Wälder des Amazonas schmelzen dahin wie die Arktis und wir lassen es gewähren.

„Jedes Tier hat seine Chance, doch wer im Wettstreit verliert, muss das Feld räumen. Ob Säugetier, ob Fisch oder Insekt, es überlebt nur, wer es verdient" – Losemanns Gesicht war frei von Ironie, als er Arthur de Gobineaus zynische Rassentheorie auf das Tierreich projizierte. Er dachte, was er sagte, und er sagte, was er immer häufiger als Leitmaxime seiner politischen Programmatik zu erkennen gab.

Losemann war jenen, deren Ideologie er im Landtag als reaktionär geißelte, sehr nahegekommen. Er liebte die Selektion durch Erfolg, er liebte es, jene bestraft zu sehen, die Schwäche erkennen ließen. Unwillkürlich ging mir das Bild des elend verendenden Wales durch den Kopf, dem ich am Vortag im Fernsehen dabei zugesehen hatte, wie er versuchte, eine jener Plastiktüten aus seiner Kehle zu würgen, die wir millionenfach in den Meeren verstreuen. Er erbrach die Tüte in seiner Agonie und wurde zum Symbol eines Massenmords, an den wir uns alle gewöhnt hatten. Dieser Genozid wurde toleriert, weil wir längst jede Ethik für unsere Konsumsucht verraten hatten. Wer heute noch glaubt, der Klimawandel habe zu unseren Verfehlungen keine Verbindung, sollte sich fragen, welche Zukunft er für seine Kinder ersehnt.

Meine Gedanken rotierten um eine Achse trauriger Gewissheiten und ich begann, mich zu ekeln. Ich stöhnte leise, doch lange genug, dass die Runde es hören musste. „Was stört Sie, Davidson?",

288

fragte mich Losemann. „Glauben Sie, die Menschheit sei weniger wert als die Tiere?"

„Nein, das glaube ich nicht. Weder sind wir weniger wert, noch sind wir bedeutender." Meine Gedanken eilten meinen Worten voran, die sich von selbst ihre Wege zu ebnen schienen. „Uns verbindet mehr, als uns trennt", tastete ich nach den richtigen Worten. „Menschen sind hoch entwickelte Primaten. Genetisch besehen unterscheiden wir uns kaum von Gorillas und Orang-Utans." Ein kurzes Lachen ließ mich verstummen; ich lachte selbst, über mich, meine Situation, und ein wenig auch aus Verzweiflung, dann brachte ich meinen Gedankengang zu Ende. „Die Evolution hat uns", mitten im Satz überkam mich wieder die Lust zu lachen, „eher aus einer Laune heraus eine bevorzugte Stellung verschafft". Ich widerstand der Versuchung, noch mehr zu sagen; es hätte nichts geändert. Meine Überzeugungen waren in keiner Beziehung VDP-konform. Wie hätte ich diesen Gestalten vermitteln können, was ich dachte? Wer, wie die Mandatsträger der VDP, vergisst, woher wir kommen, wer Tiere zu Nutzvieh degradiert und sich erhaben glaubt über alle Geschöpfe der Welt, verschmäht mit seiner Herkunft auch sein Erbe und das Leben selbst. Was ich dann sah, war bezeichnend für die Gedankenwelt der VDP. Die Herren feixten verächtlich. Losemann gab sich keine Mühe, seine Abscheu vor mir zu verbergen.

„Sie reden ja fast wie die Habedankschen Typen. Merken Sie sich, Davidson, der Mensch ist von Haus aus Egoist und damit seiner Konkurrenz überlegen." Die Referenten hüllten sich in Schweigen. Sie wussten in diesem Gespräch gab es nichts für sie zu gewinnen; auch der Berater schwieg beharrlich und starrte mit steinerner Miene auf seine Hände. Keiner wollte sich mit mir gemein machen. Keiner wollte sich hier die Finger verbrennen; ich war allein; vollkommen allein. Losemann schien nicht zu ahnen, was vorging. Er setzte seinen antihumanistischen Vortrag fort und rang, ich konnte es sehen, verbissen um Schlagkraft, ehe er wieder zu sprechen begann.

„Um nur ein Beispiel dafür zu geben, was ich meine. Die Jungen klagen über die Rente, und sie tun es zu Recht. Doch keiner der Alten will es hören. Jeder von ihnen beharrt auf seinen Vorteil und die Alten sind klar auf dem Vormarsch. Die Jungen werden große Probleme bekommen, die Lobby der Alten zu brechen. Sehen Sie, Davidson", gab Losemann zu bedenken, „das ist die Crux. Je mehr Alte, Arme und Arbeitslose wir haben, desto schwerer wird es, die Jungen ruhigzustellen." Er senkte den Kopf, ganz so, als käme ihm ein Gedanke, der ihn beschwerte und den er lieber gemieden hätte. „Die Jungen", sinnierte er lauter als zuvor, „haben nur dann eine Chance, wenn sie gegen die Ordnung der Schwachen rebellieren". Losemanns Miene hellte sich auf. Offenbar war ihm die Lösung für das Problem mit den Alten und Schwachen gekommen. „Die Schwachen sind in der Menge eine Gefährdung" – Losemann begann, sich an sich selbst zu begeistern, hob den Kopf und strahlte. Er liebte es, wenn er einfache Lösungen fand, im Idealfall einfache, *radikale* Lösungen, so wie jetzt.

„Die Antwort auf das Problem ist klar. Wir müssen ihren Einfluss begrenzen und sie an bestimmten Orten konzentrieren. Um besseren Überblick zu haben und die Kontrolle zu behalten. Sonst emanzipiert sich das *Lumpenproletariat*, stellt Forderungen und wird zur Gefährdung für die Produktivität unserer Gesellschaft. Ich sehe, Sie schütteln den Kopf, Davidson?" Er spürte meine Ablehnung, doch er missverstand ihren Ursprung. „Sie glauben, wir müssten logisch verfahren, nicht wahr? Ohne jüdische Hast. Nicht planlos, sondern bewusst. Und ja, Sie haben vollkommen recht." Losemann massierte sein Kinn, als überprüfe er seine Rasur auf vergessene Stellen. Dabei fixierten mich seine eng zusammenstehenden Augen mit erwachender Skepsis. Mir schien, als begänne er, zum ersten Mal ernsthaft darüber nachzudenken, ob ich vielleicht zu viel über ihn wusste. Losemann traute nur den Opportunisten, Menschen wie ich waren ihm fremd und drohten, gefährlich zu werden. Doch weil es ihm widerstrebte, sich zu beschränken, fuhr er fort, seine sozialdarwinistischen Thesen vor mir und seinen VDP-Adepten zu entwickeln.

„Das Wohnraumproblem ließe sich leicht lösen, wenn wir weniger zimperlich wären." Er schnaubte leise, blickte ernst in die Runde, nickte entschieden und hob die Hände, als wolle er uns beschwören, die nächsten Worte nicht zu vergessen: „Im ländlichen Raum ist Platz genug für Arme, Arbeitslose und Alte, in der Stadt hingegen brauchen wir jedes Zimmer. Wenn wir", Losemanns Puritanergesicht erglühte in einem lustvollen Grinsen, als er die letzten Reste von Pietät zertrat, „hier endlich klare Kante zeigen und unproduktive Leute in strukturschwache Regionen umsiedeln, wird es besser, definitiv".

Hier unterbrach ich Losemann, dessen Zynismus in ungeahnte Dimensionen enteilte: „Umsiedeln? Wissen Sie, was Sie da sagen? Als deutscher Politiker?" Losemann schaute mehr fragend als beleidigt; er schien nichts zu verstehen. „Die letzten deutschen Umsiedlungspläne datieren auf die 1930er- und 1940er-Jahre. Ehe Heydrich und Himmler Konzentrationslager im Osten errichten ließen", dozierte ich weiter, verzweifelt über die Begriffsstutzigkeit dieses Menschen, „dachten führende Nazis darüber nach, die Juden nach Madagaskar umzusiedeln".

Losemann schien die gewählte Analogie zu gefallen; sein Interesse war geweckt. „Nach Madagaskar? Wirklich? Und warum wurden die Juden dann doch vergast?"

„Das war Heydrichs Idee", antwortete ich konsterniert. „Ihm gefiel der Gedanke, Hitlers perversen Traum einer kollektiven Vernichtung jüdischen Lebens zu verwirklichen."

„Ach wirklich?" Losemann grübelte kurz, ehe er fortfuhr, seine triste Gedankenwelt vor uns auszubreiten: „Blöd für die Juden.

Die hätten es wahrscheinlich netter gefunden, nicht vergast zu werden."

„Netter gefunden?", raunte ich fassungslos, „ja, vermutlich hätten sie es begrüßt, nicht massakriert zu werden".

„Davidson, werden Sie nicht sentimental. Nur, weil wir von Juden reden, besteht dafür kein Anlass. Es gibt doch noch genug davon, nicht wahr? Sind Sie nicht auch ein halber Jude?" Losemann schlug mir leicht auf die Schultern; allem Anschein nach wollte er mich mit dieser plumpen Vertraulichkeit aufmuntern.

„Nein, ich bin ein ganzer Jude. Nicht Halb- oder Vierteljude."

„Na sehen Sie. Ein ganzer Jude und dennoch am Leben. Das ist doch schön." Losemann wusste offenbar nicht, was er sagte, oder schlimmer noch, er wusste es und meinte, was er sagte. „Wir Deutsche sind eben produktive Leute. Autos, Häuser, Juden, Hauptsache, es geht voran."

An dieser Stelle warf ich einen Blick in die Runde. Die Referenten schauten wortlos an sich herab; der Berater grinste verlegen, als habe er einen schlechten Scherz gehört. Keiner sagte etwas. Keiner kommentierte die ungeheuerliche Entgleisung. Es war, das wusste ich jetzt, in Deutschland wieder so weit, sich als Jude ernsthaft Sorgen machen zu müssen; auch Kranke, Arme, Arbeitslose und Alte – Personen von fragwürdiger Produktivität – hatten Grund, beunruhigt zu sein. Es waren nicht länger allein die offiziellen Retrofaschisten, die es zu fürchten galt. Die etablierten Parteien begannen, an Sozialdarwinismus, Xenophobie und Nationalismus aufzuholen, und die VDP war auf gutem Weg, sich dabei auszuzeichnen. Der Tag war nah, dass die VDP auch öffentlich ihr hässliches Gesicht zeigen würde. Ich aber wappnete mein Gedächtnis und spitzte die Feder. Kein Losemann sollte später erklären können, er sei ein Freigeist und Humanist. Sie waren keine Humanisten; sie benutzen ihre Privilegien nur, um anderen Menschen das Recht auf ein besseres Leben streitig zu machen. Diese Gestalten durften sich politisch nicht weiter reproduzieren. Ganz gleich, wie groß oder gering ihr Einfluss auch sein mochte, sie brachten Verderben.

Die kühne These, der *kritische Bürger* erkenne am Ende immer, welche Motive und Ziele Politiker verfolgten und welcher Praktiken sie sich dabei bedienten, verkennt die Wirklichkeit. Der *kritische Bürger* ist nicht die Norm. Wir alle neigen dazu, unsere Hoffnung über die Realität zu stellen. Wir alle ziehen die Annehmlichkeit optimistischer Induktionsschlüsse dem nüchternen Urteil empirischer Untersuchungen vor. Jeder von uns könnte *alles* sehen. Doch viele von uns ziehen es vor, nur zu sehen, was zu sehen uns opportun erscheint. Unser Zirkelschlag der Wahrheit reicht immer nur so weit, wie er unbedingt muss. Wir scheuen die Wahrheit, weil sie dem magischen Spiegel von *Dorian Gray* sehr nahekommt. Unser Handeln verrät uns und malt ein Bild mit all unseren Makeln. Dieses Bild war lange im Hinterzimmer unserer Existenz verborgen, nun zieht es die Jugend der Welt ans Licht, und wir fürchten die Folgen unserer Ignoranz.

Nicht die Erde geht zugrunde, die Umwelt unserer Kinder wurde zerstört. Sie mögen jetzt schreien, rebellieren und Rechenschaft fordern, es kommt zu spät. Die Gegenwart ist die einzige Zukunft, die wir ihnen gelassen haben. Sie ahnen es längst. Ihre Chancen sind gering. Die VDP aber glaubt, sie müsse ihnen erklären, was es bedeutet, vermögend und produktiv zu sein, denn, so Losemann: „Mit jedem neuen Auto schenken wir einem Menschen mehr Individualität."

36. Jugend

Die Delegation junger Nachwuchskräfte der VDP wartete bereits erwartungsfroh im Parlament auf die Vorsitzende Troll. Mir selbst kam die Aufgabe zu, die Truppe zu *entertainen*. Offenbar hatte das Schicksal Sinn für Humor; vor meinem imaginären Auge tanzte der Li-La-Laune-Bär, ein Held meiner Kindheit, durch die Szene mit einem Plakat, das wenig Gutes verhieß: *Mit der VDP-Jugend fühlen Sie sich garantiert älter. Älter als die Pyramiden.* Meine „Vision" glich diesem verwirrenden Morgen, der einem nüchternen Drogenrausch sehr nahekam. Das normierte Aussehen der 30 Heranwachsenden wirkte auf mich so surreal wie ein Gemälde von René Magritte; insbesondere die Männer glichen geklonten Wesen aus einer fremden, seltsamen Welt. Die Undercut-Frisuren betonten, wie sehr sie sich mühten, den Phänotyp ihres Idols anzunehmen. Alle trugen Kleidung im Stile Kiebichs, kopierten Kiebichs Gesten und waren bemüht, es ihrem großen Vorbild in Arroganz und Blasiertheit gleichzutun. Je länger ich gemeinsam mit ihnen auf Trolls Erscheinen wartete, desto größer wurde mein Wunsch, diese verstörende Menagerie hinter mir zu lassen.

Die Vorsitzende ließ länger als sonst auf sich warten. Termine wie dieser mit Menschenkontakt waren für sie die Höchststrafe. Nichts war ihr mehr zuwider, als freundlich zu tun; es zu sein, war ihr ohnedies unmöglich.

Die jungen Wilden der VDP waren größtenteils Jungen mit Aknebefall, die – pünktlich zum 18. Geburtstag – von ihren Vätern ein Cabriolet erhielten, „um sich auszutesten". Die Ausdrucksweise im Zeitalter postmoderner Didaktik ist oft bemüht, selten zutreffend und, was das Deutsche betrifft, nahezu immer fehlerhaft.

Die Jungen wirkten nicht bubenhaft, sondern unfertig und auf unappetitliche Weise gepflegt. Sie glichen vergreisten Kindern oder auch infantilen Greisen – die Differenzen waren fließend.

Die wenigen Mädchen aber erschreckten mich fast noch mehr. Ihr steriles Erscheinungsbild vermittelte eine unterschwellige – jungfräuliche? – Grausamkeit. Viele hatten dezent geschminkte Gesichter und trugen Hornbrillen von Ray-Ban; auf ihrem keuschen, knapp bemessenen Dekolleté glitzerten Silberketten von Pandora oder der sündhaft überteuerte, gläserne Ramsch von *Swarovski*. Fast jede trug ihr Haar schulterlang, künstlich geglättet und an den Seiten gestuft. Gestreifte Blusen, senffarbene Pullover und karierte Röcke, darunter blickdichte Strumpfhosen, ergänzt um halbhohe Pumps, schienen Standard zu sein. Alle trugen Markenware; alle wirkten wie eine jugendliche Persiflage ihrer Mütter, die keine Passionen, doch reiche Männer hatten. Reiche Männer, die ihnen erlaubten, nach freiem Ermessen viel Geld auszugeben. Das Klischee der SUV-fahrenden Zahnarztfrau ohne Gewissen entsteht – wie jedes Klischee – in der sozialen Realität unserer Lebenswelt.

Jedes der Mädchen war in einem VDP-Ortsverband aktiv und begriff sich, dem Beispiel der Eltern folgend, als Vertreter des Produktivitätsgedankens. Die „Elite der Neuen Zeit" wirkte so anmaßend wie blutleer und emotionslos. Menschlichkeit war keine Disziplin, in der sie brillierte. Nach den Studienfächern der Mädchen und Jungen zu fragen, wäre verzichtbar gewesen, da für sie nur binäre Gewissheiten zählten: Wirtschaft oder Jura, Erfolg oder Abstieg, Reichtum oder soziale Ächtung. Ich hielt mich demnach bei meiner kurzen Begrüßungsrede zurück, referierte über unverfängliche Themen und verlor mich in allgemeinen Betrachtungen. Die Architektur des Hauses, parlamentsinterne Sicherheitsstandards, Vorschriften und Regularien, das offizielle Prozedere einer Plenardebatte, Rollenverteilung und Aufgabenverteilung der Landtagsadministration war alles, worüber ich sprach; ich vermied es akribisch, politische Fragen anzusprechen, ich vermied es akribisch, mehr zu sein als ein Informant des Banalen.

Als die Vorsitzende schließlich kam, waren die jungen Menschen sichtlich erleichtert. Sie waren gekommen, um sich an politischen Kriegs- und Sieger-Geschichten zu berauschen. Es widerstrebte ihnen entschieden, mich unbeteiligt und tonlos Fakten zitieren zu hören; sie konnten riechen, dass es mir an Ideologie gebrach. Skandalgeschichten, das sahen sie rasch, waren von mir nicht zu erwarten. Ihre Sehnsucht war es jedoch, Parlamentsinterna zu erfahren. Sie wünschten sich Skandale und hofften, mit Tratsch im Gepäck nach Hause zu kommen. Wie der Politbetrieb funktionierte, war für sie ohne Interesse; ich wirkte ernüchternd, nicht begeisternd; in den Augen der Jung-VDPler beging ich Fehler um Fehler, persönlich wie allgemein.

Trolls Auftritt wirkte umso beeindruckender auf die produktionswilligen Klone. Endlich angekommen würdigte mich Troll keines Blickes, stakste wortlos an mir vorüber, trat sofort ans Rednerpult, begrüßte die Gruppe knapp, mit dem konzentrierten Blick eines gefühlskalten Harpuniers auf der Waljagd, und begann übergangslos, die Regierung zu beschimpfen. Man konnte den Eindruck gewinnen, die mit harten Worten gegeißelte Regierung sei zugegen, denn Troll höhnte und schrie mit einer Vehemenz, dass ich zu glauben begann, sie habe einen psychotischen Schub. Die jungen Gäste starrten mit offenen Mündern auf Trolls Erscheinung. Ein klein wenig irritiert, ein klein wenig verschreckt, aber auch fasziniert, wie heftig ein Mensch sich ereifern konnte, der realpolitisch kaum Wirkung erzeugte. Trolls Lärmen stand ihrer Bedeutung diametral entgegen.

Tamara Trolls hemmungsloser Ausbruch, ihre Invektiven gegen Habedank und seine Regierung, wurde von kuriosen Bewegungen untermalt, die ihr das Auftreten eines irregeleiteten Clowns verliehen. Ihr Geschrei kulminierte schließlich in dem Bekenntnis: „Politik ist Krieg. Erbarmungsloser Krieg. Wer verliert, wird ausgelöscht. Wer sich geschlagen gibt, verliert. Alles."

296

Einer der jungen Männer hob seinen Arm. Er tat es ängstlich, seine Wangen waren blass, doch er gestikulierte aufgeregt und wollte unbedingt zu Wort kommen. „Ja", blaffte Troll den jungen Mann an, „was wollen Sie?"

„Ich wollte wissen", begann der junge Mann, dessen Gesichtsfarbe jetzt von Bleichweiß zu Grellrot wechselte, „was sie der VDP bei der nächsten Wahl prognostizieren. 20, 25 oder 30 Prozent? Was glauben Sie?", fragte der Junge, erstaunt über die eigene Courage, und erhob sich demonstrativ von seinem Platz, was ihm nicht zum Vorteil gereichte. Erst dadurch wurde augenfällig, wie unschön proportioniert sein Körper war. Seine Beine hatten Dackelformat und sein gestreckter Oberkörper wirkte lieblos auf die Hüften appliziert und der Länge seiner Beine nicht angemessen.

Troll starrte ihn mehrere Sekunden schweigend an. Sie musterte ihn mit gerunzelter Stirn, als wolle sie in Erfahrung bringen, ob diese kleine, groteske Gestalt tatsächlich eine Antwort verdiente. Wie immer, wenn sie unschlüssig war, ob eine *freundliche* Antwort sinnvoll sein könnte, begann sie hässlich zu grinsen und sagte, die Stimme beherrscht: „50 Prozent wären angemessen, doch 20 Prozent sind realistisch und realistisch müssen wir bleiben. Nicht jeder" – Troll unternahm den Versuch, charmant zu wirken – „besitzt ihre Intelligenz, junger Mann".

Der Knabe verbeugte sich hündisch vor Troll. Er zerfloss in Servilität, lächelte stolz, genoss die Aufmerksamkeit der anderen Jung-VDPler und setzte sich, zufrieden mit seiner *Performance*, wieder hin.

„Sonst noch Fragen?" Troll starrte mit bemühter Nachsicht auf die junge Generation ihrer Anhänger. Ihr Lächeln besaß Koboldqualitäten und hätte jeden verschreckt, der durch Zufall den Saal betreten hätte. Die Jugend der VDP nahm daran jedoch keinen Anstoß, sondern demonstrierte Beflissenheit. Niemand rührte sich. Keine Fragen, nur Schweigen. „Gut", sagte Troll sichtlich zufrieden, nicht länger Zeit in dieser Runde unbedeutender Kreaturen verschwenden zu müssen. Die Vorsitzende trat vom Rednerpult, wies auf mich und sagte kurz angebunden: „Herr Davidson wird Ihnen jetzt das Parlament zeigen und Sie danach zum Mittagessen begleiten." Leise, nur für mich hörbar, sagte sie, den Blick unverwandt auf die jungen VDPler gerichtet: „Davidson, verschonen Sie die Leute mit Ihren humanistischen Weltbetrachtungen. Ich will hier nur VDP-konforme Dinge hören. Verstanden? Ob Sie etwas gut oder schlecht finden, interessiert hier nicht." Troll hielt kurz inne, starrte mich unwillig an und ergänzte dann noch grimmig: „Das interessiert *prinzipiell* niemanden."

Nach dieser eindeutigen Instruktion wandte sich Troll ein letztes Mal an die Gruppe und rief, als stünde sie auf einem Platz mit 50.000 Zuschauern, „Danke für Ihr Kommen. Viel Spaß noch und bleiben Sie der VDP treu." Damit war Ihr Auftritt vorüber und ich musste mich, wohl oder übel, erneut dieser Peergroup hyperambitionierter Jung-Karrieristen annehmen, die mich, als ahnten sie meine *subversive* Gesinnung, argwöhnisch betrachteten. Ein junger Hornbrillenträger mit seitlich ausrasiertem Haar, braunem Hemd, glitzernden Manschettenknöpfen aus Sterlingsilber und engen Chinohosen, die knapp über dem Knöchel endeten, um riesigem Schuhwerk zu weichen – Budapester-Schuhe mit roten Nähten und blau gefärbten Absätzen –, trat auf mich zu und fragte mit feistem Grinsen: „Was verdienen Sie eigentlich? Reicht Ihnen in Ihrem Alter ein Referentengehalt zum Leben? Mit Familie dürfte das knapp werden."

Perplex über das Ausmaß der Frechheit, das sich der traurige Sohn einer mutmaßlich gefühlskalten Ehe erlaubte, gab ich mir den Befehl, gelassen zu bleiben. „Das lassen Sie getrost meine Sorge sein", antwortete ich ruhiger, als mir gefiel und gab dem Jungen einen kräftigen Klaps auf die Schultern; ich genoss den Schmerz, der ihn durchfluten musste. Er krümmte sich etwas, versuchte jedoch zu überspielen, dass ihn eine Kleinigkeit bereits an den Rand seiner Physis brachte. Einen Augenblick später wusste ich schon, dass meine heimliche Schadenfreude den falschen Adressaten gefunden hatte. Der Junge war, wie er war, weil seine Eltern waren, wie sie waren.

Doch als ich eben begann, mich meines burschikosen Handelns zu schämen, bedauerte ich bereits, nicht fester zugeschlagen zu haben, denn der Milchbart zischte boshaft: „Mein Vater sagt, Männer, die nicht mindestens 100.000 Euro jährlich heimbringen, sind Versager und können keine Familie ernähren." Er wartete keine Antwort ab, sondern ging hastig zurück in die Gruppe. Er suchte, es war offensichtlich, Sicherheit und Bestätigung im kollektiven Verbund. Hier, so wusste er, konnte er höhnen und lästern ohne Angst, erkannt und bestraft zu werden. Ich fühlte und hörte jedoch, wie er meine Parlamentsführung nutzte, seine Bosheiten eifrig zu verbreiten, die, auch das ließ sich nicht übersehen, in dieser Gruppe uniform geeichter Parvenüs ohne Mitgefühl einen guten Nährboden fanden.

Das Mittagessen in einem teuren Restaurant unweit des Plenums lehrte mich, was es bedeutet, junge Menschen in ihrer Charakterschwäche zu bestärken. Troll hatte zwei VDP-Abgeordnete gebeten, „die kommende Garde vermögender Produktiver" zu Tisch zu begleiten und – vielleicht aus einer Laune heraus, vielleicht aus Sarkasmus – jene Damen angesprochen, die immer damit kokettierten, aus einfachen Verhältnissen zu kommen.

Beate Dingsfeld, die jüngste VDP-Abgeordnete, war die Tochter eines Drogerieimperium-Besitzers, der „mit nichts als einer halben Million D-Mark" seine ersten Drogerien eröffnet hatte und dann, binnen weniger Jahre, zu großem Reichtum gekommen war. Bis heute beanspruchte er für sich den Status des amerikanischen Selfmademans, der sein Vermögen allein seinem Mut verdankte. Seine zwei Töchter hatten ihre Kindheit und Jugend in Zürcher Edelinternaten verbracht; danach hatten beide in New York Economic Affairs studiert, ehe sie gemeinsam, im Einvernehmen mit ihrem Vater, ein Beratungsunternehmen in Sternheim eröffneten. Die Mädchen kultivierten die Pose ihres Vaters, der sie glauben ließ, ihre Familie führe ein schlichtes, normales Leben. Dabei vergaßen sie ganz, dass die einzige Normalität, die sie kannten, jene der reichen Leute aus ihrem Umfeld war. Ihre Kunden rekrutierten sie ausnahmslos aus dem Bekanntenkreis ihres Vaters, der bis heute nichts dem Zufall überließ und ein großes Talent besaß, sich Menschen zu verpflichten. Er liebte es, Personen aus seinem Umfeld daran zu erinnern, dass sie ihm etwas verdankten.

Carola Wilms, die andere Abgeordnete, hatte nach eigener Aussage über 20 Jahre hinweg „im Automobilbusiness als Chief-Executive of Opportunity, Research & Efficiency" gearbeitet, weltweit, mit großem Erfolg und „ohne Abnutzungseffekt". Insbesondere Letzteres zu betonen, war ihr immer sehr wichtig. Wilms hatte selbst eine 16-jährige Tochter, die, so zumindest wurde gemunkelt, in einer Drogenentzugsklinik versuchte, sich damit zu versöhnen, dass sie die Tochter ihrer Mutter und eines Vaters war, der als Zahnarzt des noblen Sternheimer Elite-Stadtviertels entweder das poröse Gebiss alternder Reicher restaurierte oder seine Tage damit verbrachte, auf Auktionen um Artefakte zu feilschen. Die beiden Abgeordneten liebten es sichtlich, im Zentrum zu stehen und nicht, wie sonst üblich, durch Trolls Gegenwart marginalisiert zu werden. Wer häufig Statist ist, genießt es mit doppelter Lust, eine Handlungs-, eine *sprechende* Rolle zu erhalten.

Das Lokal, in dem die junge VDP-Avantgarde mit Mandatsträgerinnen speisen sollte, war mit Bedacht gewählt. Es zitierte die Modernitätsvorstellungen einer Architektengeneration, die wirklich glaubte, Le Corbusier sei ein Menschenfreund gewesen. Wie jedes kostspielige Gebäude Sternheims war es ein uninspirierter, gläserner Kasten, ein Klötzchen aus Stahl, Beton und verlogener Transparenz.

300

Die jungen Leute fühlten sich sichtlich wohl und besiedelten, verhalten lärmend, mit der Unerbittlichkeit gefräßiger Insekten die bereits eingedeckten Tische. Die VDP hatte sich Mühe gegeben, ihrem Nachwuchs etwas zu bieten. Jedes Gedeck war gerahmt von Fähnchen mit VDP-Emblem, und in den langstieligen Gläsern steckten Servietten, von denen Kiebichs Konterfei dem Betrachter entgegengrinste. Ein kleines Gastgeschenk in den Farben der VDP sollte den letzten Zweifel zerstreuen, dass die VDP großen Wert darauf legte, ihre Jugend auch mit kleinen symbolischen Gesten an sich zu binden.

Als alle schließlich Platz genommen hatten, Dingsfeld und Wilms hatten sich *zwanglos* unter die jungen Gäste gemischt, trat ein Augenblick erwartungsbanger Stille ein. Schließlich nahm Dingsfeld eine Gabel und brachte mit kurzen, entschiedenen Schlägen ihr Wasserglas zum Klingen. Sie erhob sich, strich mit verlegener Geste über ihre etwas zu eng taillierte, blassblaue Kostümjacke aus reinem Leinen. Das Leinen warf viele Falten, unmotiviert und an Stellen, die für Dingsfeld nicht vorteilhaft waren. Ihr draller Oberkörper verwuchs sich in unschönen Deformationen, die nicht allein dem Material ihrer Jacke geschuldet waren. Die Adipositas begann sich bereits zu zeigen, doch es schien, als ließe sie sich, berechnend und boshaft, noch Zeit, ein ungezügeltes Wachstum zu entwickeln; in zwei bis drei Jahren, das zeichnete sich ab, würde Dingsfeld ihr nicht mehr viel entgegenzusetzen haben. Sie lebte in der Gewissheit stetig schwindender Attraktivität. Sie wusste, was sie erwartete und konzentrierte sich umso mehr auf Karriere, Status und öffentliche Ämter. Ihr Landtagsmandat war für sie nur ein erster Schritt, nach Berlin zu gelangen, um dort in einer konservativ erneuerten Regierung ein Ministeramt zu erhalten, ohne das sich ihre weit größeren Ambitionen nie erfüllen würden. Dingsfeld träumte heimlich davon, Deutschland eines Tages in aller Welt zu repräsentieren, sie träumte heimlich davon, eine Frau zu sein, vor der sich die Welt verneigte. Dieses Geheimnis hütete sie vor jedermann. Niemand sollte und durfte wissen, wie weit und hoch ihre Wünsche reichten.

Wilms hingegen sah alles eher pragmatisch. Ihr 5-jähriges Mandat hatte allein den Zweck, ihr eine neue Klientel zu erschließen. Ihre Popularität und ihr Fortkommen in der Politik waren für sie weitgehend uninteressant. „Müsste ich wählen, ich würde immer die Wirtschaft dem Landtag vorziehen", sagte sie oft unter Freunden und Menschen, die sie als solche betrachtete, mit entwaffnender Offenheit. Wilms machte sich keine Illusionen. Ihre Analyse war klar, präzise und zutreffend: „Der Landtag ist wie ein hässlicher Vorort, in dem nur Provinzler ihr Unwesen treiben." Das mochte erklären, warum sie ihre Kollegin Dingsfeld nicht sonderlich ernst nahm. Dingsfeld, so dachte sie oft, mit ironischer Nachsicht, sieht mich als ihre Rivalin, nur weil ich reich bin. Dabei bin ich eine der letzten, die sie fürchten sollte; ich habe weder Anlass noch Grund, mich über das absolut Notwendige zu engagieren; für mich ist der Landtag nur Mittel, nie Zweck. Dingsfeld jedoch missverstand Wilms in allem. Gab sich Wilms distanziert, unterstellte sie Arglist. Lächelte Wilms sie an, glaubte sie, diese habe einen Schlachtplan ersonnen, der sie persönlich treffen und vernichten sollte. Solche und noch viele andere haltlose Unterstellungen führten dazu, dass, wann immer die beiden sich trafen, Zwistigkeiten programmiert schienen.

Vor dieser großen Delegation junger Menschen jedoch wirkten beide entschlossen, Frieden zu halten. Als Dingsfeld zu reden begann, nickte Wilms ihr freundlich zu, ganz so, als herrsche zwischen den beiden großes Einvernehmen. Wilms war im *Affirmationsmodus* angekommen und lächelte das Lächeln einer erprobten Diplomatin.

„Sie alle", Dingsfelds Stimme versuchte sich an einer fröhlichen Tonlage, klang jedoch schmerzlich gepresst, „sind junge Menschen, die sich für ihre Partei begeistern. Sie alle sind für uns Abgeordnete, meine Kollegin Wilms wird das fraglos bestätigen" –

Dingsfeld wies mit fahriger Geste zu Wilms –, „eine große Inspiration. Sie alle verkörpern unsere Gesellschaftsidee in besonderer Weise, denn Sie alle" – Dingsfeld setzte bewusst eine Pause, um ihrem Fazit Gewicht zu verleihen – „leben den Spirit der VDP". Dingsfelds kurze Ansprache hatte ihr Ende erreicht.

Sie hielt die Augen gesenkt, stand jedoch angestrengt aufrecht und machte keine Anstalten, sich zu setzen. Wilms erkannte intuitiv, dass die Situation peinlich zu werden begann und so klatschte sie, wenn auch mechanisch und langsam, als hielte ein Metronom sie zurück, um den richtigen Takt zu finden. Die jungen VDPler folgten ihrem Beispiel und begannen nun, anfangs zögerlich, dann immer lauter und lauter werdend, Beifall zu klatschen. Wilms hatte Dingsfeld gerettet, und Dingsfeld wusste das.

Dingsfeld war die Erleichterung physisch anzumerken, als sie Wilms ein Lächeln schenkte, das den scheuen Blicken entsprach, mit denen sie dankbar die Runde jetzt hektisch klatschender Jungen und Mädchen umfing. Die Situation war gerettet und als habe die Küche nur darauf gewartet, ihren Einsatz als rettende Kavallerie zu reiten, wurde jetzt die Suppe aufgetragen.

Ich hatte mich mit mir selbst darauf verständigt, nichts zu sagen. Überhaupt nichts. Kein Wort. Mein Platz lag exponiert am unteren Ende des Wilmsschen Tisches und ich hatte das Glück, einem Mädchen gegenüberzusitzen, das keine Anstalten machte, mich eines Blickes oder gar Wortes zu würdigen. Mein Paria-Status war längst geklärt. Mir fehlte, was der VDP ihren traurigen Nimbus verlieh. Kollektiven Verlust als persönlichen Gewinn zu verbuchen, war mir fremd. Je unsozialer die VDP agierte, je schlimmer und inhumaner ihre Parolen und Forderungen, je weniger ihre Skrupel, weiter zu gehen, als es der Anstand erlaubte, desto mehr begann diese Partei, zu sich – ihrem Wesen und Kern – zu finden. Dingsfeld und Wilms waren nur kleine Soldatinnen im großen Aufmarsch der VDP, doch insbesondere Wilms ließ keinen Zweifel daran, dass sie alles besaß, nur keine Bescheidenheit. Eines

Tages, das war ihrer Mimik abzulesen, würde sie mehr als nur die trüben Gestalten in ihrem Wahlkreis koordinieren.

Ich saß, aß, schwieg und lauschte dabei auf die Konversation jener Menschen, unter die ich mich aus einer dummen Laune heraus mit unerklärlicher Naivität begeben hatte. Die Tage bei Troll und Konsorten hatten mich viel gelehrt, was zu lernen ich nie begehrte. Doch weit schlimmer als die verstörende Hybris jener Landtagsheroinen waren die Reden der sich bereits formierenden Nachfolgegeneration. Das Mädchen, das mich noch immer ignorierte, hatte sich in die Diskussion mit zwei rattengesichtigen Jungen begeben, die sie beide mit gierigen Blicken verschlangen. Der eine von ihnen, ein Nerd mit hängenden Schultern, dürr, mit eingefallener Brust, kurzen Beinen und lächerlich knapp geschnittenen Hosen, lachte wiederholt schrill und verbreitete kreischend seine Theorie von der Armut: „Machen wir uns nichts vor", gab das Bürschchen zu Protokoll, „die meisten Armen sind arm, weil sie faul sind. Die meisten Armen haben ihr Elend selbst zu verantworten. Wer arm ist, verdient es, arm zu sein."

„Ja, genau", sekundierte ihm sein nicht minder abstoßender Kamerad, der, als wolle er seine Hässlichkeit betonen, ein Hemd aus gelber Seide trug, das ihm, er schwitzte erheblich, auf der Haut klebte und jeden körperlichen Mangel offenbarte. „Solange die Armen von Staatsseite Geld erhalten, haben sie keine Motivation, sich zu ändern. Nur, wer sich selbst motiviert, entdeckt seine Produktivität."

Das Mädchen nickte heftig und sagte, um das ganze Elend zu steigern: „Meine Eltern sagen auch, dass viel zu viele Arme Ansprüche stellen, ohne je produktiv zu sein. Das geht eigentlich nicht und sollte verboten werden." Unvermittelt schaute das Mädchen mich an. Alle Scheu war gewichen. Ein boshafter Zug entstellte das junge Gesicht.

Ihre Verehrer begriffen sofort, was sie wollte, und sekundierten ihr eifrig, als habe es Eile, mir klar zu machen, dass ich, ein schlichter Angestellter ohne Mandat, versäumt hatte, meine Produktivität unter Beweis zu stellen. Jugend, in ihrer entstellten Form, ist mehr, als ich ertrage; dennoch hielt ich den Mund, löffelte meine Bouillon und dachte mir still, wie glücklich wir uns alle schätzen durften, dass diese verirrten Kreaturen nicht für die Jugend des Landes sprachen, die *endlich* – geeint und leidenschaftlich – für eine bessere Welt zu kämpfen begann. Eine Welt, in der weder Polarkappen schmolzen noch täglich zahllose Tiere und Pflanzen der Gier zynischer Menschen geopfert wurden, die meinten, der Erhalt von Arbeitsplätzen in einer umweltfeindlichen Industrie rechtfertige jedes Vergehen. Wer tatsächlich glaubte, die Rebellion der Jugend ließe sich mit dem lapidaren Hinweis befrieden, Experten und Lobbyisten seien bereits dabei, Schadensbegrenzung zu betreiben, hatte nichts verstanden. Über Jahrzehnte hinweg hatten Politik und Wirtschaft den Vernichtungsprozess der Ökosysteme prolongiert. Die arrivierten, alten Kräfte hatten bedenkenlos geplündert, verheert und zerstört. Wer wollte noch glauben, sie könnten die Lösung sein für ein Problem, das sie verkörperten?

Nur die VDP ließ sich nicht beirren. Wilms glaubte noch immer, Atomkraft sei eine gute Sache, die politisch Unterstützung verdiente. „Tschernobyl war nicht so schlimm, wie alle behaupten. Wären wir in der Kernenergie geblieben, wir hätten heute das Sagen in der Fusionstechnologie." Die industriegestählte Wilms hatte nie einsehen wollen, dass eine sinnvolle Energiewende nicht darin bestehen konnte, Atommeiler beizubehalten, die selbst unter hohen Sicherheitsauflagen jeden Tag explodieren konnten. Radioaktiver Müll war für Wilms eine Bagatelle, radioaktiver Niederschlag eher lästig und gewiss kein Argument, längst überholte Denkmodelle aufzugeben. Wilms glaubte wie ihr angestrengt-alerter Vorsitzender Kiebich, Kinder sollten zur Schule gehen und sonst schweigen. Die VDP-Experten waren sich einig darin, dass nur VDP-Experten damit betraut werden durften, die Welt der kommenden Generationen gerecht zu gestalten. Kernschmelze? Radioaktiver Ausfall? Smog? Vergiftete Ozeane? Gerodete Wälder? Artensterben? Kleinigkeiten, die Kinder nicht kümmern mussten. Ihre Arbeitsplätze würden gesichert sein, und sei es auch um den Preis einer sterbenden Welt; in den nächsten zehn Jahren, das wusste ich längst, würde sich der letzte Äther aus Schönheit, Licht und Natur verflüchtigt haben.

Die VDP war in allem produktiv, das ihr Vermögen steigerte, und ihr Vermögen reduzierte sich nicht allein auf das Monetäre; in den ideologischen Banken der VDP lagerten zahllose Aktien der Ignoranz, die alle das Bildnis Kiebichs und seiner politischen Jünger trugen.

Ich hatte mir erlaubt, meine Gedanken schweifen zu lassen, und dabei die Jugendlichen vergessen, die mich umgaben. Sie warteten, ihre Blicken verrieten es, noch immer gierig auf eine Reaktion von mir. Diese unangenehmen Kinder, dachte ich ohne Groll, sind nur der trostlose Appendix selbstgerechter Eltern; sie begreifen nichts. Mein Mund blieb geschlossen. Kein Wort hätte ihr Denken erreicht.

Vor der Glasfassade des Restaurants flanierte ein junges Paar vorüber. Der Junge, ein gutaussehender Junge, vielleicht 18 Jahre, mit langen brünetten Haaren, hatte ein offenes Gesicht und blickte verliebt auf das hübsche Geschöpf, das sich in seinen Arm geschmiegt hatte und eben etwas Amüsantes zu sagen schien. Beide lachten ein freies, offenes Lachen. Ich konnte es sehen, wenn auch nicht hören, da die massive Glasfront des Restaurants jedes Geräusch von außen absorbierte.

Das grazile, leichtfüßige Mädchen begann unvermittelt zu tanzen, endete mit einer Pirouette und ließ sich mit einer hemmungslosen Gebärde der Liebe, des Vertrauens und Glücks in die Arme ihres Freundes fallen, der sie geschmeidig auffing, an sich zog und leidenschaftlich zu küssen begann. Es war offensichtlich, beide waren sehr verliebt und konnten nicht voneinander lassen. Ihre T-

306

Shirts verrieten in großen Versalien, dass sie eben Abitur gemacht hatten. Sie waren frei zu tun, was immer ihnen beliebte; sie waren jung und verliebt, sie waren eine Verheißung für sich und alle, die sie sahen. Ihre Zukunft glich einem Garten, in dem nur Rosen ohne Dornen blühten. Die Jugend der VDP jedoch kannte nur Ambitionen, doch keine Neigungen. Sie war der seelenlose Antagonist zu dem, was das glückliche Pärchen verkörperte.

Ich wusste, meine Zeit in der Politik war vorüber. Die Schule des Berufslebens war für mich beendet. Nie wieder würde ich etwas tun, das mir widerstrebte, nie wieder Lebenszeit opfern, um zu erfahren, was ich ohnedies wusste.

Wer sich als Zukunftspartei verstand und Vermögen durch Produktivität popagierte, war bereits fossiliert und damit Vergangenheit. Wer wie die VDP Herzens- und Geisteskrüppel produzierte, war nichts, das einem Salonbolschewisten wie mir gefallen konnte.

Epilog

Der letzte Blick auf die Politik glich dem ersten, denn Anfang und Ende standen im Auf- und Abgang einer Parabel des Widersinns. Meine letzten Tage im Landtagsgeschehen wurden von einem Mann beherrscht, der glaubte, er könne das Programm personifizieren, in das die VDP – mit beherzter Herzlosigkeit – gesellschaftspolitische Zielsetzungen schrieb, die weder Vernunft noch Ethik kannten. Das VDP-Programm war ein Manifest der Egozentrik und Gier. Es interessierte sich nicht für die Wahrheit, es verkündete geistlose Lügen.

Wahrheit ist auch deswegen kostbar, weil ihre Währung nie inflationiert, da sie auf Fakten gründet: auf Fakten und der Bereitschaft, sie anzuerkennen. Wer jedoch in der Politik Fakten der Lüge den Vorzug gibt, ist ein Don Quichotte ohne Hoffnung auf Gegenliebe. Wer in diesem Milieu die Wahrheit liebt, riskiert viel, wenn nicht alles.

Die Klugen wissen, was es bedeutet, allein unter Lügnern zu sein. Wer denkt und die Wahrheit erkennt, ist frei von dem Wunsch, sich mit den Fehlern der anderen zu entlasten. Was für den klugen, *ehrlichen* Menschen zählt, ist die *eigene* Handlung.

Allein die Legitimität der eigenen Handlung, nicht die Umwelt und deren Umgang mit Wahrheit und Lüge, ist für ihn bindend. Klugheit sucht immer den Sinn einer Tat, erst dann ihren Nutzen. Die Dummen siegen aus Ignoranz und triumphieren am Tag ihrer größten Verfehlung. Die Dummen fühlen sich wissend und klug, die Klugen hingegen ahnen mehr, als sie wissen. Die Dummen beschwören lauthals den Widersinn, die Klugen suchen Erkenntnis und schweigen. Das zu begreifen, bewahrt die Klugen davor, sich grundlos zu exponieren. Hätte ich früher begriffen, was mich im Gefolge der VDP erwarten würde, ich wäre der Politik ferngeblieben; in dieser Sphäre, so weiß ich heute, gibt es selten Arbeit, die wertvoll wäre. Ich sah, was ich sah, und bereue noch heute, mich für mehr als zwei Jahre verleugnet zu haben. Wer sich mit seiner Arbeit verleugnet, ist Teil jener DNA, die in der VDP übertragen wird. Der Anstand bleibt draußen vor der Tür und der freie Wille zurück bei der Garderobiere unseres vorherigen Lebens.

Sinnstiftung, Schönheit, Muße? Die VDP hätte selbst Raffael keine Muße gegönnt. Sie hätte ihm empfohlen, endlich etwas zu tun, das sein Genie verleugnet, etwas, das ihm keine Freude, sondern nur Arbeit bereitet. Arbeit, im Sinne der VDP, erhebt nicht den Geist, sie wird ihm zur Bürde, sie beugt ihn und bricht, was verletzbar ist.

Wer die VDP kennt, kennt ihre Obsession in allem, den Mensch zu verleugnen. Die Jünger der VDP beten zu imaginären Märkten und folgen Kiebich, ihrem Erlöser, auf seinem Weg in semantische Wüsten. Sinn und Unsinn sind keine Kategorien für jene, die Produktivität propagieren, gleichviel, warum, wofür und für wen. „Autos zu produzieren", hörte ich den VDP-Verkehrsexperten sagen, „ist *alternativlos*. Heute und morgen." Wilhelm II., der letzte Kaiser einer militanten Nation produktionswütiger Protestanten, erklärte, zu Beginn des 20. Jahrhunderts, nach der Zukunft des Automobils gefragt, er glaube an das Pferd. 100 Jahre später beteuert ein Sternheimer Pietist im Landtag, er glaube an das Auto. Seine Phantasie endet mit dem Bestehenden, seine Phantasie ist ein Hinweis darauf, dass Menschen nie lernen, was ihr Leben *verschönern* könnte. Die VDP klammert sich an die Ikonen einer Religion, deren Propheten behaupten, nur das Tun – nicht das Denken – führe zur Erlösung. Was immer getan wird, ist wohlgetan, denkt sich der VDP-Verkehrsexperte, rennt weiter und stellt jedes Denken ein.

Facere – Tun – schallt es aus der Fabrik in den Landtag und hallt von dort genauso zurück. Warum sie tun, was sie tun, darauf bleiben die Entscheider unserer Tage eine Antwort schuldig. Sie wollen nur Geld, Rendite und damit *Mutation*.

Wer mehr will, als er braucht, zwingt das Bestehende, jedes gesunde Maß aufzugeben und wild zu wuchern. Dann kommt der Krebs und schließlich das metastasierende Elend. Wer die VDP versteht, hält Distanz, bleibt gesund und verzichtet auf jeden Austausch mit ihren Repräsentanten. Keiner der VDP-indoktrinierten Handlungsmenschen führt ein glückliches Leben. Jeder von ihnen kennt nur sich und die zwanghafte Lust, arme Menschen zu stigmatisieren. Jeder, so tönen sie oft, sei seines eigenen Glückes Schmied, und wer in Armut lebe, habe eine Entscheidung getroffen für sich, seine Kinder und deren Zukunft. Ein Versager sehne sich nach Versagen, sonst hätte er sich dem Erfolg verschrieben. Ein binäres Denken, „nichts oder alles", definiert ihr asoziales System. „Fortschritt und Produktivität", „German Gier", „Technology rules", brüllen die VDP-Kameraden, und scheitern bereits daran, einen Satz in korrektem Deutsch zu formulieren. Dennoch feiern sie sich als High-Tech-Elite mit PPP-Effekt: „Produktiv, pragmatisch, perfektionistisch. Wähle VDP. Die einzige Partei mit Antriebsgarantie." Ein Slogan, der tiefen Einblick gewährt, wie sich die VDP versteht.

„Die VDP ist Raumfahrt minus Rakete. Wir produzieren mit Satelliten die neue Welt. Wir haben die Technik, von der die anderen schwärmen", Thomas Offenburg-Stiehl, der letzte Abgeordnete, für den ich am Ende noch Reden schrieb, hatte sein Skript längst verlassen und überließ sich jetzt ganz seiner affektiven Impulsattacke. Er schwenkte die Arme, als dirigiere er ein Orchester, und war doch fast allein. Nur sechs ältlich wirkende Menschen – frustrierte Kleinbürger der Sternheimer Peripherie – waren seiner Einladung zum Bürgergespräch im ‚Fallenbacher Ochsen' gefolgt. Der große Festsaal seines bevorzugten Gasthofs im Wahlkreis wirkte verwaist. Thomas Offenburg-Stiehl schien es nicht zu bemerken. Er redete weiter, eifrig, viel zu laut und ohne Verständnis für seine Situation. Erst, als die letzten zwei Gäste missgelaunt aufstanden und murrend den Saal verließen, begann er zu begreifen. Langsam und widerstrebend akzeptierte er, was geschah.

„Thomas", sagte ich schließlich leise, „lass es gut sein. Die Leute sind gegangen." Offenburg-Stiehl schwieg. Zum ersten Mal in sechs Monaten hielt er den Mund. Unser beider Rollenkonditionierung nahm sich eine Pause. Es war ein triumphaler Augenblick der Stille, der mich daran erinnerte, wie es zu Beginn meiner Arbeit für Offenburg-Stiehl gewesen war: ruhig, angenehm, fast diskret.

Thomas Offenburg-Stiehl, so glaubte ich noch in den ersten Wochen meines Galeerendiensts bei der VDP, ist zwar ahnungslos, doch nicht beratungsresistent. Er hört zu und ist klug genug, sich beraten zu lassen. Je mehr Zeit verging, desto klarer wurde mir jedoch, welchen kognitiven Beschränkungen er unterlag, und ich begann, seine sprachlichen Eskapaden zu fürchten. Er redete immer, vor allem dann, wenn niemand ihn hören wollte. Er lebte einen aberwitzigen Traum, in dem die Bürger glaubten, was er selbst nicht verstand.

„Raketen-Thomas" war längst der Name geworden, mit der die Journalisten von ihm sprachen, seitdem er, zurückgekehrt von einem ESA-Besuch, die Raumfahrt für sich entdeckt und „Potentiale für die VDP" erkannt hatte. „Wir haben mit einem Astronautenanwärter gesprochen. Der Mann hat mir imponiert. Er sagte – das dürfte Sie, Davidson, interessieren –, das Weltall sei liberal. Nur die Besten dürften in die Rakete." Offenburg-Stiehl hatte die Ironie nicht verstanden. Er dachte, der Astronaut sei ein Mitglied der VDP. Ein kurzes Video dieses Treffens *ging* einen Tag später bei Youtube *viral*. Offenburg-Stiehl wusste das nicht und ich hielt mich bedeckt. Der künftige Astronaut besaß ganz augenscheinlich Sinn für Humor, denn er ließ Offenburg-Stiehl in seinen Raumanzug schlüpfen und beschränkte sich dabei auf kurze Anweisungen. Er schien zu ahnen, dass Offenburg-Stiehl selbst den schönsten Kommentar finden würde. Offenburg-Stiehl sollte ihn nicht enttäuschen: „Jetzt bin auch ich ein Astronaut. Oder heißt es Kosmonaut? Oder Astrologe? Mit Fremdwörtern tue ich mich schwer." Offenburg-Stiehl lachte krampfhaft und versuchte, infantiler als jedes Kind, mit den schweren, bleiverstärkten Stiefeln zu hüpfen. Dabei verlor er die Balance, fiel und wälzte sich schließlich, glucksend und kichernd, auf dem Boden des Astronauten-Übungsraums, den er, das wiederholte er in der dreiminütigen Videosequenz mehrmals, als einziges Mitglied der Sternheimer Delegation betreten durfte. Als ihm schließlich aufgeholfen wurde, schrie er, als kandidiere er um die Prinzenrolle im Kölner Dreigestirn: „Rakete, Rakete, Rakete..." Offenburg-Stiehl starrte dabei verzückt in die Kamera.

Seitdem war Thomas Offenburg-Stiehl „Raketen-Thomas" und ich wusste, das würde sich nie wieder ändern. Genauso wenig würde seine blinde Verehrung des *American way of life* einer differenzierten Sichtweise weichen. Amerika blieb für ihn immer das einzige Land, in dem die Reichen noch reich sein durften: „Die Armen könnten auch reich sein", sagte Offenburg-Stiehl oft, wenn er gefragt wurde, ob er die Ängste der Menschen verstehen könne, die keine finanziellen Reserven besäßen. „Arme gab's immer. Wer reich werden will, kann es werden, wenn er produktiv ist. Amerika beweist das. Bei uns hat nur niemand den Mumm, das zu sagen. Amerika ist ganz anders. Weiter. Produktiver. Der Ökonom Jonathan Durban ist dafür ein großartiges Beispiel."

Offenburg-Stiehl berief sich in allem, auch in der Raumfahrt, auf Jonathan Durban, einen windigen Amerikaner, der in den 1980er-Jahren für wenige Monate in Wirtschaftskreisen etwas Furore machte mit einer Formel, die im Import-/Export-Geschäft hohe Renditen versprach. Der Zauber der „Durban-Formel" verlor sich jedoch über Nacht und wich einem schalen Gefühl der Ernüchterung. Ein Mathematiker hatte sich das Vergnügen gemacht, Durbans Theorie und ihre „substantielle Peinlichkeit" bei einem Wirtschaftskongress vor großem Publikum offenzulegen;

313

danach gab es nichts mehr, das Durban hätte verkaufen können. Nur Offenburg-Stiehl und einige enge Vertraute Durbans hielten an seiner ‚Theorie' fest. Offenburg-Stiehl hatte sogar versucht, Durbans Formel in ein Franchisesystem zu überführen, wenn auch, aus naheliegenden Gründen, ohne jeden Erfolg. Das Unternehmensmodell war binnen eines Monats implodiert und so hatte sich Offenburg-Stiehl, ratlos, was er mit seinem restlichen Leben anfangen sollte, entschlossen, seine Karriereplanungen auf die Politik zu verlegen.

Seine Frau, eine einflussreiche Industrielle und leidenschaftliche Seglerin, hatte dabei ihren Einfluss geltend gemacht. Nicht, weil sie glaubte, ihr Mann habe Talent, sondern um Thomas' manischem Mitteilungsdrang etwas „Brauchbares", etwas „Produktives" entgegenzusetzen. Thomas muss kompensiert werden, dachte Silke Stiehl und traf im Interesse ihrer eigenen Freizeitgestaltung den Entschluss, ihrem Mann ein Umfeld zu schaffen, in dem er konstant beschäftigt war. Dann würde sie, ohne länger Rücksicht nehmen zu müssen, mit ihrer eleganten Jacht segeln können, wann sie wollte, wohin sie wollte und mit wem sie wollte. Längst hatte sie einen Geliebten, der nicht nur jünger und attraktiver, sondern auch ungleich intelligenter war als ihr Gatte. Thomas' Dummheit, dieser Gedanke beschlich sie immer häufiger, schien mit den Jahren exponentiell zu wachsen. Sie war, daran bestand kein Zweifel, seiner unendlich müde. Dennoch, eine Scheidung war für sie keine akzeptable Lösung, da Thomas' Reichtum den ihren bei weitem überstieg. Sie war entschlossen, sich noch einige Filetstücke seines „schmackhaften Erbes" zu sichern – sich „einzuverleiben", ehe sie ihm den Laufpass gab. Sie wollte Thomas einstweilen nur „abschieben", nicht „entsorgen". Was aber hätte sich dafür besser geeignet als der Sternheimer Landtag? Dort wurde zwar viel geredet, doch nichts von Bedeutung entschieden und das war ideal, insbesondere für ihren Thomas.

314

Er hatte alle Themen für sich entdeckt, doch keines im Ansatz verstanden oder gar durchdrungen. Die Raumfahrt war seine neue Leidenschaft und mir war es vorbehalten, ihm einige Fakten nahezubringen, wenn auch vergeblich. Offenburg-Stiehl las keines der Dossiers, die ich mühsam erstellte. Selbst meine Redetexte wurden erst während des Vortrags gelesen und dann meist – er folgte immer seinem Impuls – verworfen. Offenburg-Stiehl liebte es, zu improvisieren, und er war dafür beispiellos untalentiert.

Der letzte offizielle Auftritt, den ich an seiner Seite bestreiten musste, war für uns beide ein Offenbarungseid. Ich blickte in die Menge freudloser älterer Herren mit daunenwattierten Mänteln und Hüten aus Filz, die sich am Sternheimer Marktplatz versammelt hatten, und erhielt eine unvergessliche Lektion in Fremdscham. Offenburg-Stiehl schwadronierte laut, fast brüllend – das fehlerhafte Mikrophon tat das seine, den Klang zu vernichten – über die produktiven Implikationen der Raumfahrt. Er gab sich, anders lässt es sich wirklich nicht sagen, der Menge in seiner ganzen Blödheit zu erkennen. „Raum fahren, heißt Räume befahren", schloss er schließlich nach einer langen, inhaltsleeren Eloge, sein Plädoyer für die Raumfahrt, „und Räume befahren wir nur dann erfolgreich, wenn wir Dieselmotoren optimieren. Sternheim hat gute Dieselmotoren, Sternheim ist bereit für die Raumfahrt."

Wider Erwarten hatte sich ein Journalist auf den Marktplatz verirrt, um über Offenburg-Stiehls Spektakel zu berichten. Als seine Augen mich fanden, grinste er hämisch und sagte nur: „Und, Davidson, wann fahren Sie auf den Mond? Ist Ihr Diesel gerüstet?" Ich starrte ihn an, schwieg und hoffte innig, das Podium, auf dem sich Offenburg-Stiehl noch immer vergnügte, versänke für immer im Boden. Doch der Boden tat sich nicht auf, und es regnete auch keine Kröten. Die biblischen Plagen blieben aus oder vielmehr, Offenburg-Stiehl hatte sich ihrer in Personalunion angenommen. Was blieb, war wenig genug. Was blieb, war allein die Gewissheit, weitgehend schuldlos schuldig geworden zu sein. Ich hatte

Offenburg-Stiehl lange geschützt und verteidigt, doch damit war es nun vorbei.

Mein letzter Tag bei der VDP war – wie die gesamte Zeit im Umfeld geltungssüchtiger Mandatsträger, opportunistischer Parteilakaien und Beraterkolonnen – *reine Verschwendung*. Hier und heute, das wusste ich, musste es enden. Hier und heute war mein politisches Leben Geschichte. Seitdem habe ich den Sternheimer Landtag nie mehr betreten.

Troll und Konsorten jedoch werden bleiben und weiter unverdrossen polemisieren, opponieren, regieren und intrigieren. Es spielt keine Rolle, wer die Ministerien besiedelt. Natürlich gibt es Unterschiede, die es nahelegen, einen Habedank einer Tamara Troll vorzuziehen. Doch *summa summarum* bin ich ernüchtert und weiß, solange der Landtag in alten Strukturen verharrt, ist wenig Hoffnung, hier könnte die Zukunft ein schöneres Antlitz erhalten.

Der Leser verstehe mich bitte richtig, ich schätze die Demokratie, doch wünschte ich sehr, ich könnte sie vor den Tücken und Kosten des Föderalismus' befreien. Wer einen Blick in den Abgrund des Landtags wirft, weiß, warum die Provinz keine Liebe verdient. Jeder Euro, der dem Erhalt dieses Molochs gewidmet ist, dient dem Falschen.

So viele Bürgerinnen und Bürger darben. So viele verzichten auf vieles, doch die Parlamentarier im Landtag kümmert es wenig. Solange wir schweigen, wird alles im Falschen verharren. Adorno hat recht, „es gibt kein richtiges Leben im falschen". Es ist an der Zeit, die Demokratie einer fähigen Generation zu vererben. Und ich? Ich beginne, mich in den jungen Saint-Just zu verlieben. Vive la France? Vive l'Empereur? Vive le Révolutionnaire!

Danksagung

Barbara, meiner geliebten Frau, Lea Sophia, meinem Herzenskind, und Tristan Rosenkranz, meinem geschätzten Verleger und Freund, verdanke ich mein Überleben in politischen Zeiten. Ihr Beispiel lehrt mich auf wunderbare Weise, dass nur Humanismus und Mitgefühl unserem Leben Sinn und Erfüllung schenken.

Meinem Vorwort-Verfasser Oliver Schmale, dessen Scharfsinn und Integrität ich schätze, danke ich die Gewissheit, dass in unserem Land über die Politik ein unbestechlicher Zensor wacht. Er und viele seiner Kolleginnen und Kollegen sind die Garanten einer auf Wahrheitsfindung bedachten Medienberichterstattung.

Die zurückliegenden Monate der Pandemie, die in diesem Roman keine Berücksichtigung fanden – ich habe ihn bereits Anfang 2020 weitgehend abgeschlossen – dokumentieren, welche Bedeutung unseren Medienschaffenden zukommt. Es ist für uns alle ein großes Glück, in einer Nachrichtenwelt zu leben, die es erlaubt, Fakten als solche kenntlich zu machen. Das Gebrüll verwirrter Sektierer, die Corona-Verschwörungsmythen beschwören, findet in den deutschen Medien zwar Resonanz, doch *kritische* Resonanz und *keine* Verstärkung. Was in den USA kaum noch möglich erscheint, ist bei uns soziale Realität: Die Garantie, auf Medien und Journalisten vertrauen zu dürfen, die faktengetreu berichten. Wer glaubt, auf ARD und ZDF lasse sich gut verzichten, bedenke wohl, was es hieße, unabhängigen, kritischen Nachrichtenjournalismus preiszugeben, heute, in einer Epoche digitaler Entgrenzung.

Die „Lügenpresse", ich werde nicht müde, daran zu erinnern, ist eine üble Fiktion der Feinde von Pressefreiheit und kritischem Journalismus. Wer seriöse Journalistinnen und Journalisten diffamiert, diffamiert unsere Demokratie und sollte in keinem Parlament vertreten sein. Heute nicht. Morgen nicht. Nie.

Michael Haas

Michael Haas, Dr. phil., ist Literaturwissenschaftler mit großer Passion für die Wiener Moderne und Sigmund Freud (Michael Haas: *Sigmund Freud als Essayist*. Hamburg 2004).

Mit der Novelle *Becirct* publizierte Haas im Jahr 2010 sein erstes belletristisches Werk in Wien. 2017 erschien in der Edition Outbird Michael Haas' Generationen-Roman *50 – Licht und Schatten. Männer betrügen Frauen. Frauen betrügen sich selbst.* Ende 2019 folgte dann die Novelle *Die Augen meiner Tochter.* Der Parlamentsroman *Kritische Masse* ist das dritte Buch, das von Haas in der Edition Outbird erscheint.

Michael Haas arbeitet seit vielen Jahren als Pressesprecher, Redenschreiber, PR- und Medienberater für den Non-Profit-Bereich. Die vergangenen Jahre war er im politischen Umfeld tätig, zuletzt im Landtag von Baden-Württemberg.

Bereits erschienen in der Edition Outbird:
Michael Haas „Die Augen meiner Tochter"

Die Augen meiner Tochter

Michael Haas

Mit der Novelle „Die Augen meiner Tochter" als Nachfolgewerk des Ende 2017 erschienenen episodischen Romans „50. Licht und Schatten – Männer betrügen Frauen. Frauen betrügen sich selbst." wandelt sich Michael Haas´ Blick von einem gesellschafts-kritischen hin zu einem versöhnlichen. Haas´ Erzählfigur Clemens reflektiert die tiefe Liebe, die ihm mit seiner Frau Luise und ihrer gemeinsamen Tochter Gretchen widerfuhr und die ihn – psychisch wie emotional – wieder zum Leben erweckte.

Kafkas herzloser Vater erhält in dieser Novelle einen Gegenspieler. „Die Augen meiner Tochter" ist die späte Antwort auf Kafkas „Brief an den Vater". Clemens, ein 50-jähriger Psychologe, erhält die überraschende Diagnose: „Todkrank, ohne Perspektive auf Heilung." Er beginnt, sich zu erinnern und schreibt seiner Tochter eine Hommage...

ISBN 978-3-95915-122-1, Preis: 12,00€
Erhältlich im gut sortierten Buchhandel und unter: shop.outbird.net

Bereits erschienen in der Edition Outbird:
Michael Haas „50 - Licht und Schatten -
Männer betrügen Frauen, Frauen betrügen sich selbst."

Clemens, der Erzähler des Buches, ist nahe der 50, und damit Teil einer Generation, die weit verwirrter ist, als ihr zukommt. Selten zuvor hat eine Generation ähnlich gut gelebt, auch wenn ihr Lamento über gefährdete Rentenansprüche nicht enden will.

Clemens trifft auf seiner episodisch verwobenen Reise durch die Welt 50-jähriger Wohlstandsbürger ideale Paare, schmerzresistente Controllingleiter, Scheidungsopfer und -gewinner, neurotische Unternehmensberater, buddhistisch begabte Psychiater, komplex-beladene Österreicher, In-vitro-Fertilisations-Fetischisten, Kulturschaffende, schwangere Aristokratinnen, osteuropäische Migranten, ethisch begabte Sozialmanager, praxisversierte Provinzler, westfälische Theatermänner und bieder-nymphomane Frauen.

Clemens ahnt: Das heimliche Gelächter, das 50-Jährige bei ihren kuriosen Versuchen begleitet, die Liebe, das Leben und Altern zu meistern, ist das Gelächter der Jugend, die noch nicht weiß, dass Jugend vergänglich ist.

ISBN 978-3-95915-102-3 , Preis: 11,90€
Erhältlich im gut sortierten Buchhandel und unter: shop.outbird.net.

Bereits erschienen in der Edition Outbird:
Mona Krassu „Freitagsfische"

Nach dem zweiten Weltkrieg muss Irma Geipel zusammen mit ihren vier Kindern aus ihrer Heimat Breslau fliehen. Die Familie kommt in einer Kleinstadt der Sowjetischen Besatzungszone unter. Dort begegnen ihnen die Menschen misstrauisch, bisweilen feindselig.

Ob der Vater Herbert aus der russischen Kriegsgefangenschaft heimkehren wird, bleibt lange Zeit ungewiss.

Die junge DDR bringt weitere Konflikte mit sich. Der älteste Sohn Dietmar wehrt sich gegen den propagierten Sozialismus. Noch vor dem Mauerbau flieht er in die BRD. Seine Flucht hat Folgen für die Familie. Irma hängt das Kreuz von der Wand ab. Die Angst bleibt.

—

„Ein wunderbares und wundersames Buch. Mona Krassu erzählt meisterlich eine Geschichte, die lange nachbrennt. Unbedingt lesenswert!" - **Feridun Zaimoglu**

ISBN 978-3-95915-123-8, Preis: 17,90€
Erhältlich im gut sortierten Buchhandel und unter: shop.outbird.net.

Bereits erschienen in der Edition Outbird:
Tomas Jungbluth „Kammerflimmern"

Tomas Jungbluth obduziert in unter die Haut gehenden Wortlandschaften die innige, zerstörerische Liebesbeziehung zweier Hochsensibler, die schon früh einen schweren Vertrauensbruch erfährt. Zwischen Liebeserklärung und Traumabewältigung erzählt dieser reich bebilderte Monolog - gleich einem langen Brief - aus dem Spannungsfeld zwischen Wahrscheinlichkeit und Fiktion, Anziehung und Ablehnung, hoher Verletzlichkeit und Sensibilität. Und gibt damit nicht zuletzt auch männlicher Empfindsamkeit ein Gesicht. Zugleich versucht „Kammerflimmern" den Sinn hinter der schmalen Gratwanderung weiblichen Narzissmus´ zu verstehen.

—

„Man wird so schnell so tief in Jungbluths Strom gerissen, dass man nicht mehr an die Oberfläche kommt." - **„Orkus"**

ISBN 978-3-95915-114-6 , Preis: 9,90€
Erhältlich im gut sortierten Buchhandel oder unter: shop.outbird.net